OPEN是一種人本的寬厚。

OPEN是一種自由的開闊。

OPEN是一種平等的容納。

OPEN 2

懺悔錄

作　　者—奧古斯丁
譯　　者—周士良
發 行 人—王春申
總 編 輯—張曉蕊
責任編輯—高淑華
美術設計—張士勇 謝富智

行　　銷—劉艾琳 蔣汶耕
影音組長—謝宜華
業務組長—王建棠
出版發行—臺灣商務印書館股份有限公司
23141 新北市新店區民權路 108-3 號 5 樓（同門市地址）
電話◎ (02)8667-3712　傳真◎ (02)8667-3709
讀者服務專線◎ 0800056196
郵撥◎ 0000165-1
E-mail ◎ ecptw@cptw.com.tw
網路書店網址◎ www.cptw.com.tw
Facebook ◎ facebook.com.tw/ecptw

局版北市業字第 993 號
初版一刷：1998 年 10 月
初版十四刷：2024 年 3 月
定價：新台幣 350 元
法律顧問—何一芃律師事務所

OPEN 2/15

CONFESSIONUM

懺悔錄

奧古斯丁
S. Aureli Augustini／著
周士良／譯

臺灣商務印書館 發行

目次

關於本書的作者和內容 *001*
卷一 001
卷二 025
卷三 037
卷四 053
卷五 075
卷六 095
卷七 117
卷八 143
卷九 167
卷十 195
卷十一 243
卷十二 273
卷十三 303
附錄：書中人地名漢拉對照表 345

關於本書的作者和內容

奧古斯丁（拉丁名 Aurelius Augustinus）是古代基督教主要作家之一，與中世紀的托馬斯·阿奎那（Thomas Aquinas）同爲基督教神學的兩大師。

奧氏於公元三五四年十一月十三日生於北非的塔加斯特城，即今阿爾及利亞的蘇克阿赫拉斯（Souk Ahras），當時北非已入羅馬帝國版圖，完全在羅馬文化籠罩之下。父名巴特利西烏斯，是本城的一個普通市民，母名莫尼加，是信奉基督教的，奧氏自幼受母氏的薰陶，但沒有正式領受洗禮。幼年在本城讀書，以後先後至馬都拉（即今阿爾及利亞的末達烏路赫 Mdaourouch）和迦太基攻讀文法和雄辯術（當時羅馬教育分三級制，啓蒙小學是識字和書算，十二至十六歲入文法學校，讀文法、詩、文、歷史，十六至二十歲入雄辯術學校，讀修辭和哲學）。十九歲，開始愛好哲學，由於探索惡的來源問題，因而皈依了摩尼教。畢業後，先在本城執教，後至迦太基任雄辯術教授八年。因不滿迦太基的學風，便渡海至羅馬，任米蘭城雄辯術教授。奧氏在迦太基時，對摩尼教教義已感覺不滿，至米蘭後，受該城基督教主教安布羅西烏斯（Ambrosius）的影響，正式脫離了摩尼教，一度醉心於新柏拉圖派的著作，對一切懷疑，但在思想上已逐漸和基督教接近。終於經過一次劇烈的思想鬥爭，於三八六年秋決定信奉基督教，便辭去教職，預備獻身教會。次年在米蘭領受了洗禮，啓程回鄉，至梯伯河口，母親病逝。因此延遲一年回至非洲。三九一年，在希波（今阿爾及利亞的彭城 Bone）升爲神甫。三九五年該城主教病卒，奧氏便受任爲希波主教。從此開始他在教會中的一系列活動，與教內各宗派展開劇烈的論戰，成爲當時基督教學術界的中心人物。四三〇年汪達人（Vandali）侵入北非，是年八月二十八日，希波城被圍的第三個月，奧氏病逝。

奧氏是古代基督教拉丁教父中著述最多的一人，據奧氏本人提出《修訂》的著作，至四二七年，已有九十三種，而書札和布道言論尚不在內。他著作中最被傳誦的，便是這一本《懺悔錄》。

《懺悔錄》原名"*Confessiones*"，古典拉丁文本作「承認、認罪」解，但在教會文學中，轉爲承認神的偉大，有歌頌的意義。奧氏本來著重後一意義，即敘述一生所蒙天主的恩澤，發出對天主的歌頌；但一般都注重了第一義，因此我國過去都稱此書爲「懺悔錄」，在歐洲則「懺悔錄」已成爲自傳的另一名稱。

本書共十三卷，以內容言，可分爲兩部分，卷一至卷九，是記述他出生至三十三歲母親病逝的一段歷史。卷十至卷十三，則寫出作者著述此書時的情況（對於《懺悔錄》的成書年代，據學者考證，應在四〇〇年左右，在奧氏升任主教之後，即三九五或三九六年，至四〇一年之間）。

第一部分：卷一，歌頌天主後，記述初生至十五歲的事跡。卷二、三，記述他的青年和在迦太基求學時的生活。卷四、五，記述他赴米蘭前的教書生涯。卷六、七，記述他思想轉變的過程。卷八則記述他一次思想鬥爭的起因、經過與結果。卷九是他皈依基督教後至母親病逝一段事跡。

第二部分：卷十是分析他著書時的思想情況。卷十一至十三，則詮釋《舊約．創世紀》第一章，瞻仰天主六日創世的工程，在歌頌天主中結束全書。

奧氏在書中不僅流露出眞摯的情感，而且對自己的行動和思想作了非常深刻的分析，文筆細膩生動，別具風格，成爲晚期拉丁文學中的代表作，列爲古代西方文學名著之一。

在中古時代，歐洲印刷術尙未發明，本書傳抄極多，歐洲天主教本篤會隱修院中所藏舊抄本尤爲繁夥。一五〇六年始有《奧氏全集》出版，以後重要的版本有：一五七六——一五七七年出版的比利時羅文大學本，一六七九年法國巴黎出版的本篤會本（後收入米涅輯的《拉丁教父集》（Migne: *Patrologia Latina*）和一八九六年奧地利維也納出版的《教會拉丁作家叢書》本。至一九二六年法國拉布利奧勒（Labriolle）教授復據維也納本，參考了十八種第七至十一世紀的古抄本和四種印本校訂，出版了合校本，收入《法蘭西大學叢書》，成爲最完美的本子。現在此書即據此合校本移譯的。

譯者識

一九六二年八月二十八日

奧 古 斯 丁 像

佛羅倫斯奧格尼參提（Ognissanti）教堂壁畫，
波提且利（Sandro Botticelli）繪於 1480 年。

卷一

1

「主，你是偉大的，你應受一切讚美；你有無上的能力、無限的智慧。」①一個人，受造物中渺小的一分子，願意讚頌你；這人遍體帶著死亡，遍體帶著罪惡的證據，遍體證明「你拒絕驕傲的人」②。

但這人，受造物中渺小的一分子，願意讚頌你。你鼓動他樂於讚頌你，因爲你造我們是爲了你，我們的心如不安息在你懷中，便不會安寧。主啊，請使我得知並理解是否應先向你呼籲而後讚頌你，或是先認識你然後向你呼籲。但誰

①見《舊約．詩篇》一四四首三節；一四六首五節。譯者按：奧氏所引《新舊約》文字與天主教通行拉丁文譯本相合，而與我國通行基督教（新教）譯本，卷數文字略有出入，故書中引文，據拉丁文直譯。又〈詩篇〉，通行拉丁文譯本，以九、十兩首，合為一首，一四七首分為兩首，故自第十至一四七首，與基督教本相差一首。

②見《新約．彼得前書》五章五節。

能不認識你而向你呼籲？因爲不認識你而呼籲，可能並不是向你呼籲。或許向你呼籲是爲了認識你？但「既然不信，怎會呼籲？無人傳授，怎會相信？」①「誰追尋主，就將讚頌主」②，因爲追尋主，就會獲得主；獲得主，也就會讚頌主。

主，請使我向你呼籲，同時追求你；使我相信你，同時向你呼籲，因爲你已經傳授給我們。主，我的信仰要向你呼籲；你所給我的信仰，你通過你的「聖子」③的人性，通過布道者的工作而灌輸給我的信仰向你呼籲。

2

向天主呼籲，就是請天主降至我身，那麼我將怎樣向我的天主，向我的主、天主呼籲？我心中是否有地方足以使我的天主降臨，使創造天地的主宰降至我身？主、我的天主，我身上眞的有可以容納你的地方嗎？你所造的天地，覆載我們的天地能容納你嗎？是否由於一切存在沒有你便不能存在，爲此凡存在的便容納你：這樣，我既然存在，何必要求你降至我身？因爲除非你在我身上，否則我便無由存在。我不在黃泉，而你在那裡；即便「我進入地獄，你也還在那裡」④。

我的天主，假如你不在我身，我便不存在，絕對不存在。而且「一切來自你，一切通過你，

①見《新約・羅馬書》十章十四節。
②見〈詩篇〉二十一首七節。
③天主教教義，天主有三位，第二位聖子，降世成人，是為耶穌基督。
④見〈詩篇〉一三八首八節。

一切在你之中」①，是否更可以說，我除非在你之中，否則不能存在？主，確然如此，確然如此。那麼既然我是在你之中，我更從何處向你呼籲？你從何處降至我身？我的天主，你曾說：「我充塞天地」②，我豈將凌跨天地之外，使你能降來我身？

3

既然你充塞天地，天地能包容你嗎？是否你充塞天地後，還有不能被天地包容的部分？你充塞天地後，餘下的部分安插在哪裡？是否你充塞一切，而不須被任何東西所包容，因爲你充塞一切，亦即是包容一切？一只瓶充滿了你，並沒有把你固定下來，瓶即使破碎，你並不散溢。你傾注在我們身內，但並不下墜，反而支撐我們；你並不渙散，反而收斂我們。

但你充塞一切，是否你全體充塞一切？是否一切不能包容你全體，僅能容納你一部分，而一切又同時容納你的同一部分？是否各自容納一部分，大者多而小者少？這樣你不是有大的部分和小的部分了？或是你不論在哪裡，便整個在哪裡，而別無一物能占有你全體？

4

我的天主，你究竟是什麼？我問：你除了是主、天主外，是什麼呢？「除主之外，誰是天主？

①見《新約・羅馬書》十一章三十六節。
②見《舊約・耶利米書》二十三章二十四節。

除了我的天主外，誰是天主？」①

至高、至美、至能、無所不能、至仁、至義、至隱、無往而不在，至美、至堅、至定，但又無從執持，不變而變化一切，無新無故而更新一切；「使驕傲者不自知地走向衰亡」②；行而不息，晏然常寂，總持萬機，而一無所需；負荷一切，充裕一切，維護一切，創造一切，養育一切，改進一切；雖萬物皆備，而仍不棄置。你愛而不偏，嫉而不憤，悔而不怨，蘊怒而仍安；你改變工程，但不更動計畫；你採納所獲而未有所失；你從不匱乏，但因所獲而歡樂；你從不慳吝，但要求收息。誰能對你格外有所貢獻，你便若有所負，但誰能有絲毫不屬於你呢？你並無虧欠於人，而更為之償；你免人債負，而仍無所損。我能說什麼呢？我的天主，我的生命，我神聖的甘飴，談到你，一人能說什麼呢？但誰對於你默而不言，卻是禍事，因為即使這人談得滔滔不絕，還和未說一樣。

5

誰能使我安息在你懷中？誰能使你降入我的心靈，使我酣暢，使我忘卻憂患，使我抱持你作為我的唯一至寶？

你對我算什麼？求你憐憫我使我能夠說出。我對你算什麼，而你竟命我愛你？如果我不如此，

①見〈詩篇〉十七首三十二節。
②見《舊約・約伯記》九章五節。

你就對我發怒，並用嚴重的災害威脅我。如果我不愛你，這僅僅是小不幸嗎？我的主，天主，請因你的仁慈告訴我，你和我有什麼關係。請告訴我的靈魂說：「我是你的救援。」①請你說，讓我聽到。我的心傾聽著，請你啓我心靈的雙耳，請你對我的靈魂說：「我是你的救援。」我要跟著這聲音奔馳，我要抓住你。請你不要對我掩住你的面容。讓我死，爲了不死，爲了瞻仰你的聖容。

我的靈魂的居處是狹隘的，不相稱你降來，請你加以擴充。它已經毀敗，請你加以修葺。它眞是不堪入目：我承認，我知道。但誰能把它清除呢？除了向你外，我向誰呼號呢？「主啊，求你清除我的隱慝，不要由於我因他人而犯下的過惡加罪於你的僕人。」②「我相信，因此我說。」③主啊，你完全了解。我向你承認我的過惡後，「你不是就赦免我心的悖謬嗎？」④你是眞理，我絕不和你爭辯，我也不願欺騙我自己，「不要讓我的罪惡向自己撒謊」。⑤我決不向你爭辯，因爲，「主、主，你若考察我們的罪孽，誰能站得住」⑥？

①見〈詩篇〉三十四首三節。
②同上，十八首十四節。
③同上，一一五首一節。
④同上，三十一首五節。
⑤同上，二十六首十二節。
⑥同上，一二九首三節。

6

請允許我，請允許塵埃糞土的我向你的慈愛說話：請允許我說話，因爲我是向你的慈愛，不是向譏嘲我的人說話。可能你也笑我，但不久即轉而矜憐我。主，我的天主，我想說什麼呢？我只能說我不知道從那裡來到此世，我要說，來到這死亡的生活中，或是生活的死亡中。我並不知道。你的慈愛收納撫慰我，一如我從生身的父母那裡聽到的，是你用了他，在她身內形成了我，使我生於此世。我自己也不能記憶。

從此有人乳養著我，我的母親，我的乳母，並不能自己充實她們的乳房，是你，主，是你按照你的安排，把你布置在事物深處所蘊藏的，通過她們，給我孩提時的養料。你又使我在你所賜予之外不再有所求，使乳養我的人願意把你所給予她們的給我，她們本著天賦的感情，肯把自你處大量得來的東西給我。我從她們那裡獲得滋養，這爲她們也有好處；更應說這滋養並不來自她們，而是通過她們，因爲一切美好來自你天主，我的一切救援來自我的天主。這是我以後才知道的，是你用了你所給我身內身外的一切向我呼喊說明的。那時我只知道吮乳，舒服了便安息，什麼東西碰痛我的肉體便啼哭，此外一無所知。

稍後，我開始笑了，先是睡著笑，接著醒時也會笑。這些都是別人告訴我的，我相信，因爲我看見其他嬰孩也如此，但對於我自己的這些情況，一些也記不起來。逐漸我感覺到我在什麼地方，並要向別人表示我的意願，使人照著做；但是不可能，因爲我的意願在我身內，別人在我身外，他們的任何官感不可能進入我的心靈。我指手劃腳，我叫喊，我盡我所能作出一些模仿我意願的表示。這些動作並不能達意。別人或不懂我的意思，或怕有害於我，沒有照著做，我惱怒那些行動自由的大人們不順從我，不服侍我，我便以啼哭作爲報復。照我所觀察到的，小孩都是如此，他們雖則不識不知，但比養育我的、有意識的人們更能告訴我孩提時的情況。

我的幼年早已死去，而我還活著。主啊，你是永永地生活著，在你身上沒有絲毫死亡，在世紀之前，在一切能稱爲以往之前，你存在著，你是主，你所創造的萬物的主宰、在你身上存在著種種過往的本原，一切變和不變的權輿，一切暫時的無靈之物的永恆原因；天主，求你告訴我，求你的慈愛矜憐我，告訴我是否我的孩提之年繼續前一時期已經消逝的我，是否我在母胎之時度著這一時期的生命？因爲有人向我談到這一段生命，而我自己也看到婦人的懷孕。我的天主，我的甘飴，在這個時期以前我是怎樣？是否我曾生活在某一地方，曾是某一人？因爲沒有一人能答覆我，我的父母，別人的經驗，我的記憶，都不能作答。你是否要哂笑我向你提出這些問題？你不是命我照我所領悟的讚美你、歌頌你嗎？

我歌頌你，天地的主宰，我以我記憶所不及的有生之初和孩提之年歌頌你；你使人們從別人身上推測自己的過去，並從婦女的證實中相信自身的許多前塵影事。這時我已經存在，已經生活著，在我幼年結束之時，已經在尋求向別人表達意識的方法了。

主，這樣一個動物不來自你能從哪裡來呢？誰能是自身的創造者？除了你創造我們之外，哪裡能有存在和生命的泉源流注到我們身上呢？主，在你，存在與生命是二而一的，因爲最高的存在亦即是最高的生命。

你是至高無上、永恆不變的；在你，從不會有過去的今天，而在你之中今天則悄然而逝，因爲這一切都在你掌持之中，除非你把持它們，便沒有今古。「你的年歲終無窮盡」①，你的年歲永遠是現在：我們和我們祖先的多少歲月已在你的今天之中過去了，過去的歲月從你的今天得到了久暫的尺度，將來的歲月也將隨此前規而去。「你卻永不變易」②：明天和將來的一切，昨天和過去的一切，爲你是今天將做，今天已做。

有人懂不了，我也沒有辦法。希望這人會詢問：「這是什麼？」③而感到興奮。希望他爲此而興奮時，寧願不理解而找到你，不要專求理解而找不到你。

7

天主，請你俯聽我。人們的罪惡眞可恨！一個人說了這話，你就憐憫他，因爲你造了他，但沒有造他身上的罪惡。

誰能告訴我幼時的罪惡？因爲在你面前沒有一人是純潔無罪的，即使是出世一天的嬰孩亦然如此。誰能向我追述我的往事？不是任何一個小孩都能嗎？在他們身上我可以看到記憶所不及的我。

但這時我犯什麼罪呢？是否因爲我哭著要飲乳？如果我現在如此迫不及待地，不是飲乳而是取食合乎我年齡的食物，一定會被人嘲笑，理應受到斥責。於此可見我當時做了應受斥責的事了，

①見〈詩篇〉一〇一首三十八節。
②同上。
③見《舊約・出埃及記》十六章十五節。

但我那時既然不可能明瞭別人的斥責，準情酌理也不應受此苛責；況且我們長大以後便完全鏟除了這些狀態，我也從未看到一人不分良莠而一併芟除的。但如哭著要有害的東西，對行動自由的大人們、對我的父母以及一些審愼的人不順從我有害的要求，我發怒，要打他們、損害他們，責罰他們不曲從我的意志這種種行動在當時能視爲是好事情嗎？

可見嬰兒的純潔不過是肢體的稚弱，而不是本心的無辜。我見過也體驗到孩子的妒忌：還不會說話，就面若死灰，眼光狠狠盯著一同吃奶的孩子。誰不知道這種情況？母親和乳母自稱能用什麼方法來加以補救。不讓一個極端需要生命糧食的弟兄靠近豐滿的乳源，這是無罪的嗎？但人們對此都遷就容忍，並非因爲這是小事或不以爲事，而是因爲這一切將隨年齡長大而消失。這是唯一的理由，因爲如果在年齡較大的孩子身上發現同樣的情況，人們決不會熟視無睹的。

主，我的天主，你給孩子生命和肉體，一如我們看見的，你使肉體具有官能、四肢、美麗的容貌，又滲入生命的全部力量，使之保持全身的和諧。你命我在這一切之中歌頌你，「讚美你，歌頌你至高者的聖名」①，因爲你是全能全善的天主，即使你僅僅創造這一些，也沒有一人能夠做到：你是萬有的唯一眞原，化育萬類的至美者，你的法則制度一切。

主啊，我記不起這個時代的生活，僅能聽信別人的話，並從其他孩子身上比較可靠地推測這一段生活，我很慚愧把它列入我生命史的一部分。這個時代和我在胚胎中的生活一樣，都已遺忘於幽隱之中。「我是在罪業中生成的，我在胚胎中就有了罪」②，我的天主，何時何地你的僕人

①見〈詩篇〉九十一首二節。
②同上，五十首七節。

曾是無罪的？現在我撇開這時期吧；既然我已記不起一些蹤影，則我和它還有什麼關係？

8

是否我離開了幼年時代而到達童年時代，或童年到我身上替代了幼年？但前者並沒有離去，它能往何處去呢？可是它已經不存在了。我已經不是一個不言不語的嬰兒，已經成爲牙牙學語的孩子了。據我記憶所及，從此以後，我開始學語了，這也是我以後注意到的。並不是大人們依照一定程序教我言語，和稍後讀書一樣；是我自己，憑仗你，我的天主賦給我的理智，用呻吟、用各種聲音、用肢體的種種動作，想表達出我內心的思想，使之服從我的意志；但不可能表達我所要的一切，使人人領會我所有的心情。爲此，聽到別人指稱一件東西，或看到別人隨著某一種聲音做某一種動作，我便記下來：我記住了這東西叫什麼，要指那件東西時，便發出那種聲音。又從別人的動作了解別人的意願，這是各民族的自然語言：用面上的表情、用目光和其他肢體的顧盼動作、用聲音表達內心的情感，或爲要求、或爲保留、或是拒絕、或是逃避。這樣一再聽到那些語言，按各種語句中的先後次序，我逐漸通解它們的意義，便勉強鼓動唇舌，藉以表達我的意願。

從此，我開始和周圍的人們使用互相達意的信號，在父母的約束下、在尊長的指導下，更進一步踏入人類生活翻覆動盪的社會。

9

天主、我的天主，這時我經受了多少憂患、多少欺騙！當時對童年的我提示出正當生活是在乎聽從教誨，爲了日後能出人頭地，爲了擅長於爲人間榮華富貴服務的詞令。因此，我被送進學校去讀書，那時我還不識讀書的用處，但如果讀得懈怠，便受責打。大人們都贊成這種辦法，並且以前已有許多人過著這樣的生活，爲我們準備了艱澀的道路，強迫我們去走，增加了亞當子孫的辛勞與痛苦。

但是，主，我們也碰到了向你禱告的人，從他們那裡，我們也盡可能地學習到，從而意識到你是一個偉大人物，你雖則未嘗呈現在我們面前，卻能傾聽我們、幫助我們。因爲我在童年時已開始祈求你，作爲我的救援和避難所，我是滔滔不絕地向你呼籲，我年齡雖小卻懷著很大的熱情，求你保佑我在學校中不受夏楚。每逢你爲了我的好沒有聽從我時，大人們，甚至決不願我吃苦的父母們都笑受撲責：這在當時是我重大的患難。

主啊，是否有人懷著如此偉大的精神，以無比的熱情依戀著你，我說，是否有人——因爲有時由於愚昧無知也能到此地步——虔誠依戀著你，抱著宏偉的毅力，身受世界上誰都驚怖戰慄、趨避惟恐不及的木馬刑、鐵爪刑等楚毒的刑罰，而竟處之泰然，甚至還熱愛著戰慴失色的人們，一如我們的父母嘲笑孩子受老師的撲責？我是非常怕打，切求你使我避免責打，但我寫字、讀書、溫課，依舊達不到要求，依舊犯罪。

主啊，我並不缺乏你按照年齡而賦畀的記憶和理解力；但我歡喜遊戲，並受到同樣從事遊戲者的責罰。大人們的遊戲被認爲是正經事，而孩子們遊戲便受大人們責打，人們既不可憐孩子，也不可憐大人。但一個公正的人是否能贊成別人責打我，由於我孩子時因打球遊戲而不能很快讀熟文章，而這些文章在我成年後將成爲更惡劣的玩具？另一面，責打我的人怎樣呢？假如他和同事吵架，被同事打敗，那他便發出比我打球輸給同學時更大的嫉恨！

10

我是在犯罪，主、天主，自然萬有的管理者與創造者，但對於罪惡，你僅僅是管理者。主、我的天主，我違反父母師長的命令而犯罪。不論他們要我讀書有何用意，以後我卻能好好用我所學。我的不服從，不是因爲我選擇更好的，而是由於喜歡遊戲，喜歡因打架勝人而自豪，喜聽虛構的故事，越聽耳朵越癢心越熱，逐漸我的眼睛對大人們看的戲劇和競技表演也發出同樣的好奇心了。招待看戲的人，用這種豪舉來增加聲望，他們差不多都希望自己的孩子日後也能如此，但假如孩子因看戲而荒廢學業，他們是寧願孩子受撲責的。

主啊，請你用慈愛的心看看這一切，請你挽救已經向你呼籲的我們，也挽救那些尚未向你呼籲的人們，使他們也能發出呼籲而得救。

11

我童年時代已經聽到我們的主、天主謙遜俯就我們的驕傲而許諾給與的永生。我的母親是非常信望你的，我一出母胎便已給我劃上十字的記號，並受你的鹽的調理①。

①譯者按：這是指當時對「望教者」（即有志奉基督教者）舉行的一種宗教儀式，並非正式入教時舉行的「洗禮」。奥氏在所著《論怎樣向不明教義的人講授教義》一書中，也提到這儀式。現代天主教「洗禮」的第一部分尚保留著這儀式的痕跡，主要是主禮者以手指在望教者的額上和胸前劃一「十字」，並以少許食鹽置於望教者口中。

主，你也看到我童年時，一天由於胃痛，突然發熱，瀕於死亡；我的天主，你既然是我的守護者，你也看到我懷著多大熱情和多大信心，向我的母親，向我們全體的母親、你的教會要求給我施行你的基督、我的主和我的天主的「洗禮」。

我的生身之母，憂心如搗，更願意用她純潔的心靈將我永久的生命誕生於你的信仰之中；她急急籌備爲我施行使人得救的「洗禮」，希望我承認你、主耶穌而獲得罪惡的赦免。但我的病霍然而癒，「洗禮」亦因此中止，好像我仍然活著，則必須仍然沾受罪惡，因爲顧慮我受洗後如再陷入罪穢，則罪責將更嚴重，危害性也更大。

這時我、我的母親和闔家都已有信仰，只有父親一人除外；但他並不能勝過慈母在我身上的權力，使我和他一樣不信基督；因爲我的母親是竭力使你、我的天主，使你成爲我的父親，她寧願你做我的父親；你也幫助她使她優越於她的丈夫，更好地服侍丈夫，因爲你命她如此，她這樣做也就是服侍你。

我求你，我的天主，我願知道爲何使我延期受洗禮，是否爲了我的利益而放鬆犯罪的羈絆？爲何我至今還到處聽到對於某人、某人說這樣的話：「聽憑他，由他做去，他還沒有受洗禮。」但對於肉體的健康，我們不說：「讓他再受些傷，因爲他還沒有痊癒。」倘我靈魂早些治癒，則我自己和家人定必更努力使得救後的我在你的庇護中獲得安全，這豈不是更好嗎？

這當然更好。但在我童年之後，險惡的風波脅迫我、考驗我，母親早已料到，她寧願讓泥土去遭受風波，以後再加搏塑，不願已經成形的肖像遭受蹂躪。

12

旁人對我青年時代的擔心過於童年。我童年不歡喜讀書，並且恨別人強迫我讀書；但我仍受到強迫，這爲我是好的，而我並不好好地做：不受強迫，我便不讀書。雖是好事，不情願做也不會做好。況且強迫我的人也做得並不好；但我的天主，你卻使之有益於我。因爲他們除了想滿足對儻來的財富與可恥的光榮貪得無厭的欲壑之外，何嘗想到強迫我讀書有什麼其他目的。「你對我們每人頭髮的數目也清楚的」①，你利用一切催促我讀書的人的錯誤使我得益，又利用我怠於學業的錯誤而加之懲罰；我年齡雖小，但已罪大惡極，確應受懲罰。你利用那些不爲我利益打算的人來造就我，又使犯罪的我受到應受的處分。你促使一切不正常的思想化成本人的罪刑，事實確然如此。

13

我自小就憎恨讀希臘文，究竟什麼原因，即在今天我還是不能明白。我酷愛拉丁文，當然不是啓蒙老師教的，而是所謂文法先生教的拉丁文，因爲學習閱讀、書寫、計算時所讀的初步拉丁文，和一切希臘文一樣，在我是同樣感到艱澀而厭倦。什麼緣故？當然是隨著罪惡和渺茫的生命而來的：「我是血氣，不過是一陣去而不返的風。」②我過去和現在所以能閱讀各種書籍和寫出

①見〈馬太福音〉十章三十節。
②見〈詩篇〉七十七首三十九節。

我所要寫的文字都靠我早年所讀的書；這些最早獲得的學識，比了逼我背誦的不知哪一個埃涅阿斯的流浪故事①，當然更好、更可靠。當時我爲狄多的死，爲她的失戀自盡②而流淚；而同時，這可憐的我，對那些故事使我離棄你天主而死亡，卻不曾流一滴淚。

還有比我這個不知可憐自己的可憐人，只知哭狄多的殉情而不知哭自己因不愛你天主、我心靈的光明、靈魂的糧食、孕育我精神思想的力量而死亡的人更可憐嗎？我不愛你，我背棄你而趨向邪途，我在荒邪中到處聽到「好啊！好啊！」的聲音。人世間的友誼是背棄你而趨於淫亂，「好啊！好啊！」的喝采聲，是爲了使我以不隨波逐浪爲可恥。對這些我不痛哭，卻去痛哭：

「狄多的香消玉隕，以劍自刎。」③

我背棄了你，卻去追逐著受造物中最不堪的東西；我這一團泥土只會鑽入泥土，假如有人禁止我閱讀，我便傷心，因爲不能閱讀使我傷心的書本。當時認爲這些荒誕不經的文字，比起我閱讀書寫的知識，是更正經、更有價值的文學。

現在，請我的天主，請你的眞理在我心中響亮地喊吧：「不是如此，不是如此。最先受的教育比較好得多！」我寧願忘掉埃涅阿斯的流浪故事和類似的文字，不願忘掉閱讀書寫的知識。文法學校門口掛著門帘，這不是爲了保持學術的珍秘，卻更好說是掩蓋著那裡的弊病。他們不必譴然反對我，我已不再害怕他們，我現在是在向你、我的天主，向你訴說我衷心所要說的，我甘願

①埃涅阿斯（Aeneas）是羅馬詩人味吉爾（公元前七〇——一九）所著《埃涅依斯》史詩中的主角。
②《埃涅依斯》詩中迦太基女王。
③見《埃涅依斯》卷六，四五七句。

接受由於我過去流連歧途應受的譴責，使我熱愛你的正道。請那些買賣文法的人們不用叫喊著反對我，因爲如果我向他們提一個問題：「是否眞的如詩人所說，埃涅阿斯到過迦太基？」學問差一些的將回答說不知道，明白一些的將說沒有這回事。如果我問埃涅阿斯的名字怎樣寫，凡讀過書的人都能正確答覆，寫出依據人與人之間約定通行的那些符號。如果我再問：忘掉閱讀，忘掉書寫，比起忘掉這種虛構的故事詩，哪一樣更妨害生活？那麼誰都知道凡是一個不完全喪失理智的人將怎樣答覆。

我童年時愛這種荒誕不經的文字過於有用的知識，眞是罪過。可是當時「一一作二、二二作四」，在我看來是一種討厭的歌訣，而對於木馬腹中藏著戰士啊，大火燒特洛伊城啊，「克利攸塞的陰魂出現」①啊，卻感到津津有味！

14

爲何當時我對於謳歌這些故事的希臘文覺得憎恨呢？的確荷馬很巧妙地編寫了這些故事，是一個迷人的小說家，但對童年的我卻眞討厭。我想味吉爾對於希臘兒童也如此，他們被迫讀味吉爾，和我被迫讀荷馬一樣。讀外國文字眞是非常艱苦，甜蜜的希臘神話故事上面好像撒上了一層苦膽。我一個字也不識，人們便用威嚇責罰來督促我讀。當然拉丁文起初我也不識，但我毫無恐懼，不受磨折地，在乳母們哄逗下，在共同笑語之中，在共同遊戲之時，留心學會了。我識字是

①見《埃涅依斯》卷二，七七二句。

沒有遇到也沒有忍受強迫責罰，我自己的意志促引我產生概念，但不可能不先學會一些話，這些話，不是從教師那裡，而是從同我談話的人那裡學來的，我也把我的思想說給他們聽。

於此可見，識字出於自由的好奇心，比之因被迫而勉強遵行的更有效果。但是，天主啊，你用你的法律，從教師的戒尺到殉教者所受的酷刑，使脅迫約束著好奇心的奔放，你的法律能滲入有益的辛酸，促使我們從離間你我的宴安酖毒中重新趨向到你身畔。

15

主，請你俯聽我的祈禱，不要聽憑我的靈魂受不住你的約束而墮落，也不要聽憑我倦於歌頌你救我於迷途的慈力，請使我感受到你的甘飴勝過我沉醉於種種佚樂時所感受的況味，使我堅決愛你，全心全意握住你的手，使我有生之年從一切誘惑中獲得挽救。主，你是我的君王，我的天主，請容許我將幼時所獲得的有用知識為你服務，說話、書寫、閱讀、計算都為你服務。我讀了虛浮的文字，你便懲罰我，又寬赦了我耽玩這些虛浮文字的罪過。的確我在其中讀到不少有用的字句，但這些字句也能在正經的典籍中求得，這是穩妥的道路，是兒童們所應走的道路。

16

人世間習俗的洪流眞可怕！誰能抗御你？你幾時才會枯竭？你幾時才停止把夏娃的子孫捲入無涯的苦海，即使登上十字架寶筏也不易渡過的苦海？我不是在你那裡讀到了驅策雷霆和荒唐淫亂的優庇特嗎？當然他不可能兼有這兩方面；但這些故事卻使人在虛幻的雷聲勾引之下犯了眞正的奸淫時有所藉口。

哪一個道貌儼然的夫子肯認眞地聽受一個和他們出於同一泥沼的人的呼喊：「荷馬虛構這些故事，把凡人的種種移在神身上，我寧願把神的種種移在我們身上？」①說得更確切一些：荷馬編造這些故事，把神寫成無惡不作的人，使罪惡不成爲罪惡，使人犯罪作惡，不以爲仿效壞人，而自以爲取法於天上神靈。

可是你這條地獄的河流，人們帶了贄儀把孩子投入你的波濤之中爲學習這些東西！而且這還列爲大事，在市場上，在國家制度私人的束脩外另給薪金的法律之前公開進行！你那衝擊岩石的聲浪響喊著：「在那裡求得學問，在那裡獲得說服別人和發揮意見所必要的詞令。」假如不是鐵倫提烏斯描寫一個浪漫青年看見一幅繪著「優庇特把金雨落在達那埃懷中，迷惑這婦人」②的壁畫，便奉優庇特爲奸淫的榜樣，我們不會知道詩中所用：金雨、懷中、迷惑、天宮等詞句。瞧，這青年好像在神的誘掖之下，鼓勵自己幹放誕風流的勾當：

「這是哪一路神道啊？他說。
　竟能發出雷霆震撼天宮。
我一個凡夫，不這樣做嗎？

①羅馬作家西塞羅（公元前一〇六——四三）語，見所著《多斯古倫別墅辯論集》（*Fusculanae Disputationes*）一章六節。

②見鐵倫提烏斯（公元前一九五——一五九）詩劇《太監》，五八五，五八九，五九〇句。

我已經幹了，眞覺自豪。」①

這些詞句並非通過淫褻的描寫而更易記憶，這些詞句不過更使人荒淫無度。我並不歸罪於這些文詞，它們只是貴重精緻的容器，我只歸罪於迷人的酒，被沉醉的博士先生們斟在器中要我們喝，不喝便打，而且不許向一個清醒的法官申訴。

但是我的天主啊，在你面前，我毫無顧慮地回想過去，我自己是讀得愛不釋手，我可憐地醉心於這些文字，然恰因此而有人說我這孩子是前程無量呢！

17

我的天主，請許我一談你所賜與我的聰慧和我濫用聰明而做出的傻事。有人給我一項使我靈魂不安的功課，做得好可得榮譽，不好則失顏面，並以鞭撻威嚇我。這課文是叫我寫朱諾女神因不能「阻止特洛伊人的國王進入義大利」②憤怒痛心而說的話。我知道朱諾並未說這類話，但我們不得不想入非非，追隨著神話詩歌的蹤跡，把原是用韻的詩，另用散文敷演。誰能體會角色的身分，用最適當的詞句描摹出哀憤的情緒，這人便算高才。

我朗誦時，聽到極盛的喝采聲，勝過其他許多同學和競賽者。唉，我眞正的生命、我的天主，

---

①參看十八頁注②。

②引味吉爾《埃涅依斯》卷一，三十八句。

這為我有什麼用處?這一切不是煙雲嗎?為訓練我的聰明和口才,沒有其他方法嗎?主,對你的讚頌,聖經中對你的讚頌之辭,本該支撐我心苗所長的枝葉,不至於被浮華所攫去,為飛鳥所啄食;因為祭祀叛逆之神不僅限於一種方式。

18

當時教我奉為模範的是那些談到自己的常事時因措詞不善或文法錯誤而受到譏評,便深感慚愧,演述自己的輕薄行徑時卻有倫有脊、情文相生、淋漓盡致,受到人家稱讚而引以自豪的人。我墮入虛浮之中離開了你,又何足為奇?

主,你是種種覷得明白,但默而不言,你眞是「能忍的,慈祥而眞實的」①。但你是否始終沉默呢?現在我的靈魂追求你、渴望你的甘飴,我的心靈向你說:「我已追尋你的容光,主,我還將追尋你的容光」②,因為處於情欲的暗影之中,就遠離你的容光;你便把我從不測深淵中挽救出來。離開你或重新趨向你身畔,不是在雙足的步履上,也不是在空間的距離上。你的次子,是否跨馬或乘車搭船,或生了雙翅而飛行,或徒步而去,別居於遼遠的地區,揮霍你在臨行時所給他的財物③?你是一位溫良的父親,你給他財物;等他貧無立錐而回家時,你更是溫良。因此,都是由於縱情恣欲才陷入黑暗,才遠離你的容光。

①見〈詩篇〉一〇二首八節;八十五首十五節。
②同上,二十六首八節。
③用《新約·路加福音》十五章浪子回頭的比喻。

主、天主，請你看、請你和經常一樣耐心地看：人的子孫多麼留心遵守前人說話時通行的有關文字字母的規律，卻忽視你所傳授的有關永生的永恆規律；以致一個通曉或教授讀音規則的人，如果違反文法，把帶有氣音的 homo ①讀成沒有氣音的 omo，比起自身爲人，違反你的命令而仇視他人，更使人不快。這無異認爲仇人本身比我憎恨仇人的怨毒之心更有害於我，或以打擊別人而加給別人的損傷過於本身因仇視別人而內心所受的損傷。在我們心中，學問知識鐫刻得一定不比「己所不欲，勿施於人」的良知更深。

天主，唯一的偉大者，你深邃靜穆地高居天上，你用永行不廢的法律對違反者撒下懲罰性的愚昧：一個人，在群衆圍繞之中，當法官之前，熱狂地企求雄辯的聲譽，懷著最不人道的怨毒攻擊仇人的時候，小心翼翼地注意著不要一時失口，說出" inter omines "②，但決不想到，由於內心的怒火，能把一個人從人羣中剔出去。

19

我童年時可憐地躺在這些風尚的門口，那裡是我鏖戰的沙場，那裡我更怕違犯文法，不怕因自己犯文字錯誤而妒忌不犯錯誤的人。

我的天主，我向你訴說以往種種，並向你懺悔我當時獲得讚揚的往事，而當時我的生活標準

①按 homo 拉丁文義為人。
②按 omines 字首漏去吐氣音 H.，" inter homines "義為「在人們中間」。

便是使那些稱道我的人滿意，我尚未看出垢污的深淵，「我失足於其中，遠遠離開了你的雙目」①。

在你眼中還有什麼人比我更惡劣呢？由於我耽於嬉遊，歡喜看戲，看了又急於依樣葫蘆去模仿，撒了無數的謊，欺騙伴讀的家人，欺騙教師與父母，甚至連那些稱道我的人也討厭我。我還從父母的伙食間中，從餐桌上偷東西吃，以滿足我口腹之欲，或以此收買其他兒童從事彼此都喜愛的遊戲。在遊戲中，我甚至挾持了求勝的虛榮心，往往占奪了欺騙的勝利。但假如我發現別人用此伎倆，那我決不容忍，便疾言厲色地重重責備，相反，我若被人發覺而向我交涉時，卻寧願飽以老拳，不肯退讓。

這是兒童的天眞嗎？不是，主，不是，請許我如此說，我的天主。因爲就是這一切，從對伴讀家人、老師，對胡桃、彈子、麻雀是如此，進而至於對官長、君主，對黃金、土地、奴隸也就如此；隨著年齡一年一年伸展，一如戒尺之後繼之以更重的刑具。

因此謙遜的徵象僅存於兒童的嬌弱：我們的君主啊，你說：「天國屬於此類」②，即是此意。

20

但是，主、萬有最完備最美善的創造者和主持者，我們的天主，即使你要我只是一個兒童，我也感謝你。因爲這時我存在，我有生命，我有感覺，我知道保持自身的完整，這是我來自你的

---

①見〈詩篇〉三十首二十三節。

②見〈馬太福音〉十九章十四節。

深沉神秘的純一性的跡象；我心力控制我全部思想行動，在我微弱的知覺上，在對瑣細事物的意識上，我欣然得到眞理。我不願受欺騙，我有良好的記憶力，我學會了說話，我感受友誼的撫慰，我逃避痛苦、恥辱、愚昧。這樣一個生靈上，哪一點不是可驚奇、可讚嘆的呢？但這一切都是我天主的恩賜，不是我給我自己的；並且這一切都是良好的，這一切就是我。造我者本身原是美善，也是我的美善，我用我童年的一切優長來歌頌他。

我的犯罪是由於不從他那裡，而獨在他所造的事物中、在我本身和其他一切之中，追求快樂，追求超脫，追求眞理，因此我便陷入於痛苦、恥辱和錯謬之中。我感謝你、我的甘飴、我的光榮、我的依賴、我的天主；感謝你的恩賜，並求你爲我保持不失。你必定會保存我，而你所賜與我的一切也將日益向榮；我將和你在一起，因爲我的存在就是你所賜與的。

卷二

1

我願回憶我過去的污穢和我靈魂的縱情肉欲，並非因爲我流連以往，而是爲了愛你，我的天主。因爲我喜愛你的愛，才這樣做：懷著滿腔辛酸，追溯我最險惡的經歷，爲了享受你的甘飴，這甘飴不是欺人的甘飴，而是幸福可靠的甘飴；爲了請你收束這支離放失的我、因背棄了獨一無二的你而散失於許多事物中的我。我青年時一度狂熱地渴求以地獄的快樂爲滿足，滋長著各式各樣的黑暗戀愛，我的美麗凋謝了，我在你面前不過是腐臭，而我卻沾沾自喜，並力求取悅於人。

2

這時我所歡喜的，不過是愛與被愛。但我並不以精神與精神之間的聯繫爲滿足，不越出友誼的光明途徑；從我糞土般的肉欲中，從我勃發的青春中，吹起陣陣濃霧，籠罩並蒙蔽了我的心，以致分不清什麼是晴朗的愛、什麼是陰沉的情欲。二者混雜地燃燒著，把我軟弱的青年時代拖到私欲的懸崖，推進罪惡的深淵。

你的憤怒愈來愈沉重地壓在我身上，而我還不知道。死亡的鐵鍊震得我昏昏沉沉，這便是我驕傲的懲罰；我遠離了你，而你卻袖手旁觀；我在淫亂之中，勇往直前，滿溢著、四散著、沸騰著，而你卻一言不發。

唉，我的快樂來得太晚了！你這時不聲不響，而我則遠遠離開了你，散播著越來越多的、只能帶給我痛苦的種子，對我的墮落傲然自得，在困倦之中竭力掙扎。

誰能減輕我的煩惱呢？誰能把新奇事物的虛幻美麗化為有用，確定享受溫柔的界限，使我青年的熱潮到達婚姻的彼岸，至少為了生男育女的目的而平靜下來？主啊，你的法律如此規定，你教死亡的人類傳宗接代，你用溫和的手腕來消除「樂園」外的荊棘。因為即使我們遠離了你，你的全能仍不離我們左右；另一面，我不能比較留心些傾聽你從雲際發出的大聲疾呼嗎？「這等人肉身必受苦難，但我願意你們避免這些苦難」①，「不接觸女性是好事」②，「沒有妻室的人能專心事主，惟求取悅於主；有妻室的則注意世上的事，想取悅於妻子」③。如果我比較留心一些，一定能聽到這些聲音，能「為天國而自閹」④，能更幸榮地等待你的擁抱。

但是可憐的我，在沸騰著，隨著內心的衝動背棄了你，越出了你的一切法律，但不能逃避你的懲罰。哪一個人能逃過呢？你時時刻刻鑒臨著，慈愛而嚴峻，在我的非法的享樂中，撒下了辛

①見《新約‧哥林多前書》七章二十八節。
②同上，一節。
③同上，三十二——三十三節。
④見〈馬太福音〉十九章十二節。

酸的滋味，促使我尋求不帶辛酸的快樂。但哪裡能找到這樣的快樂？除非在你身上，主啊，除非在你身上，「你以痛苦滲入命令之中」①，「你的打擊是爲了治療」②，你殺死我們，爲了不使我們離開你而死亡。

我十六歲時在哪裡呢？我離開了你的安樂宮，流放到遼遠的區域。這時，無恥的人們所縱容的而你的法律所禁止的縱情作樂，瘋狂地在我身上稱王道寡，我對它也是唯命是從。家中人並不想用婚姻來救我於墮落，他們只求我學到最好的詞令，能高談闊論說服別人。

3

就在那一年上我停學了。我去在鄰近的馬都拉城中開始攻讀文章與雄辯術。這時我離城回鄉，家中爲我準備更遠的到迦太基留學的費用。這是由於父親的望子成龍，不是因爲家中富有：我的父親不過是塔加斯特城中一個普通市民。

我向誰敘述這些事情呢？當然又是向你、我的天主；我願在你面前，向我的同類、向人類講述，雖則我的著作可能僅僅落在極少數人手中。可是爲什麼要講述呢？爲了使我和所有的讀者想想，我們該從多麼深的坑中向你呼號。而且如果一人眞心懺悔，遵照信仰而生活，那麼還有誰比這人更接近你的雙耳呢？

---

①見〈詩篇〉九十三首二十節。
②見《舊約・申命紀》三十二章三十九節。

這時誰不稱道我的父親，說他不計較家庭的經濟力量，肯擔負兒子留學遠地所需的費用？許多遠爲富裕的人家不肯爲子女作此打算。但那時我的父親並不考慮到我在你面前如何成長，能否保持純潔；他只求我嫻於詞令，不管我的心地、你的土地是否荒蕪不治，天主啊，你是這心地的唯一的、眞正的、良善的主人。

我十六歲這一年，由於家中經濟拮据而輟學，閒在家中，和父母一起生活，情欲的荆棘便長得高出我頭頂，沒有一人來拔掉它。相反，我的父親在浴室中看見我發育成熟，已經穿上青春的苦悶，便高興地告訴我母親，好像從此可以含飴弄孫了；他帶著一種醉後的狂喜，就是這種狂喜使世界忘卻自己的創造者，不愛你而愛受造物，這是喝了一種無形的毒酒，使意志傾向卑鄙下流。但你在我母親心中已經開始建造你的宮殿，準備你的居處。我的父親不過是一個「望教者」，而且還是最近的事。爲此，雖則我這時尙未奉教，我母親卻懷著虔誠的憂懼驚恐，爲我擔心，怕我「不面向你，而是背著你」①踏上歧途。

唉！只能怨我自己！我遠離著你而前進，我的天主，我敢說你緘默不語嗎？這時你眞的一言不發嗎？你通過我的母親、你的忠心的婢女，在我耳邊再三叮嚀。可是這些話一句也沒有進入我的心房，使我照著做。她教我，我記得她曾非常關切地私下告誡我，不要犯奸淫，特別是不要私通有夫之婦。

我認爲這不過是婦人的嘮叨，聽從這種話是可恥的。其實這都是你的話，而我不知道，我還

①見《舊約・耶利米書》二章二十七節。

以為你不聲不響，這不過是她饒舌；你卻通過她對我講話，你在她身上受到我、受到「你的僕人，你的婢女的兒子」①的輕蔑。但我不知道；我如此盲目地奔向墮落，以致在同輩中我自愧不如他們的無恥，聽到他們誇耀自己的醜史，越穢褻越自豪，我也樂於仿效，不僅出於私欲，甚至為了博取別人的讚許。除了罪惡外有什麼值得譴責呢？我卻為了不受譴責，越加為非作歹，並且由於我缺乏足以和那些敗類媲美的行徑，便揑造我沒有做過的事情，害怕我越天真越不堪，越純潔越顯得鄙陋。

瞧，我和那些伙伴們行走在巴比倫的廣場上，我在污泥中打滾，好像進入玉桂異香叢中。無形的敵人要我膠著在這個泥沼內，越來踐踏我、誘惑我，因為我極易受誘惑。她、我的生身之母，雖則已經逃出巴比倫城，但尚在城郊踽踽而行；她告誡我要純潔，但聽到丈夫所說關於我的種種，雖則覺察到情形不妙，前途危險，卻並不設法用夫婦之愛來加以限制，即使不能根本解決。她不願如此做，因為害怕妻室之累妨礙了我的前途，所謂前途，並非我母親所希望的、寄託在你身上的、身後的前途，而是學問上的前途。我的父母都渴望我在學問上有所成就：父親方面，他幾乎從不想到你，對我卻抱著許多幻想；母親呢，則認為傳統的學問不僅沒有害處，反而為我日後獲致你能有不少幫助。

這是據我記憶所及，回想父母的性情作如此猜測。他們從此對我不但不嚴加管束，反而放鬆羈絆，任我縱情嬉戲。我的天主，我周圍全是濃霧，使我看不見眞理的晴天，而「我的罪惡恰就

①見〈詩篇〉一一五首十六節。

從我的肉體中長起來」①。

4

主，你的法律懲罰偷竊，這法律刻在人心中，連罪惡也不能把它磨滅。哪一個竊賊自願讓另一個竊賊偷他的東西？哪一個富人任憑一個迫於貧困的人偷竊？我卻願意偷竊，而且眞的做了，不是由於需要的脅迫，而是由於缺乏正義感，厭倦正義，惡貫滿盈。因爲我所偷的東西，我自己原是有的，而且更多更好。我也並不想享受所偷的東西，不過爲了欣賞偷竊與罪惡。

在我家葡萄園的附近有一株梨樹，樹上結的果實，形色香味並不可人。我們這一批年輕壞蛋習慣在街上遊戲，直至深夜；一次深夜，我們把樹上的果子都搖下來，帶著走了。我們帶走了大批贓物，不是爲了大嚼，而是拿去餵豬。雖則我們也嘗了幾只，但我們所以如此做，是因爲這勾當是不許可的。

請看我的心，我的天主啊，請看我的心，它跌在深淵的底裡，你卻憐憫它，讓我的心現在告訴你，當我作惡毫無目的，爲作惡而作惡的時候，究竟在想什麼。罪惡是醜陋的，我卻愛它，我愛墮落，我愛我的缺點，不是愛缺點的根源，而是愛缺點本身。我這個醜惡的靈魂，掙脫你的扶持而自趨滅亡，不是在恥辱中追求什麼，而是追求恥辱本身。

①見〈詩篇〉七十二首七節。

5

美好的東西，金銀以及其他，都有動人之處；肉體接觸的快感主要帶來了同情心，其他官能同樣對物質事物有相應的感受。榮華、權勢、地位都有一種光耀，從此便產生了報復的飢渴。但爲獲致這一切，不應該脫離你、違反你的法律。我們賴以生存於此世的生命，由於它另有一種美，而且和其他一切較差的美相配合，也有它的吸引力。人與人的友誼，把多數人的心靈結合在一起，由於這種可貴的聯繫，是溫柔甜蜜的。

對於上列一切以及其他類似的東西，假如漫無節制地嚮往追求這些次要的美好而拋棄了更美好的，拋棄了至善，拋棄了你、我們的主、天主，拋棄了你的眞理和你的法律，便犯下了罪。世間的事物果然能使人快心，但決不像你、我的天主、創造萬有的天主，正義的人在你身上得到快樂，你是心地正直者的歡忭。

如果追究一下所以犯罪的原因，一般都以爲是爲了追求或害怕喪失上文所謂次要的美好而犯罪。這些東西的確有其美麗動人之處，雖則和天上的美好一比較，就顯得微賤不足道。一人殺了人。爲何殺人？因爲貪戀人家的妻子或財產；或是爲了生活想偷東西，或是害怕他人搶走自己的東西，或是受了損害憤而報仇。是否會沒有理由而殺人，歡喜殺人而殺人？誰會相信？據說有這樣一個毫無心肝、殘暴至極的人①，是凶惡殘暴成性的，但也有人指出其中原因：「他擔心閒著

①指下文的卡提里那（公元前一〇八？——六二）。

不動，手臂和精神都會鬆弛。」①但爲何擔心呢？他的橫行不法，是企圖搶得羅馬城後，光榮、權勢、財富便唾手可得，不再會因手頭拮据和犯罪後良心的不安而恐懼經濟困難和法律制裁了。因此卡提里那也並不愛罪惡本身，是愛通過犯罪而想達到的目的。

6

唉，我這一次偷竊，我十六歲上所犯的罪行，這可憐的我究竟愛你什麼？既然是偷竊，能有美麗動人之處嗎？有什麼值得我談的呢？我們所偷的果子是美麗的，因爲是你造的，我的好天主、萬有中最美善的，萬有的創造者，我的至善，我眞正的至寶。的確，果子是美麗的，但我可憐的心靈並不貪那些果子，因爲我有更多更好的；我摘這些果子，純然是爲了偷竊，因爲我到手後便丟掉，僅僅飽餐我的罪惡，享受犯罪的樂趣。即使我丟下一兩枚，這也不過作爲罪惡的調味而已。

現在，我的主、天主，我要問偷竊有什麼使我歡喜的呢？絕無可人之處。我不談在公平和明智中所看到的那種美？或在人的思想、記憶、官感、生長中所看到的美，也不談天上星辰光耀燦爛的美，或充滿著生生不息的動物的大地和海洋的美；它連騙人的罪惡所具有虛假的美也沒有。

因爲驕傲模仿偉大，獨有你天主是凌駕一切之上；貪婪追求地位光榮，但尊榮永遠是屬於你的；有權勢者的暴虐企圖使人畏懼，但惟有你天主才能使人敬畏，一人在何時何地，用什麼方法、

①見羅馬史家撒路斯提烏斯（公元前八六——三五）所著《卡提里那的陰謀》，十六章。

憑藉什麼能越出你的權力？輕薄的巧言令色想博得愛憐，但什麼也不能比你的慈愛更有撫慰的力量，比你美麗光明的眞理更有實益地值得愛戀；好奇心彷彿在追求知識，你卻洞悉一切事物的底蘊。愚蠢也掛上純約質樸的美名，但有什麼比你更純一、更純潔，因爲你的行動和罪惡完全對立。懶惰自詡爲恬靜，但除了主以外，什麼是眞正的恬靜？奢侈想贏得充盈富裕的稱號，而你才是涵有一切不朽甘飴的無盡庫藏。揮霍弋取了慷慨大量的影子，而你才是一切美好的寬綽的施主。慳吝希望多所積聚，而你卻具備一切。妒忌妄想高人一等，但誰能超過你呢？憤怒渴求報復，但誰比你的報復更公正呢？恐懼害怕意外的變故損害心愛的東西？擔心自己的安全，但在你能有不測的遭遇嗎？能使你所愛的和你脫離嗎？除了在你左右，還有可靠的安全嗎？悲傷是因喪失了所貪求的東西而憔悴，它想和你一樣不可能有所喪失。

這樣，靈魂叛離你而貪圖淫樂，想在你身外尋求潔淨無瑕的東西，但這些東西僅有返回你身邊才能獲得。人們遠離了你，妄自尊大地反對你，便是倒行逆施地模仿你。但即使如此模仿你，也顯示出你是大自然的創造者；爲此，決沒有使人完全脫離你的方法。

但在這次偷竊中，我究竟愛上什麼？是否我在這件事上錯誤地、倒行逆施地模仿我的主呢？是否想違犯法律而無能爲力，便自欺欺人想模仿囚徒們的虛假自由，荒謬地曲解你的全能，企圖犯法而不受懲罰？瞧，這樣一個逃避主人而追逐陰影的奴才！唉，眞是臭腐！唉，眞是離奇的生活，死亡的深淵！竟能只爲犯法而犯法！

7

我追溯以往種種，我的心靈能一無憂懼，「主啊，我怎樣報答你的恩澤？」①我要熱愛你、感謝你、歌頌你的聖名，因爲你赦免了我如許罪惡。我的罪惡所以雲消霧散，都出於你的恩賜與慈愛，而我所以能避免不犯，也出於你的恩賜，我能爲罪惡而愛罪惡，那麼還有什麼幹不出來呢？

我認識到不論是我自動犯的罪，或由於你的引導而避免不犯的罪，一切都已獲得赦免。誰想到自己的軟弱無能，敢把純潔天眞歸功於自己的努力，敢少愛你一些，好像你對待回頭改過者的寬大慈愛對他並不那麼需要？誰聽從你的呼喚，隨聲而跟從你，避免了我所回憶而懺悔的罪惡，請他不要譏笑我病後受到這位良醫的治療而痊癒；他的不害病，或至少不生這樣的重病，也應歸功於這位良醫；希望他看到我罪惡的痼疾霍然而癒，看到自身沒有染上罪惡的沉疴，能同樣愛你，能更熱愛你。

8

這個不堪的我，從那些現在想起還使我面紅耳赤的事件，特別從這次因愛偷竊而幹的偷竊，得到什麼果實呢？什麼也得不到，因爲偷竊本身就是虛無；這不過更顯出我的可憐。但假如我是單獨一人，我便不會如此——據我回憶，我當時的心情是如此——我單獨一人，決不會幹這勾當。

①見〈詩篇〉一一五首十二節。

可見我還歡喜伙伴們的狼狽爲奸，因此說我只愛偷竊不愛其他，是不正確的，但也能說是正確的，因爲狼狽爲奸也不過是虛無。

但究竟如何呢？除了驅除陰霾、照耀我心的天主外，誰能指點我？誰促使我追究、分析、思考？假如我歡喜所偷的果子，想享受這些果子，那麼爲滿足我的欲望，我單獨也能幹這勾當，不需要同謀者的相互激勵，燃起我的貪心，使我心癢難忍。但由於我的喜愛不在那些果子，因此是在乎罪惡本身，在乎多人合作的犯罪行爲。

9

這是什麼心情呢？當然齷齪不堪，懷著這種心情的人眞是可恥。但究竟是怎樣的呢？「誰能了解罪惡？」①

想到我們能欺騙那些絕對料不到我們有此行徑而且竭力反對我們如此做的人們，我的心好像忍俊不禁了。但爲何我單獨幹不會如此興高采烈呢？是否一個人不容易發笑？的確一個人不容易笑；但即使是獨自一人，沒有其他人在側，看到或想到太可笑的事情，也會破顏而笑的。可是如果我是單獨一人，是不會做的，絕對不會做的。

我的天主，這是我的心靈在你面前活生生的回憶。我單獨一人不會幹這一次只爲愛偷竊而不貪贓物的偷竊勾當。我獨自一人絕對不會歡喜這行徑，絕對不會幹的。唉，害人不淺的友誼，不

①見〈詩篇〉十八首十三節。

可思議的思想誘惑，從遊戲玩笑，進而產生了爲自己一無所得，而且不出於報復之心的損害他人的欲望：只消別人說：「走，幹一下！」便慚愧自己有羞恥之心！

10

誰能揭穿其中曲折複雜的內幕？醜惡不堪，我不願再去想它、看它了。我現在需要的是你，具有純潔光輝的、使人樂而不厭的、美麗燦爛的正義與純潔，在你左右才是無比的安寧與無憂無慮的生活。誰投入你的懷抱，「進入主的福樂」①，便不再憂慮，在至善之中享受圓滿的生活。我的天主，我青年時曾遠離了你，遠離了你的扶持，深入歧途，我爲我自己成爲一個「饑饉的區域」②。

①見〈馬太福音〉二十五章二十一節。
②見〈路加福音〉十五章十四節。

卷三

1

我來到了迦太基，我周圍沸騰著、震響著罪惡戀愛的鼎鑊。我還沒有愛上什麼，但渴望愛，並且由於內心的渴望，我更恨自己渴望得還不夠。我追求戀愛的對象，只想戀愛；我恨生活的平凡，恨沒有陷阱的道路；我心靈因爲缺乏滋養的糧食，缺乏你、我的天主而飢渴，但我並不感覺這種飢渴，並不企求不朽的糧食，當然並非我已飽飫這種糧食；相反，我越缺乏這糧食，對此越感到無味。這正是我的心靈患著病，滿身創傷，向外流注，可憐地渴求物質的刺激，但物質如果沒有靈魂，人們也不會愛的。

愛與被愛，如果進一步能享受所愛者的肉體，那爲我更是甜蜜了。我把肉欲的垢穢玷污了友誼的清泉，把肉情的陰霾掩蓋了友誼的光輝；我雖如此醜陋、放蕩，但由於滿腹蘊藏著浮華的意念，還竭力裝點出溫文爾雅的態度。我衝向愛，甘願成爲愛的俘虜。我的天主、我的慈愛，你的慈祥在我所認爲甜蜜的滋味中撒上了多少苦膽。我得到了愛，我神秘地戴上了享受的桎梏，高興地戴上了苦難的枷鎖，爲了擔受猜忌、懷疑、憂懼、憤恨、爭吵等燒紅的鐵鞭的鞭打。

2

我被充滿著我的悲慘生活的寫照和燃熾我欲火的爐灶一般的戲劇所攫取了。人們願意看自己不願遭遇的悲慘故事而傷心，這究竟爲了什麼？一人願意從看戲引起悲痛，而這悲痛就作爲他的樂趣。這豈非一種可憐的變態？一個人越不能擺脫這些情感，越容易被它感動。一人自身受苦，人們說他不幸；如果同情別人的痛苦，便說這人有惻隱之心。但對於虛構的戲劇，惻隱之心究竟是什麼？戲劇並不鼓勵觀衆幫助別人，不過引逗觀衆的傷心，觀衆越感到傷心，編劇者越能受到讚賞。如果看了歷史上的或竟是捕風捉影的悲劇而毫不動情，那就敗興出場，批評指摘，假如能感到迴腸蕩氣，便看得津津有味，自覺高興。

於此可見，人們歡喜的是眼淚和悲傷。但誰都要快樂，誰也不願受苦，卻願意同情別人的痛苦；同情必然帶來悲苦的情味。那麼是否僅僅由於這一原因而甘願傷心？

這種同情心發源於友誼的清泉。但它將往何處？流向哪裡呢？爲何流入沸騰油膩的瀑布中，傾瀉到浩蕩爍熱的情欲深淵中去，並且自覺自願地離棄了天上的澄明而與此同流合污？那麼是否應該摒棄同情心呢？不，有時應該愛悲痛。但是，我的靈魂啊！你該防止淫穢，在我的天主、我們祖先的天主、永受讚美歌頌的天主保護之下，你要防止淫穢的罪。

我現在並非消除了同情心，但當時我看到劇中一對戀人無恥地作樂，雖則不過是排演虛構的故事，我卻和他們同感愉快；看到他們戀愛失敗，我亦覺得淒惶欲絕，這種或悲或喜的情味爲我都是一種樂趣。而現在我哀憐那些沉湎於歡場欲海的人，過於哀憐因喪失罪惡的快樂或不幸的幸福而惘然自失的人。這才是比較眞實的同情，而這種同情心不是以悲痛爲樂趣。憐憫不幸的人，是愛的責任，但如果一人懷抱眞摯的同情，那必然是寧願沒有憐憫別人不幸的機會。假如有不懷好意的慈悲心腸，——當然這是不可能有的——便能有這樣一個人：具有眞正的同情心，而希望別人遭遇不幸，藉以顯示對這人的同情。有些悲傷果然是可以讚許的，但不應說是可以喜愛的。我的主，你熱愛靈魂，但不像我們，你是以無限純潔、無窮完美的眞慈憐憫著世人的靈魂，你不受任何悲痛的侵襲。但哪一個人能如此呢？

但那時這可憐的我貪愛哀情的刺激，追求引致悲傷的機會；看到出於虛構的劇中人的不幸遭遇，扮演的角色越是使我痛哭流涕，越稱我心意，也就越能吸引我。我這一頭不幸的牲口，不耐煩你的看護，脫離了你的牧羣，染上了可恥的、齷齪不堪的疥癘，這又何足爲奇呢？我從此時起愛好痛苦，但又並不愛深入我內心的痛苦——因爲我並不眞正願意身受所看的種種——而僅僅是愛好這種耳聞的、憑空結構的、猶如抓著我浮皮膚的痛苦，可是一如指甲抓碎皮膚時那樣，這種愛好在我身上也引起了發炎、腫脹、化膿和可憎的臭腐。

這是我的生活。唉，我的天主，這可能稱爲生活嗎？

3

你的慈愛始終遙遙覆庇著我。我沉湎於怎樣的罪惡之中！我背棄了你，聽憑褻聖的好奇心引導我走向極度的不忠不信，成爲魔鬼的狡獪僕從，用我的罪行歆享魔鬼，而你便用這一切來鞭打我！我竟敢在舉行敬事你的典禮時，在聖殿之內，覬覦追營死亡的果實！你重重懲責我，但和我的罪過相比可算什麼？唉，我的天主、我的無邊的慈愛，你覆庇我不受災害的侵襲，而我在危險之中還意氣洋洋，到處遊蕩，遠離了你，從我所好的行徑而不趨向你的道路，我只知流連於轉瞬即逝的自由。

當時所推崇的學問，不過是通向聚訟的市場，我希望在此中顯露頭角，而在這個場所越會信口雌黃，越能獲得稱譽。人們的盲目到達這樣程度，竟會誇耀自己的謬見！我在雄辯術學校中名列優等，因此沾沾自喜，充滿著虛榮的氣概；但是，主，你知道我還是比較循規蹈矩的，決不參與那些「搗亂鬼」——這個下流的、魔鬼的稱號在當時是非常時髦的——惡作劇；我生活在這些人中間，在無恥之中還帶著三分羞惡之心，因爲我不和他們同流合污；我和他們在一起，有時也歡喜和他們結交，雖則我始終厭惡他們的行動、他們的惡作劇：欺侮膽怯的新學生，毫無理由地戲弄他們，取笑作樂。沒有再比這種行動更相像魔鬼的行動了！稱爲「搗亂鬼」，眞是再恰當沒有了。他們自身先已暗受欺人的惡魔搗亂、誘惑、嘲笑，先已陷入他們作弄別人的陷阱！

4

血氣未定的我和這些人一起，讀雄辯術的課本，希望能有出衆的口才：這不過爲了享受人間榮華的可鄙而浮薄的目的。遵照規定的課程，我讀到一個名西塞羅①的著作，一般人更欣賞他的

①西塞羅（M. T. Cicero，公元前一〇六——四三），羅馬古典文學的代表作家之一。

詞藻過於領會他的思想。書中有一篇勸人讀哲學的文章，篇名是〈荷爾頓西烏斯〉①。

這一本書使我的思想轉變，使我的祈禱轉向你，使我的希望和志願徹底改變。我突然看到過去虛空的希望眞是卑不足道，便懷著一種不可思議的熱情，嚮往著不朽的智慧，我開始起身歸向你。我鑽研這本書，不再著眼於詞令——我母親寄給我的錢好像專爲購買這一點，那時我已十九歲，父親已在兩年前去世，——這本書的吸引我，已是由於內容，而不是爲了詞藻了。

我的天主，那時我懷著很大的熱情，想脫離人世種種而飛到你身邊！但我不知道你對我作何安排，因爲智慧是屬於你的。愛好智慧，在希臘語名爲哲學，這本書引起我對哲學的興趣。有人假借哲學的名義來迷惑他人，利用偉大的、動人的、高尚的名義來粉飾他們自己的謬說；對於當時和以前這一類人物，此書都有論列，印證了你的精神通過你的忠良僕人所貽留的有益忠告：「你們應該小心，勿使他人用哲學、用虛誕的妄言把你們擄走，這種種只是合乎人們的傳統和人世的經綸，不合乎基督，而天主的神性卻全部寓於基督之身。」②

我心靈的光明，你了解我當時並不知道使徒保羅這一段話。我所以愛那一篇勸諭的文章，是因爲它激勵我，燃起我的熱焰，使我愛好、追求、獲致並堅持智慧本身，而不是某宗某派的學說。但有一件事不能使我熱情勃發，便是那篇文章中沒有基督的名字。主啊，依照你慈愛的計畫，我的救主、你的「聖子」的名字，在我哺乳之時，被我孩提之心所吸食，深深蘊蓄於心坎中，一本

---

①西塞羅的哲學論文之一，原書已佚。

②見《新約・歌羅西書》二章八——九節。

書，不論文字如何典雅，內容如何翔實，假如沒有這個名字，便不能掌握住整個的我。

5

爲此，我決心要讀聖經，看看內容如何。我現在懂得聖經不是驕傲者所能體味，也不是孩子們所能領會的，入門時覺得隘陋，越朝前越覺得高深，而且四面垂著奧妙的帷幕，我當時還沒有入門的資格，不會曲躬而進。我上面說的並非我最初接觸聖經時的印象，當時我以爲這部書和西塞羅的典雅文筆相較，眞是瞠乎其後。我的傲氣藐視聖經的質樸，我的目光看不透它的深文奧義，聖經的意義是隨孩子的年齡而俱增，但我不屑成爲孩子，把我的滿腔傲氣視爲偉大。

6

因此，我蹈入了驕傲、狂妄、巧言令色的人們的圈子中，他們口中藏著魔鬼的陷阱，含著雜有你的聖名和耶穌基督、「施慰之神」、「聖神」①等字樣的誘餌。他們語語不離這些名字，但不過是掉弄唇舌而發出虛音，心中毫無眞理。他們口口聲聲：「眞理、眞理」，不斷和我談論眞理，卻沒有一絲一毫的眞理；他們不僅對於身爲眞理的你，而且對於你所創造的世界也發出種種荒謬的論調：關於世界，即使哲學家們所論確切，我爲愛你的緣故，也應置之不顧，你是我最慈

①譯者按：天主教教義稱天主三位：第一位聖父，第二位聖子，降世成人，是為耶穌基督，第三位聖神，四福音中也名為「施慰之神」。

愛的父親，萬美之美。

唉，眞理，眞理，那時我怎樣從心坎的最深處嚮往著你，那時這些人經常用各種方法在長篇累牘的書本中向我高呼著你的名字！可惜這僅僅是空洞的聲音。我渴求著你，而拿來供我充飢的餚饌，不是你而是太陽、月亮；這些美麗的產品是你創造的，但不是你，也不是最好的工程，因爲你所創造的精神體，勝過天空燦爛的星辰。

我如飢如渴想望的也不是那些精神體，而是眞理，是你本身、「永無變易，永無晦蝕」①的你。供我大嚼的餚饌不過是華麗的幻象，這些虛幻通過耳目而蒙蔽思想，愛這些虛幻還不如愛肉眼確實看到的太陽。但我以爲這一切就是你，就充作我的食料，但並不是恣意飽啖，因爲我口中嘗不到像你那樣的滋味——當然你並非那些憑空虛構的東西——爲此，我非但不能解飢，反而更餓了。

夢中的飲食和醒時的飲食相仿，但不能使睡者果腹，因爲他睡著。上述種種絲毫不像你眞理，不像現在和我講話的眞理，這些都是幻象，都是空中樓閣；我們目睹的天空和地面的物體比這些幻象來得實在；我們看到的物體和禽獸看到的一樣，也比我們想像的更實在。甚至我們想像中的物體也比我們依據這些物體而虛擬的茫無邊際的東西更形實在。那時我便以這些幻象充飢，卻不能因此果腹。

但是，你、我的愛、孱弱的我所依恃而汲取力量的，你不是我們肉眼所看見的天際星辰，也

①見《新約·雅各書》一章十七節。

不是我們看不見的物體，這一切都是你創造的，而且還不是你最好的工程。你與我所虛構的幻象、決不存在的幻象有多大的差別！一切實在物體的形象，一切實在的物體——但不是你——也比這些幻象更眞實。你也不是使物體具有生命的靈魂——物體的生命比物體更好、更實在——你是靈魂的生命，生命的生命；你以自身生活，你絕不變易，你是我靈魂的生命。

爲我，你當時在哪裡？在多麼遙遠的地方！我離開了你迢迢遠行，甚至找不到餵豬的橡子來充飢。文章家和詩人們的故事也遠優於那些欺人的妖言，詩歌與「密提阿飛行」①的故事比毒害信徒的「五元素化身大戰黑暗五妖洞」②荒誕不經之說也遠爲有用。因爲我從這些詩歌中能汲取到眞正的滋養：我雖則唱著「密提阿飛行」故事，但我並不說實有其事，即使我聽別人唱，也不會信以爲眞的。而對於後者我卻拳拳服膺了，眞是言之痛心！我怎會一層一層滾到地獄底裡的呢？由於缺乏眞理而心煩慮亂，我追尋你、我的天主，——我現在向你懺悔：在我怙惡不悛的時候，你已經憐憫我——但是僅僅用肉體的感覺，而不是用你所賦與我們足以制服毒蟲猛獸的理智。你幽邃沉潛，在我心坎深處之外，你又高不可及，超越我心靈之巔。這時我遇上了所羅門箴言中的那個「坐在自家門口的懵懂無恥的婦人，她說：快快吃這些神秘的餅，喝那杯偷來的甘液」③。她看見我在外浪蕩，在細嚼著用我肉眼找到呑食的東西，便把我迷住了。

---

①希臘神話中幫助哲松取得金羊毛的女巫。
②指摩尼教教義。
③見《舊約・箴言》九章十七節。

7

我並不想到另一眞正存在的眞理，因此，人們向我提出：「罪惡來自何處？神是否限制在一個物質的軀體內，是否有頭髮和手指？多妻的、殺人的、祭祀禽獸的人能否列爲義人？」種種問題後，我如受到針刺一般急忙贊成那些狂妄騙子的見解。這些問題使無知的我忐忑不安；我背著眞理，還自以爲面向眞理；我不懂得「惡」不過是缺乏「善」，徹底地說只是虛無。那時我的肉眼已爲外物所蔽，我的精神只能見到魑魅魍魎，當然我不會懂得這一點。

那時我不知道天主是神體，沒有長短粗細的肢體，沒有體積，因爲一有體積，局部必然小於整體；即使是無限的，但爲空間所限制的一部分必然小於無限，便不能成爲神體，如天主的無所不在，在在都是整個天主。至於我們本身憑什麼而存在，爲何聖經上稱我們是「天主的肖像」①，這一切都不知道。

我也不認識眞正的、內心的正義，不依據習俗而依據全能天主的金科玉律權衡一切的正義；天主的法律一成不變，不隨時間空間而更改，但隨時代地區的不同而形成各時代各地區的風俗習慣；亞伯拉罕、以撒、雅各、摩西、大衛②，以及爲天主親口讚許的人，依照天主的法律都是正義的人；但這些無知之徒隨從世人的褒貶毀譽，以個人的經驗去衡量人類的全部風俗習慣，斷定

①見《舊約·創世紀》一章二十七節。
②指這些人都是《舊約》中的聖哲。

他們是不正義的，這猶如一人不識武裝，不知盔與甲的用度，加甲於首，裹盔於足，便認為不適於用；或是某日規定下午休假，這人強調上午既然容許營業，抱怨下午為何不能進行賣買；又如在某人家中見某一奴隸手持的東西不准另一個進酒餚的奴隸接觸，或在馬廄後做的工作不准在餐廳進行，便指斥同居一室、同屬一家，為什麼待遇不同。

同樣，這些人聽到現代正義的人所禁行的事，古代正義的人卻不在此例，天主權衡時宜，對古人制定那樣法令，對今人制定這樣法令，古往今來都適應著同一的正義，他們卻對此憤憤不平。不知同一人、同一日、在同一屋中，使用某一肢體時，不能代之以另一肢體；某時准許做的，換一個時辰即行禁止；在某一角落許可或命令做的，在附近的另一角落便不許做，做了要受責罰。那麼，正義成為變化多端了？不然，這是正義所統攝的時代有所不同，既然是時代，便有先後。人生非常短促，不能以為本身有了經驗，便對經驗所不及的古今四方的事物因革都融會貫通；反之，在同一人身上、同一天內、同一屋中，很容易看出某一時刻、某一地點或某一肢體應做何事，因此對前者感到牴觸，而對後者便毫無異議。

以上種種，我一無所知，也絕不措意；雖然這些事理從各方面透進我的雙目，我還是熟視無睹。我誦詩時，音節的輕重不能隨意配置，一種詩體有一種格律，在同一詩句中也不能都用同一的音節；但文章的規律，不是隨地而異的，它有一個完整的體系。我並沒有看到聖賢們所服膺的正義，是把所命令的一切合成一個高妙萬倍的整體；正義本質絕無變易，也不把全部條例施行於任何一個時代，而是因時制宜，為每一時代制定相應的法令。我卻盲目批評虔誠的祖先們不獨遵照天主的命令和啓示調配當前的一切，甚且稟承天主的默牖，對將來發出預言。

8

那麼「全心、全靈、全意愛天主和愛人如己」①在某時某地能不能也成為非正義的呢？凡違反天性的罪行，如所多瑪人所做的，不論何時何地都應深惡痛絕，即使全人類都去效尤，在天主的定律之前，也不能有所寬縱，因為天主造人，不是要人如此自瀆。天主是自然的主宰，淫欲玷污了自然的紀律，也就破壞了我們和天主之間應有的關係。

至於違反風俗習慣的罪行，應隨不同的習俗加以禁避，某一城市或某一國家，或因習慣或由法律所訂定的規章，不應為市民或僑民隨意破壞。任何部分如與整體不合即是缺陷。但如天主所命令的和一地的習慣規章牴觸，即使從未執行，應即實施，若已廢弛，應予恢復。君王有權在所統治的城邑中頒布前人或本人從前未曾制訂的新法，凡是服從新法，並不違犯本城的舊章，而不服從恰就違反本城的制度，因為服從君王是人類社會共同的準則，那麼對萬有的君王、天主的命令更應該毫不猶豫地服從。人類社會中權力有尊卑高下之序，下級服從上級，天主則凌駕一切之上。

對於侮辱他人，或對人施行暴力，二者都是蓄意損害他人的罪行，則和違反天性的罪行相同。這兩種罪行的起因，或是為了報復，如仇人的陷害仇人；或為奪取別人所有，如強盜的搶劫行旅；或為逃避禍患，如一人恐懼另一人；或出於妒忌，如不幸者妒忌另一人的幸福，如得勢者畏恨別

①見《新約・馬可福音》十二章三十節。

人勢力與自己相埒；或僅僅出於幸災樂禍，如觀看角鬥的觀衆，或戲弄嘲笑別人。

這些是主要的罪行，根源都由於爭權奪利，或爲了耳目之娛，或爲逞情快意，有時源於二者，甚至兼有以上三種根源。我的至尊至甘的天主，生活於這些罪惡，便是侵凌了你的「十弦琴」、你的「十誡」。你是不可能有所朽壞，有所損蝕，哪一種罪惡能影響你，哪一種罪行能損害你？但人們犯罪，你便加懲罰，因爲即使是爲了反對你而犯罪，也就是褻瀆了人們自己的靈魂，罪惡在欺騙自身，或是毀壞你所創造、所調攝的天性；或漫無節制、過度享受你所賦畀的事物；或違反天性、追求違禁的事物；或故觸鋒芒，思想上、言語上侮辱你；或越出人類社會的範圍，橫行不法，隨自己的好惡，挑撥離間，以快自己的私意。這種種的產生都由於拋棄了你生命的泉源、萬物唯一眞正的創造者和統治者；由於師心自用，錯誤地愛上了一部分，而以部分爲整體。

因此，只有謙虛的虔誠能引導我們回到你身邊，使你清除我們的惡習，使你赦免悔過自新者的罪業，使你俯聽桎梏者的呻吟，解脫我們自作自受的鎖鍊，只要我們不再以貪得無厭而結果喪失一切、更愛自身過於愛你萬善之源的私心，向你豎起假自由的觸角。

9

在損己損人以及其他形形色色罪惡中，也有進德修業的人所難免的過失；這些過失，如依嚴正的論斷，自可作求全的責備，但同時有結成善果的希望，如萌芽之至於收穫，則又應受讚許。有些近似上述兩類的罪惡，而又實非是罪，因爲既不侵犯你、我們的主、天主，也不危害社會；譬如一人儲藏生活所需而且符合時勢要求的某些物品，同時又不能確定他是否出於占有的欲望，又如爲了糾正一人的錯誤，行使合法權加以處分，同時也不能確定其是否有損人之心。

因此有許多行爲，在常人視爲應受譴責，而你卻不以爲非，也有許多人所讚許的事，而你卻不以爲是。往往行事的外表和其人的內心大相懸絕，而當時的環境也不是常人所能窺測。但如果你突然發出一項特殊的、出人意外的命令，而且你過去曾加禁止的，你又不宣布發令的原因，即使這命令牴觸人類社會的約章，也沒有一人敢懷疑是否應該服從，因爲惟有服從你的社會才是正義的社會。誰能確知你的命令，那眞有福，因爲你的僕人們一切行動，或爲適應目前的需要，或爲預示將來。

10

由於我不了解這些原則，因此我訕笑你的聖美的僕人們和先知們。我訕笑他們，其實你也得訕笑我；我不知不覺地墮落到如此愚蠢的境界，以致相信人們摘無花果時，果子和樹在流著乳一般的淚水；一位「聖人」①吃了這只無花果——當然摘的人犯罪，聖人沒有罪——是把許多天使，甚至神的分子吞入腹中，聖人在禱告中呻吟太息時，吐出天使甚至神的分子，這些無上眞神的分子本被囚禁在果子之中，這時被聖人的齒腹解放出來。我認爲更應該同情地上的果子過於所以產生果子的原因、人，因爲一個非摩尼教徒向你要一點食物解飢，如果你給他吃，便應受死刑。

①按摩尼教內分「聖人」和一般信徒「聽講者」兩類。

11

你自天垂手，把我的靈魂從黑暗的深淵拯救出來，我的母親、你的忠心的婢女爲了我向你痛哭，遠過於母親痛哭死去的子女。她看見我在她所得自你的信仰和精神方面已經死去。主，你應允她的祈禱，你應允她，並沒有輕視她在各處祈禱時流下的眼淚，你應允她的祈禱。因爲她所得的夢從哪裡來的呢？你在夢中安慰她，她因此重新收撫我，許我在家中和她同桌飲食。她初起對我悔慢神聖的罪行是深惡痛絕的。她夢中見她自己站在一條木尺上，又見一位容光煥發的青年含笑走到她跟前。這時她痛不自勝，那位青年詢問她何故悲傷天天哭泣——這樣的詢問往往是爲了勸導，不是爲了探聽——她回答說是痛心於我的喪亡，那位青年請她放心，教她留心看，她在那裡，我也在那裡，她仔細一看，看見我在她身邊，站在同一木尺上。

這夢是哪裡來的呢？一定是你傾聽她的心聲，全能的好天主啊！你照顧著每一人，彷彿只照顧一個人，你照顧全人類，猶如照顧一人。

還有一點：她向我談夢中情形時，我竭力向她解說，教她不要失望，說她日後也會成爲我當時那樣，她竟毫不猶豫地說：「不，他不對我說：『他在那裡，你也將在那裡』①；而是說：『你在那裡，他也將在那裡。』」

①譯者按：「他不對我說」，「他」指夢中的青年，「我」指莫尼加（奧氏之母）；「他在那裡，你也將在那裡」，「他」指奧古斯丁，「你」指莫尼加。

主啊，據我記憶所及我向你懺悔，我已屢次說過：當時你藉我母親的口所給我的答覆，我母親不爲我的似是而非的解釋所迷惑，並且能迅速看出應該看到的意義——如果她不說，我當時的確看不出——這種種比那場夢更使我感動。這個夢爲安慰我母親當前的憂慮，預示了她經過很長時期後才能實現的快樂。

因爲我在垢污的深坑中、在錯誤的黑暗中打滾，大約有九年之久！我屢次想站起來，而每次使我陷得更深一層，但我的母親，一如你所喜愛的貞靜、誠敬、樸素的節婦，雖則抱著滿懷希望，但依舊痛哭呻吟，在祈禱時繼續爲我向你發出哀號，她的祈禱達到你面前，你卻讓我繼續在黑暗中旋轉。

12

我記得你還給我另一個答覆。我現在略去許多枝節，爲了早已迫不及待地要向你懺悔我所欲懺悔的事情，同時我也忘卻了不少情節。

你通過你的祭司，通過一個在教會內成長的、精通聖經的主教，給我另一個答覆。我的母親請他來和我作一次談話，駁斥我的錯誤，誘導我去惡從善——因爲他如遇到合適的對象是如此做的——他拒絕了，事後我才懂得他這一決定的明智。他回答說，我還不肯受教，因爲，一如我母親告知他的，我由於新近接受了這異端，還是意氣洋洋，曾用一些狡獪的問題難倒了好些知識比較淺薄的人。接著又說：「讓他去。你只要爲他祈求天主；他自會在書本中發現自己的錯誤和狂妄。」他還告訴我母親，他的母親也受摩尼教的迷惑，他幼時被送給摩尼教徒，該教所有書籍他幾乎都讀過，甚至抄寫過，他沒有和任何人爭論過，也未受任何人的勸說，是他自己發覺這一教門是多麼應受深惡痛絕的，因此他放棄了這教門。我的母親聽了這些話，依舊不放心，更加苦苦哀求，痛哭流涕，請他來看我，說服我。纏得他有些不耐煩而生氣了，便說：「去吧，這樣生活下去吧！你爲你的兒子流下如許眼淚，這樣一個兒子是不可能死亡的！」

我的母親和我談話時，屢次提到這事，說她聽到這話，恍如聽到來自天上的聲音。

卷四

1

我從十九歲到二十八歲，九年之久，陷溺於種種惡業之中，自惑惑人，自欺欺人，公開是教授所謂「自由學術」，暗中則使用虛僞的宗教幌子，前者是出於驕傲，後者則由於迷信，而二者都是虛妄。我一面追求群衆的渺茫名譽，甚至劇場中的喝采，詩歌競賽中柴草般的花冠、無聊的戲劇和猖狂的情欲，而另一面卻企圖澡雪這些污穢：我供應那些所謂「優秀分子」和「聖人們」①飲食，想從他們的肚子裡炮製出天使和神道來解救我們。我和那些受我欺騙或同我一起受人欺騙的朋友們從事於這種荒謬絕倫的勾當。

我的天主，那些尚未蒙受你的屈辱抑制而得救的驕傲者，任憑他們訕笑吧；我願向你懺悔我的恥辱，爲了你的光榮。我求你，請容許我用現在的記憶回想我過去錯誤的曲折過程，向你獻上「歡樂之祭」。如果沒有你，我爲我自己只是一個走向毀滅的嚮導！即使在我生活良好的時候，也不過是一個飲你的乳、吃你的不朽的食物的人！一個人，不論哪一個人，只要是人，能是什麼？

①按指摩尼教徒。

任憑那些有權有勢的人嘲笑吧！我們，孱弱、貧困的我們，願意向你懺悔。

2

在這些年代中，我教授著雄辯術，我身為私欲的敗將，卻在出賣教人取勝的爭訟法術。主啊！你是知道我希望教些好學生、當時所稱的好學生，我一片好意地教他們騙人之道，不是要他們陷害無辜，但要他們有時去救壞蛋。天主啊，你遠遠望見我在斜坡上搖搖欲墜，我在濃霧中射出一些善意的閃光，你看見我在教導那些愛好浮華、追求謊言的人時，雖則我和他們是一丘之貉，但還能表現出一些良知。

在這些年代中，我和一個女子同居著，我們兩人不是經過當時所謂合法的婚姻而結合的，而是由於苦悶的熱情，我忘卻了理智而結識的。但我僅有她一人，我對她是始終如一，並無其他外遇。在她身上，我親自體驗到為子嗣而黽勉同心的婚姻與肉欲衝動的結合有很大的差別，後者違反了雙方的意願而生育子女，但對所生的也不得不加以愛護。

我還記得一次參加詩劇比賽，一個巫師問我如贏得勝利，給他多少錢作為酬報，我是非常憎恨這種齷齪的邪術，我回答說，即使能贏得一只不朽的金冠，我也不願為我的勝利而殺一隻蒼蠅，因為這巫師將殺牲祭祀魔鬼，認為如此則可以為我獲致魔鬼的助力。但是，我心靈的天主，我的所以拒絕，並非出於你所喜愛的貞純，因我當時只能想像物質的光華，還不知道愛你。一個靈魂嚮往這種虛幻，不是「離棄你而犯奸淫」①嗎？不是在信任謊言，「飼餵狂風」②嗎？因我雖不

①見〈詩篇〉七十二首二十七節。
②見《舊約．何西阿書》十二章一節。

願爲我而舉行淫祀，但我的迷信卻天天在享祭魔鬼，魔鬼以我們的錯誤爲樂趣，爲嘲笑的目標，我們在飼餵魔鬼不就是在「飼餵狂風」嗎？

3

爲此，我是繼續向當時名爲算術家的星士請教，因爲他們的推演星命似乎並不舉行什麼祭祀，也不作什麼通神的祝告。但是基督教眞正的、合乎原則的虔誠必然加以排斥。

本來最好是向你、主懺悔說：「求你可憐我，治療我的靈魂，因爲我獲罪於你」①；不應依恃你的慈愛而放肆，恰應牢記著你的話：「你已痊癒了，不要再犯罪，才能避免遭遇更不幸的事。」②

這些星士們都竭力抹殺你的告誡，對我說：「你的犯罪是出於天命，是不可避免的」；「是金星、或土星、火星所主的。」這不過爲卸脫一團血肉、一個臭皮囊的人的罪責，而歸罪於天地日月星辰的創造者與管理者。這創造者與管理者不是你是誰呢？你是甘飴和正義的根源，你「將按照每人的行爲施行賞罰」，「你絕不輕視憂傷痛恨的心」③。

當時有一位具有卓見之士④，並且也精於醫道，在醫學上負有盛名，他曾以總督的名義，不

---

①見〈詩篇〉四十首五節。
②見〈約翰福音〉五章十四節。
③見〈馬太福音〉十六章二十七節；〈詩篇〉五十首十九節。
④按即卷七第六章所說的文提齊亞努斯，是當時的名醫。

是以醫生的名義，把競賽優勝的花冠戴在我患病的頭上。這病症卻是你診療的，因爲「你拒絕驕傲者，而賜恩於謙卑的人」①。況且，通過這位丈人，你何曾停止過對我的照顧，對我靈魂的治療？

我和他比較親厚之後，經常盡心聽他談論。他的談論不重形式，但思想敏銳，既有風趣，又有內容。他從我的談話中知道我在研究星命的書籍，便以父執的態度諄諄告誡我，教我拋開這些書本，不要以精神耗於這種無益之事，應該用於有用的事物；他說他也研究過星命之學，而且年輕時，曾想以此爲終生的職業。他既然能讀希波革拉第②的著作，當然也能理解這些書。他的所以捐棄此道而從事醫道，是由於已經覷破星命術數的虛妄，像他這樣嚴肅的人，不願作騙人的生涯。他又對我說：「你自可以教授雄辯術在社會上占一位置；你研究這種荒誕不經之說，並非爲了生計，而且出於自由的愛好。你應該相信我的話，因爲我對這一門曾經刻苦鑽研，已可以此爲業。」我問他爲什麼許多預言眞的會應驗。他照他的能力答覆我，認爲這是散布在自然界的偶然的力量。他說譬如翻閱某一詩人的詩集，一首詩的內容寫的完全是另一件事，但可能有一句詩和某人的情境吻合，那麼一人的靈魂憑著天賦的某種直覺，雖則莫名其妙，但偶然地、不經意地說了一些話，和詢問者事實竟相符合，這也不足爲奇。

這是你從他口中，或通過他給我的忠告，並且在我的記憶中劃定了我此後研究學術的方向。

---

①見《新約．彼得前書》五章五節。

②公元前第五世紀的希臘名醫。

但在當時，這位長者，甚至和我最知己的內布利提烏斯——一位非常善良、非常純潔的青年，最反對占卜的——都不能說服我使我放棄此種術數。對於我影響最深的，是這些書的作者的權威，我還沒有找到我所要求的一種可靠的證據，能確無可疑地證明這些星命家的話所以應驗是出於偶然，而不是出於推演星辰。

4

在這些年代中，我在本城開始我的教書生涯時，結識了一個非常知己的朋友，他和我一起研究學問，又同在旺盛的青年時代。他本是和我一起長大、一起就學、一起遊戲的。但幼時我們兩人還沒有深切的愛情，雖則後來也不能謂是眞正的友誼，因爲只有你把那些具有「因我們所領受的聖神而傾注於我們心中的愛」①而依附你的人聯結在一起的友誼才是眞正的友誼。但那時我和他的交誼眞是無比甜蜜，同時，因嗜好相同，更增加了我們的投契。我又使他放棄了他青年時代尚未眞誠徹底認識的眞正信仰，把他拖到了我母親爲我痛哭的荒誕危險的迷信之中。他的思想已經和我一起走上了歧途，而我的心也已經不能沒有他。你是復仇的天主，同時也是慈愛的泉源，你緊緊追趕著逃避你的人，你用奇妙的方式使我們轉向你；這溫柔的友誼爲我說來是超過我一生任何幸福，可是還不到一年，你便使他脫離了人世。

任何人，即使僅僅根據個人內心的經驗，也不能縷述你的慈愛。我的天主，這時你做什麼？

①見《新約·羅馬書》五章五節。

你的判斷眞是多麼深邃！他患著高熱，好久不省人事，躺在死亡的汗液中；病勢看來已經絕望，便有人給這個失去知覺的病人行了「洗禮」，我也並不措意，認爲他的靈魂一定保持著所得於我的思想，而不是得於別人在他失去知覺的肉體上的行動。豈知遠遠出於我意料之外，病勢轉好，沒有危險了，當我能和他講話時——只要他能說話，我即能和他談話，因爲我日夜不離，我們兩人眞是相依爲命——我想把他在昏迷中領受「洗禮」一事向他打趣，以爲他也將自哂這回事的。豈知他已經知道自己受了洗禮。這時他驚怖地望著我，如對仇人一般，用突然的、異乎尋常的堅決態度警告我，如果我願意和他交朋友，不能再說這樣的話。我愕然失色，竭力壓制我的情緒，讓他保養精力，以爲等他恢復健康之後，我對他又能爲所欲爲了。但是他從我瘋狂的計畫中被搶走，保存在你的身邊，作爲我日後的安慰。幾天後，我又在他身邊時，寒熱重新發作，便溘然長逝了。

這時我的心被極大的痛苦所籠罩，成爲一片黑暗！我眼中只看見死亡！本鄉爲我是一種刑罰，家庭是一片難言的淒涼。過去我和他共有的一切，這時都變成一種可怕的痛苦。我的眼睛到處找他，但到處找不到他。我憎恨一切，因爲一切沒有他；再也不能像他生前小別回來時，一切在對我說：「瞧，他回來了！」我爲我自身成爲一個不解之謎：我問我的靈魂，你爲何如此悲傷，爲何如此擾亂我？我的靈魂不知道怎樣答覆我。假如我對我的靈魂說：「把希望寄託於天主」，它不肯聽我的話，這很對，因爲我所喪失的好友比起我教它寄予希望的幻象是一個更眞實、更好的人。爲我，只有眼淚是甜蜜的，眼淚替代了我心花怒放時的朋友。

5

主啊，這一切已經過去，時間已經減輕了我的傷痛。我能不能把心靈的耳朵靠近你的嘴，聽聽你給我解釋爲何眼淚爲不幸的人是甜蜜的。你雖則無所不在，但是否把我們的苦難遠遠拋在一邊？是否你悠悠自得，任憑我們受人生的簸弄？可是我們除了在你耳際哀號外，沒有絲毫希望。煩惱、呻吟、痛哭、嘆息、怨恨能否在此生摘到甜蜜的果實？是否因爲我們希望你俯聽垂憐，才感到甜蜜？對於禱告，的確如此，因爲禱告時，抱著上達天聽的願望。但因死別而傷心，而悲不自勝，是否也同樣有此願望？我並不希望他死而復生，我的眼淚也並非要求他再來人世，我是僅僅因傷心而痛哭，因爲我遭受不幸，喪失了我的快樂。眼淚本是苦的。是否由於厭惡我過去所享受的事物，才感覺到眼淚的甜味？

6

我爲何要說這些話？現在不是提問題的時候，而是向你懺悔的時候。那時我眞不幸。任何人，凡愛好死亡的事物的，都是不幸的：一旦喪失，便會心痛欲裂。其實在喪失之前，痛苦早已存在，不過尙未感覺到而已。那時我的心境是如此。我滿腹辛酸而痛哭，我停息在痛苦之中。我雖則如此痛苦，但我愛我這不幸的生命，過於愛我的朋友。因爲我雖則希望改變我的生命，但我不願喪失我的生命，寧願喪失朋友；我不知道我那時是否肯爲了他而取法傳說中的奧萊斯得斯和彼拉得斯，如果不是虛構的話，他們兩人願意同生同死，不能同生，則不如同死。但當時我的內心產生了一種與此完全相反的情緒：一面我極度厭倦生活，一面卻害怕死。我相信我當時越愛他，便越憎恨、越害怕死亡，死亡搶走了我的朋友，死亡猶如一個最殘酷的敵人，既然吞噬了他，也能突然吞下全人類。我記得我當時的思想如此。

這是我的心，我的天主啊，我的內心是如此；請看我的記憶。你是我的希望，你清除了我情感的污穢，使我的眼睛轉向你，你解除了絆住我雙足的羅網。那時，我奇怪別人為什麼活著，既然我所愛的、好像不會死亡的好友已經死去；我更奇怪的是他既然死去，而我，另一個他，卻還活著。某一詩人論到自己的朋友時，說得很對，稱朋友如「自己靈魂的一半」①。我覺得我的靈魂和他的靈魂不過是一個靈魂在兩個軀體之中，因此，生命為我成為可怖的，因為我不願一半活著，也可能我因此害怕死，害怕我所熱愛的他整個死去。

7

唉，眞是一種不懂以人道教人的瘋狂！一個滿腹委屈忍受人生的傻瓜！我當時確是如此。因此，我憤憤不平，我嘆息痛哭，我心煩慮亂，不得安寧，我一籌莫展。我背負著一個破裂的、血淋淋的、不肯被我背負的靈魂，我也不知道把它安置在哪裡。無論在優美的樹林中，在娛樂歌舞中，在清香四溢的田野中，在豐盛的筵宴中，在書籍詩文中，都得不到寧靜。一切，連光明也成為可憎的；一切，除了呻吟和痛哭外，只要不是他，便使我難堪、討厭；只有寄頓在呻吟和痛哭

①羅馬詩人荷拉提烏斯（公元前六五——八）的詩句，見所著《詩歌集》卷一第三首第八句。

之中；但只要我的靈魂一離開呻吟和痛哭，那麼痛苦的擔子更覺重重壓在我身上。

主啊，我知道只有你能減輕我的負擔，能治療我，但我既不願，也不可能；我意想中的你並非什麼穩定實在的東西，因爲這不是你，而是空洞的幻影，我的錯誤即是我的天主。我想把我的靈魂安置在那裡，讓它休息，它便墮入虛測之中，重又壓在我身上；我自身依舊是一個不幸的場所，既不能停留，又不能脫離，因爲我的心怎能避開我的心，我怎能避開我自身？那裡我能不追隨我自身？

但我逃出了我的故鄉。因爲在過去不經常看見我朋友的地方，我的眼睛又會像在本鄉一樣找尋他。我離開了塔加斯特城，來到了迦太基①。

8

時間並不閒著，並非無所事事的悠然而逝：通過我們的感覺，時間在我們心中進行著令人驚奇的工作。時間一天又一天地來來去去，在它來時去時，把新的希望、新的回憶注入我心中，逐漸恢復我舊時的尋歡作樂，迫使痛苦撤退；但替代的雖不是新的痛苦，卻是造成新痛苦的因素。何以這痛苦能輕易地深入我內心呢？原因是由於我愛上一個要死亡的人，好像他不會死亡一樣，這是把我的靈魂灑在沙灘上。

這時最能恢復我的生氣的，是其他朋友們給我的安慰，我和他們一起都愛著我當時所奉爲眞神的一連串神話和荒渺之言，我們這顆癢癢的心，用這些邪僻的東西來搔爬著，讓它們腐蝕我們

---

①按這是公元三七六年的事。奧氏在所著《駁學園派》一書中，對此次出遊補充了一些細節。

的心靈。一個朋友能死去，神話卻不會死。此外，在那些朋友身上還有更能吸引我的東西：大家談論，嬉笑，彼此善意的親暱，共同閱讀有趣的書籍，彼此玩笑，彼此體貼，有時意見不合，卻不會生出仇恨，正似人們對待自身一樣；而且偶然的意見不同，反能增加經常意見一致的韻味；我們個個是老師，也個個是學生；有人缺席，便一心掛念著，而歡迎他的回來：所有以上種種，以及其他類似的情形都出於心心相印，而流露於談吐顧盼之間，流露於千萬種親厚摯熱的情款；這一切正似鎔爐的燃料，把許多人的心靈融而為一。

9

朋友之間彼此相愛便是如此，甚至可以到達這樣的程度：如果對朋友不以愛還愛，會覺得良心的譴責；對朋友只要求善意的表示。因此，一個朋友死去，便會傷心，蒙上痛苦的陰影，甜蜜變成辛酸，心靈完全沉浸在淚水中，死者的喪失生命，恍如生者的死亡。

誰愛你，在你之中愛朋友，為你而愛仇人，這樣的人真是幸福！一人能在你身上泛愛眾人，既然不會喪失你，也不會喪失所愛的人；除了你、我們的天主，創造天地並充塞天地，充塞天地而創造天地的天主外，能有不會喪失的東西嗎？沒有一人能喪失你，除非他離棄你，而離棄了你能走往哪裡，能逃往哪裡去呢？不過是離棄了慈祥的你，走向憤怒的你。在你的懲罰的範圍中那裡能避得開你的法律？「你的法律即是真理」，而「真理即是你」①。

①見〈詩篇〉一一八首一四〇節；〈約翰福音〉十四章十六節。

10

全能的天主，「求你使我們轉向你，請顯示你的聖容，我們便能得救」①。一人的靈魂不論轉向哪一面，除非投入你的懷抱，否則即使傾心於你以外和身外美麗的事物，也只能陷入痛苦之中，而這些美好的事物，如不來自你，便不存在。它們有生有滅，由生而長，由長而滅，接著便趨向衰老而入於死亡；而且還有中途夭折的，但一切不免於死亡。或者生後便欣欣向榮，滋長愈快，毀滅也愈迅速。這是一切事物的規律。因為你僅僅使它們成為一個整體的部分，事物的此生彼滅，此起彼仆，形成了整個宇宙。譬如我們的談話，也有同樣的過程：一篇談話是通過一連串的聲音，如果一個聲音完成任務後不讓另一個聲音起而代之，便不會有整篇談話了。

天主，萬有的創造者，使我的靈魂從這一切讚頌你，但不要讓它通過肉體的官感而陷溺於對這些美好的愛戀之中。這些事物奔向虛無，它們用傳染性的欲望來撕裂我們的靈魂，因為靈魂願意存在，歡喜安息於所愛的事物羣中，可是在這些事物中，並無可以安息的地方，因為它們不停留，它們是在飛奔疾馳，誰能用肉體的感覺追趕得上？即使是近在目前，誰又能抓住它們？肉體的感覺，正因為是肉體的感覺，所以非常遲鈍，這是它的特性。它所以造成的目的，是為了另一種事物，為這些事物已經綽有餘裕；但對於從規定的開端直到規定的終點，飛馳而過的事物，感覺便無法挽留。因為在你創造它們的「言語」之中，事物聽到這樣的決定：「由此起，於此止！」

①見〈詩篇〉七十九首四節。

11

我的靈魂啊，不要移情於浮華，不要讓你的耳朵爲浮華的喧嚷所蒙蔽；你也傾聽著。天主的「道」①在向你呼喊，叫你回來，在他那裡才是永無紛擾的安樂宮，那裡誰不自動拋棄愛，愛決不會遭到遺棄。瞧，事物在川流不息地此去彼來，爲了使各部分能形成一個整體，不管整體是若何微小。天主之「道」在說：「我能離此而他去嗎？」我的靈魂，至少你對欺騙也已感到厭倦了，你應該定居在那裡，把你所得自他的託付給他；把得自眞理的一切，託付於眞理，你便不會有所喪失；你的腐朽能重新繁榮，你的疾病會獲得痊癒，你的敗壞的部分，會得到改造、刷新，會和你緊密團結，不會再拖你墮落，將和你一起堅定不移地站在永恆不變的天主身邊。

你爲何脫離了正路而跟隨你的肉體？你應改變方向，使肉體跟隨你。你通過肉體而感覺的一切，不過是部分，而部分所組成的整體，你看不到，你所歡喜的也就是這些部分。如果你肉體的官感能包羅全體，如果不是由於你所受的懲罰，官感不限制於局部，那麼你一定希望目前的一切都過去，以便能欣賞全體。譬如我們說的話，你是通過肉體的器官聽到的，你一定不願每一字停留著，相反，你願意聲音此去彼來，這樣才能聽到整篇談話。同樣，構成一個整體的各部分並不同時存在，如果能感覺到整體，那麼整體比部分更能吸引人。但萬有的創造者當然更加優於這一

①譯者按：「道」即天主第二位，見《新約・約翰福音》第一章，拉丁文為"Verbum"，或譯為「聖言」。

切。他就是我們的天主，他不會過去，因爲沒有承替他的東西。

12

如果你歡喜肉體，你該因肉體而讚頌天主，把你的愛上升到肉體的創造者，不要因歡喜肉體而失歡於天主。如果你歡喜靈魂，你應在天主之中愛靈魂，因爲靈魂也變易不定，惟有固著於天主之中，才能安穩，否則將走向毀滅。因此你該在天主之中愛靈魂，盡量爭取靈魂，拉它們和你一起歸向天主；你該對它們說：「愛天主，是天主創造了一切，天主並不遙遠。天主並非創造萬物後便功成身退；萬有來自天主，就存在於天主之中。哪裡聞到眞理的氣息，天主就在哪裡。天主在人心曲中，而心卻遠遠離開天主。「叛逆的人，回心轉意吧！」①依附於創造你們的天主。和他一起，你們便能站住，獲得安寧。爲何你們要走上崎嶇的道路？你們要上哪裡去呢？你們所愛的美好都來自他，但惟有歸向他，才是美好甘飴，否則即變成苦澀。這是理所必然的，因爲美好既來自天主，如放棄天主而愛上這些美好，當然是不合理的。爲何你們始終奔逐於艱苦的途徑？你們想在哪裡找到憩息之處，哪裡也找不到。你們找尋吧；決不在你們找尋的地方。你們在死亡的區域中找尋幸福的生命，幸福的生命並不在那裡。那裡連生命都沒有，怎能有幸福的生命呢？

他②，我們的生命，卻惠然下降，他負擔了我們的死亡，用他充沛的生命銷毀了死亡，用雷

①見《舊約·以賽亞書》四十六章八節。
②按指上文的「道」。

霆般的聲音呼喊我們回到他身邊，到他神秘的聖殿中，他本從此出發來到人間，最先降到童女的懷中，和人性、和具有死亡性的人身結合，使吾人不再永處於死亡之中，「他如新郎一般，走出洞房，又如壯士欣然奔向前程」①。他毫不趦趄地奔走著，用言語、行動、生活、死亡、入地、上天，呼喚我們回返到他身邊。他在我們眼前隱去，爲了使我們退回到自己內心，能在本心找到他。他不願和我們長期在一起，但並不拋開我們。他返回到他寸步不離的地方，因爲「世界是憑藉他而造成的，他本在世界上，他又現身於這世界上爲了拯救罪人」②。我的靈魂得罪他，向他懺悔，他便治療我的靈魂。「人的子孫們，你們的心顧慮重重到何時爲止？」③生命降到我們中間，你們還不願上升而生活嗎？但上升到哪裡呢？你們不是已高高在上嗎？「你們的口不是在侮辱上天嗎？」④要上升，要上升到天主面前，你們先該下降，因爲你們爲了反抗天主而上升，才墮落下來的。

我的靈魂啊，把這些話告訴它們，使它們在「涕泣之谷」中痛哭，帶領它們到天主跟前，如果你本著熱烈的愛火而說話，那麼你的話是天主「聖神」啓發你的。

①見〈詩篇〉十八首六節。
②見〈約翰福音〉一章十節。
③見〈詩篇〉四十首三節。
④同上，七十二首九節。

13

這一切，我當時並不知道，我所愛的只是低級的美，我走向深淵，我對朋友們說：「除了美，我們能愛什麼？什麼東西是美？美究竟是什麼？什麼會吸引我們使我們對愛好的東西依依不捨？這些東西如果沒有美麗動人之處，便絕不會吸引我們。」我觀察到一種是事物本身和諧的美，另一種是配合其他事物的適宜，猶如物體的部分適合於整體，或如鞋子的適合於雙足。這些見解在我思想中，在我心坎醞釀著，我便寫了《論美與適宜》一書，大概有兩三卷；天主啊，你完全清楚，我已記不起來了。我手中已沒有這書，我也不知道怎樣亡失的。

14

主、我的天主，我為何要把這本書獻給羅馬的演說家希埃利烏斯？我和他並不相識，他的學識在當時極負盛名，因此對他崇拜；我聽到他的一些言論，使我很佩服，但主要還是由於各方面對他的褒揚標榜，我欽佩他本是敘利亞人，先精通希臘的雄辯術，以後對拉丁文又有驚人的造詣，同時對於有關哲學的各種問題也有淵博的知識。人們讚揚他，雖則不見其人，而對他表示敬愛。這種敬愛之忱是否從讚揚者傳入聽者之心？不然，這是一人的熱情燃燒了另一人的熱情。聽到別人讚揚一人，因為相信是真心的讚揚，自然會對那人產生敬愛之忱，換言之，對一人的讚揚是出於內心的情感。

為此，我是依據人們的判斷而愛重一人，不是依照你天主的判斷，但惟有你不會欺騙任何人。

但爲何人們的讚揚希埃利烏斯和讚賞一個賽車的有名御者，或羣衆所稱道的獵手大不相同，而是懷著尊敬的心意，一如我也希望受到同樣的讚揚？爲何我雖則讚賞、崇拜舞台上的角色，卻不願別人讚我、愛我像伶人一樣？我寧願沒沒無聞，卻不願得到這種名譽，我寧願別人恨我，不願別人這樣崇拜我。在同一的靈魂，怎會分列著輕重不等各式各樣的愛好呢？爲何我歡喜別人身上的某種優長，而在自己身上，即使不深惡痛絕，至少表示討厭而不肯接受？我們不都是人嗎？一個愛良馬的人，即使可能變成馬，也決不願自己變成馬。可是對於優伶不能如此說，因爲優伶和我同屬人類。然而我所不願的，卻歡喜別人如此，雖則我也是人。人眞是一個無底的深淵！主啊，你知道一人有多少頭髮，沒有你的許可，一根也不會少；可是計算頭髮，比起計算人心的情感活動還是容易！

至於那位演說家是屬於我所敬仰的人物，我希望也能和他一樣；我的傲氣使我徬徨歧途，隨風飄蕩，但冥冥之中，我仍受你的掌握。我眞不知道，也不能肯定地向你承認我對他的敬仰，是由於人們對他的推重，還是由於他本人所具有的、受到推重的優長？如果那些人介紹同樣的事跡，不讚揚他而帶著指斥輕蔑的口吻批評他，我對他便不會如此熱烈尊崇；事實並沒有改變，改變的不過是介紹者的態度。看，一個靈魂不憑藉堅定的眞理，便會這樣奄奄一息地躺著，隨議論者胸中所吐出的氣息而俯仰反覆，光明就被蒙蔽起來，分辨不出眞理了。其實眞理就在我們面前。

當時爲我最重要的是設法使這位大人物看到我的言論和著作。如果得到他的讚許，那麼我更是興致勃勃；如果他不贊成，那麼我這顆習於浮華、得不到你的支撐的心將受到打擊。但我自己卻很得意地欣賞著我獻給他的那部《論美與適宜》的著作，即使沒有人讚賞，我也感到自豪。

15

我還沒有看出這個大問題的關鍵在於你的妙化之中，惟有你全能天主才能創造出千奇萬妙。我的思想巡視了物質的形象，給美與適宜下了這樣的定義：美是事物本身使人喜愛，而適宜是此一事物對另一事物的和諧，我從物質世界中舉出例子來證明我的區分。我進而研究精神的性質，由於我對精神抱著錯謬的成見，不可能看出精神的眞面目。眞理的光芒衝擊我的眼睛，可是我使我躍躍欲試的思想從無形的事物轉向線條、顏色、大小；既然在思想中看不到這種種，我便認爲我不能看見我的精神。另一面，在德行中我愛內心的和平，在罪惡中我憎恨內心的混亂，我注意到前者具有純一性而後者存在分裂，因此我以爲理性、眞理和至善的本體即在乎純一性。同時糊塗的我認爲至惡的本體存在於無靈之物的分裂中，惡不僅是實體，而且具有生命，但並不來自你萬有之源。

前者，我名之爲「莫那特斯」，作爲一種無性別的精神體；後者，我名之爲「第亞特斯」，如罪惡中的憤怒、放浪中的情欲等，我眞不知道在說什麼。原因是我當時並不懂得，也沒有人告訴我，惡並非實體，我們的理智也不是不變的至善。

猶如憤怒來自內心的衝動，內心動作失常，毫無忌憚地倒行逆施，便犯罪作惡；情欲起源於內心的情感，情感如毫無節制，便陷於邪僻；同樣如果理性敗壞，則詖辭邪說玷污我們的生命。當時我的理性即是如此。我並不知道我的理性應受另一種光明的照耀，然後能享受眞理，因爲理性並非眞理的本體。「主啊，是你燃點我的心燈；我的天主啊，你照明我的黑暗」①；「你的滿盈沾匄了我們」②。因爲「你是眞光，照耀著進入這世界的每一人」③，「在你身上，沒有變化，永無晦蝕」④。

我企圖接近你，而你拒絕我，要我嘗著死亡的滋味，因爲你拒絕驕傲的人。我瘋狂至極，竟敢稱我的本體即是你的本體，再有什麼比這種論調更驕傲呢？我明知自己是變化無常的，我羨慕明智，希望上進，但我寧願想像你也是變易不定，不願承認我不同於你。爲此，你拒絕我，你拒絕我的頑強狂悖。我想像一些物質的形象，我身爲血肉，卻責怪血肉；我如一去不返的風，我尙未歸向你，我踽踽而行，投奔至既非你又非我，也不屬於物質世界的幻象，這些幻象並非你眞理爲我創造的，而是我的浮誇凝滯於物質而虛構的。我責問你的弱小的信徒們——他們本是我的同胞，我不自知的流亡在外，和他們隔離——我糾纏不清地責問他們：「爲何天主所造的靈魂會有錯誤？」但我不願別人反問我：「爲何天主會有錯誤？」我寧願堅持你的不變的本體必然錯誤，卻不願承認我的變易不定的本性自願走入歧途，擔受錯誤的懲罰。

我寫這本書的時候，大概是二十六七歲，當時滿腦子是物質的幻象。這些幻象在我心靈耳邊噪聒著。但甜蜜的眞理啊，在我探究美與適宜時，我也側著我心靈之耳聆聽你內在的樂曲，我願

①見〈詩篇〉十七首二十九節。
②見〈約翰福音〉一章十六節。
③同上，九節。
④見〈雅各書〉一章十七節。

「肅立著靜聽你」，「希望聽到新郎的聲音而喜樂」①，但我做不到，因爲我的錯誤叫喊著把我拖到身外，我的驕傲重重壓在我身上把我推入深淵。你「不使我聽到歡樂愉快的聲音，我的骸骨不能歡躍」，因爲尚未「壓碎」②。

16

我大約二十歲時，手頭拿到亞里士多德的《十範疇論》，我讀後即能領會，但這種聰明爲我有什麼用處？我的老師，迦太基的雄辯術教授，提到範疇，便動容讚嘆，當時的所謂博士先生們也都交口稱道，我也想望羨慕，看作一種不知如何偉大而神聖的著作。有些人自稱非但聽到明師的口頭講解，而且還得見老師們在灰沙中描摹刻劃，才勉強領會：我和他們談起來，除了我自學心得之外，他們也談不出什麼。

我以爲這本書中相當清楚地談到「實體」，如人，以及屬於實體的一切，如人的外貌如何，身長幾尺，是誰的弟兄或親屬，住在哪裡，生在哪一年，立著或坐著，穿鞋的或武裝，在做什麼，或忍受什麼，總之都屬於其餘九範疇，上面我僅僅舉一些例子，即使在實體一類，便有無數例子。

這一切爲我有什麼用處？沒有，反而害了我：我以爲這十項範疇包括一切存在，我企圖這樣來理解你天主的神妙的純一不變性，好像你也附屬於你的偉大與你的美好，以爲這兩種屬性在你

①見〈約翰福音〉三章二十九節。
②見〈詩篇〉五十首十節。

身上好像在一個主體上，在一個物質上，其實你的本體即是你的偉大與美好，而其他物體卻不因爲是物體即是偉大美好，因爲如果比較小一些，比較差一些，也依舊是物體。因此我對你的種種看法，都是錯誤，並非眞理，都是我可憐的幻想，而不是對於你的幸福的正確概念，你曾命令過：「地要生出荊棘蒺藜」①，我們原靠勞動才能得食，這命令在我身上執行了。

當時像我這樣一個聽命於各種私欲的壞奴才，能閱讀一切所謂自由藝術的著作，能無師自通，有什麼用處？我讀得津津有味，但並不能辨別出書中所有正確的論點來自何處。我背著光明，卻面向著受光明照耀的東西，我的眼睛看見受光照的東西，自身卻受不到光明的照耀。我不靠別人的講解，不費多少勁，能理解一切有關修詞、論辯、幾何、音樂、數學的論著，主、我的天主，你都清楚，因爲我的聰明，我思想的敏銳，都是你的恩賜；但我並不以此爲犧牲而祭獻你。所以這些天賦不僅沒有用，反而害了我。我爭取到我的產權中最好的一部分，我不想在你身邊保守我的力量，反而往遠方去，揮霍於荒淫情欲之中。良好的賦稟，不好好使用，爲我有什麼用處？因爲一般勤學聰敏的人認爲極難理解的那些問題，爲我毫無困難，只有向他們解釋時，才能感覺到疑難之處，他們中間最聰明的，也不過是最先能領會我的解釋的人。

但這爲我有什麼用處？當時我認爲你，主、天主和眞理，不過是一個浩浩無垠的光明物體，而我即是這物體的一分子。唉，眞是荒謬絕倫！但我當時確是如此；既然我當時恬不知恥地公開對別人傳授我的謬說，向你狂吠，現在我也不顧愧赧而向你天主懺悔，縷述你對我的慈愛，向你

①見〈創世紀〉三章十八節。

呼籲。當時我一無師承讀通了難解的著作，但對於有關信仰的道理，卻犯了醜惡不堪、褻瀆神聖的錯誤，那麼我的聰明爲我有什麼用處？相反，你的孩子們，始終依戀在你膝下，在你教會的巢中，有純正的信仰作爲飲食，安穩地等待羽毛豐滿，長出愛德的雙翅，即使思想拙鈍，能有多大害處呢？

主、我的天主，我們希望常在你的羽翼之下，請你保護我們，扶持我們；你將懷抱我們，我們從孩提到白髮將受你的懷抱，因爲我們的力量和你在一起時才是力量，如果靠我們自身，便只是脆弱。我們的福利，在你身邊，才能保持不失；一離開你，便走入歧途。主啊，從今起，我們要回到你身邊，爲了不再失足，我們的福利在你身邊是不會缺乏的，因爲你即是我們的福利。我們不必擔心過去離開你，現在回來時找不到歸宿，因爲我們流亡在外時，我們的安宅並不坍毀；你的永恆即是我們的安宅！

卷五

1

你賦畀我唇舌，你督促我的唇舌歌頌你的聖名；請你收納我唇舌所奉獻的懺悔之祭。請治療我全身骸骨，使我的骸骨說：「主，誰能和你相似？」①一人向你懺悔自身的情況，並沒有告訴你什麼，因為一顆心即使關閉著，也瞞不過你的眼睛，人們的頑強也掙不脫你的掌握；你或出於慈愛，或為了報復，能隨意軟化我們的頑強，「沒有一人能逃脫你的熏炙」②。

使我的靈魂為愛你而歌頌你，為歌頌你而向你誦說你的慈愛。你所創造的一切始終在歌頌你，從不間斷，從不緘默：一切精神體是通過已經歸向你的口舌歌頌你；一切動物，一切物質是通過觀察者的口舌歌頌你；請使我們的靈魂，憑藉你所造的萬物，能擺脫疲懶，站立起來走向你，到達這些千奇萬妙的創造者的身邊，那裡才能真正恢復元氣，才是真正的力量。

①見〈詩篇〉三十四首十節。
②同上，十八首七節。

2

任憑那些徬徨不定和怙惡不悛的人逃避你吧！你依舊注視著，洞燭他們的黑暗。即使這些人是醜惡不堪，即使萬有包括這些人在內，但萬有依舊是美麗的。這些人能損害你嗎？他們能破壞你的統治嗎？從天涯到地角你的統治是公正而完善。他們力圖逃避你的聖容，但能逃往何處？哪裡你會找不到他？他們所以遁逃是爲了不要看見鑒臨他們的你，他們閉上了眼睛衝撞你——因爲你並不放棄你所創造的任何部分——這些不義的人衝撞你，受到了正義的處分；他們自願置身於你的慈惠之外，觸犯你的正義，領受你嚴峻的處分。顯然，他們是不知道你是無所不在，不受空間的限制，你是始終鑒臨著遠離你的人。希望他們回身尋你；他們叛離了創造的主宰，但你並不放棄他們。希望他們自覺地回身尋你，你就在他們心中：誰向你懺悔，誰投入你的懷抱，誰因困頓風塵而在你懷抱中流淚痛哭，你就在他心中；你會和藹地擦乾他們的眼淚；因爲，主，你不是一個血肉的人，你是創造他們的天主，你現在又再造他們，撫慰他們。但在我追求你的時候，我自己究竟在哪裡呢？你在我面前，我則遠離我自己，我不曾找到我自己，當然更找不到你了。

3

我將在我天主之前，談談我二十九歲那一年了。

這時有一個摩尼教的主教來到了迦太基。這人名福斯圖斯，是魔鬼的一張巨大羅網，許多人被他優美的詞令所吸引而墮入網中。我雖則讚賞他的詞令，但我能把詞令和我所渴求的事物眞理區分開來；我對於人們交口稱道的福斯圖斯，不著眼於盛詞令的器皿，而著眼於他對我的知識能提供什麼菜餚，因爲我先已聽到他學識淵博並擅長自由藝術的聲譽。

我已經讀了許多哲學家的著作，並已記在心頭。我還把有些論點和摩尼教的冗長神話作了比較，我認爲那些「多才多藝，能探索宇宙秘奧，卻不識宇宙主宰」①的人們所論列的比摩尼教可信。但你，「偉大的天主，垂憐卑微的人而藐視驕傲的人」②，你俯就誠心自怨自艾的人。那些驕傲的人，即使他們嗜奇而專精，能計算星辰與沙礫的數字，度量天體，窺測星辰運行的軌道，卻找不到你。

他們憑自己的理智和你所賦畀的才能，探求以上種種，確有很多發明；他們能在好幾年前預言某日某時某刻有日月蝕，他們所預測的數字絲毫不爽地應驗了。

人們對這些成就表示讚嘆，沒有這種知識的人感到驚愕，那些行家卻沾沾自喜。目無神明的驕傲使他們和你的無限光明隔絕；他們能預測日蝕，卻看不到自身的晦蝕。原因是他們不能本著宗教精神探求他們所以能探求以上種種的才能來自何處。即使他們發現是你創造他們，也不肯把自己貢獻於你，使你保持著所創造的工程；他們祭祀自己，卻不肯以自身祭祀你，他們不肯宰殺和「空中飛鳥」一樣的好高騖遠的意願、和「海中鱗介」一樣的「潛行深淵」的好奇心，以及和「田野的牲畜」③一樣的佚樂，使你天主能以銷鑠一切的烈火燒毀他們導致死亡的欲望，賦予他

①見《舊約．智慧書》十三章九節。譯者按該卷僅見於天主教本《舊約》，基督教新教列為「次經」，不收。
②見〈詩篇〉一三七首六節。
③同上，八首八節。

們不朽的生命。

他們不認識「道路」，不認識你的「道」：你是通過「道」而創造了他們所計算的萬類，創造了能計算的人類，創造了他們觀察萬物的官感和所以能計算的理智。「你的智慧是無限無量的。」①你的「獨子」「成爲我們的智慧、正義與聖德」②，成爲我們中間的一員，向凱撒納稅。他們不認識這一條從自身下降到「聖子」，再通過「聖子」而上升到「聖子」的道路。他們不認識這條道路，自以爲高高在上，與星辰一樣光明；因此墮落到地上，他們冥頑的心便昏暗了。他們對於受造物有許多正確的見解，但不能以虔誠的心尋求眞理、尋求造物的主宰，因此一無所獲；即使找到，「認識了天主，但不能以崇奉天主的敬禮光榮他」，感謝他；他們的思想流於虛妄，反自以爲聰明，把本屬於你天主的占爲己有，爲此之故，他們既狂且瞽，竟然以自身種種強加於你天主，即是以虛妄歸於你眞理本身，「把不朽天主的光榮比於朽壞的人，比於禽獸蛇蟲一般的偶像，以你的眞理變爲邪說，他們不崇拜奉事造物的主宰，反而崇奉受造之物」③。

我記取了他們觀察受造物所得出的正確論點，我也領會他們推算時辰季節並用觀測星辰相互印證的理論，拿來和摩尼教關於這一方面的大批痴人說夢般的論著比較後，看出教外哲學著作有關夏至冬至、春分秋分、日蝕月蝕，以及類似現象所給我的知識，在摩尼教的著作中都無從找到。摩尼教只命令我們相信，可是這種信仰和有學術根據的推算，以及我所目睹的事實非但不符，而

①見〈詩篇〉，一四六首五節。
②見《新約·哥林多前書》一章三十節。
③見《新約·羅馬書》一章二十一——二十五節。

且截然相反。

4

主、眞理的天主，是否只要通曉這些事理，就能使你愉悅？一人精通這一切而不認識你，是不幸的，相反，不知道這一切而能認識你，是有福的。一人既認識你，又明白這一切，並不因這些知識而更有福。相反，如果能認識你，能以敬事天主之禮光榮你，感謝你，不使思想陷於虛妄，那麼他的幸福完全得之於你。

一人有一棵樹，雖則不知道這樹高幾肘，粗幾肘，卻能享用這棵樹而感謝你，比了另一人知道有多少高，有多少椏枝，並不占有這樹，也不認識這樹的創造者，一定更好。對於信徒也如此，世間一切財富都屬於他，「似乎一無所有，卻一切都有」①；他歸向你，一切爲你服務，即使連北斗星的軌道也不知道，但毫無疑義，這人比起一人能計算天體星辰，稱量元素，卻忽視了「用尺度、數字、衡量處置萬物」②的你，一定更好。

5

但誰要求一個摩尼教徒論撰這些事物呢？即使不知道這些事，也能是一個虔誠的信徒。你對

①見《新約・哥林多後書》六章十節。
②見《舊約・智慧書》十一章二十節。

人說過：「誠信即是智慧。」①有人即使精通這些學問，也能不知誠信爲何物；但一人對此種學問一無所知，卻敢無恥地教導別人，這人不可能是虔誠的信徒。標榜那些塵世間的學問，即使確有心得，也是虛妄；而誠信則在乎運用這些學識來讚頌你。於此可見，摩尼教人違反了此項原則，對那些事物信口雌黃，已由精於此道者證明他不學無術，那麼更能清楚看出他對於其他比較深邃的問題也是一竅不通。但這人又不願別人小覷他，力圖使人相信那賦畀信徒恩寵的「聖神」、「施慰之神」，威權神力都附在他身上。有人揭發了他關於天體日月星辰運行的謬論，這一切本與宗教無關，但他的狂妄依舊敢公然褻瀆神明，因爲他不僅談論所不知的事情，甚至恬不知恥地發揮他不經的言論，還自稱有神聖的威權。

我聽到某一基督徒錯誤百出談論他不懂的事情，我能耐心地聽他的見解，我認爲這種錯誤無害於他，因爲即使他不懂物質世界中受造物的位置和性質，但對於你萬有的創造者未嘗抱有不正確的信仰。相反，如果他認爲這些問題關係到信仰的道理，而且敢於固執他錯謬的成見，那麼便有害於他了。但即使有這樣的弱點，在信仰的搖籃中時，有母親的慈愛扶持著，從新生成長爲「完人」，便「不再隨各種學說的風氣而飄搖動盪了」②。

至於那一個在信徒之前以博士、權威、領導自居的人，竟敢宣稱誰相信而跟隨他，不是跟隨一個凡人，而是跟隨他身上的「聖神」。這人的荒謬既已確然有徵，那麼對這樣的瘋狂，誰能不

①見《舊約．約伯書》二十八章二十八節。
②見《新約．以弗所書》四章十三節。

表示深惡痛絕呢？

但我尚未能確定根據他的話，對於其他書籍所載的日夜潛運、星辰明晦等現象能不能得到解釋；如果他所說是有可能，那麼我對於事物的眞相依舊疑而不決，我仍將相信他具有聖德，仍將奉他的理論作爲我信仰的圭臬。

6

在近乎九年之中，我的思想徬徨不定；我聽信他們的話，懷著非常熱烈的願望等待那位福斯圖斯的蒞臨。因爲我偶然接觸到一些教徒，他們不能答覆我所提出的問題，便捧出福斯圖斯，據說只要他來，我和他一談，這些問題便迎刃而解，即使有更重大的問題，他也能清楚解答。

他終於來了。我覺得他確是一個很有風趣、善於詞令的人物，一般老生常談出於他的口中便覺非常動聽。可是這位彬彬有禮的斟酒者遞給我一只名貴的空杯，怎能解我的酒渴呢？我的耳朵已經聽夠了這些濫調，我認爲並不能因說得更妙而更好，說得更詳細而更眞實，我並不認爲福斯圖斯相貌端好口才伶俐便有明智的靈魂。向我吹噓福斯圖斯的人並沒有品藻人物的本領，不過因他娓娓的談論，便以爲他有慧根、有卓見。

我還接觸到另一類人；他們以爲敷陳眞理，如通過粲花妙論，便認爲可疑，不能傾心接受。我的天主啊，你用奇妙隱秘的方式教導我，我的所以相信，是因爲你的教誨都是正確的，不論在什麼地方，凡眞理照耀之處，除了你，別無其他眞理的導師。我受你的教導，已能懂得一件事不能因爲說得巧妙，便成爲眞理，也不能因言語的樸拙而視爲錯誤；但也不能因言語的粗率而視爲眞理，因言語典雅而視爲錯誤；總之，智與愚，猶如美與惡的食物，言語的巧拙，不過如杯盤的精粗，不論杯盤精粗，都能盛這兩類食物。

我對這人企望已久，這時聽他熱烈生動的議論並善於運用適當的詞令來表達他的思想，的確感到佩服。我和許多人一樣佩服他，而且比別人更推重他；但我感到不耐煩的是他常被聽衆包圍，我無法同他作一問一答的親切談話，向他提出我所關心的問題。機會終於來到，我和朋友數人能和他敘談，而且時間也適宜於互相酬答，我便向他提出一些使我不安的問題，我發現這人對自由學術除了文法外，是一無所知，而對文法也不過是尋常的造詣。但由於他讀過幾篇西塞羅的演說，一兩部塞內卡的著作，一些詩集和摩尼教用良好的拉丁文寫成的幾本書，加上日常口頭的訓練，因此獲得了應對的口才，而且由於他善於利用自己的優點和某種天賦的風度，因此更有風趣，更吸引人。

主、我的天主，我良心的裁判者，據我記憶所及，是否如此呢？我在你面前，揭露我的心和我的記憶，當時你冥冥之中在引導我，把我可恥的錯誤臚列在我面前，使我見後感到悔恨。

7

我明白看出他對於我以爲他所擅長的學問是一無所知，我本來希望他能解決我疑難的問題，至此我開始絕望了。如果他不是摩尼教徒的話，那麼即使他不懂這些學問，也可能具有眞正的虔誠信仰。但摩尼教的書籍，滿紙是有關天象日月星辰的冗長神話；我希望的是福斯圖斯能參照其他書籍所載根據推算而作出的論證，爲我作明確的解答，使我知道摩尼教書中的論點更可取，至少對事實能提出同樣使人滿意的解答；這時我已不相信他有此能耐。

但我依舊把問題提出，請他研究和討論。他很謙虛地推卻了，他不敢接受這個任務。他知道自己不懂這些問題，而且能坦白承認。他並不像我所遇到許多大言不慚者，竭力想說服我，卻不知所云。他確有心計，雖則他的心並「不坦坦蕩蕩地對著你」①，但眞有自知之明。他知道自己學識不夠，不願冒冒然辯論他毫無把握並將使他陷入絕境的問題。他的誠實更使我同情他。因爲虛心承認的美德比了我所追求的學問更屬可嘉。對於一切疑難的、微妙的問題，我覺得他始終抱此態度。

從此我研究摩尼教著作的興趣被打碎了。我對教中其他博士們日益覺得失望，因爲他們中間首屈一指的人物對於我疑惑不解的問題尙且不能取決。我開始和福斯圖斯結交，專爲研究他酷愛的文學，因爲我那時已擔任迦太基的雄辯術教授，教導青年文學。我和他一起閱讀他早已耳聞而願意閱讀的，或我認爲適合於他的才能的書籍。總之，我原來打算在該教中作進一步的研究，自從認識這人後，我的計畫全部打消了。但我並不和他們完全絕裂；由於我找不到更好的學說，我決定暫時滿足於我過去盲目投入的境地，除非得到新的光照，使我作更好的選擇。

那個福斯圖斯，本爲許多人是「死亡的羅網」②卻不知不覺地解脫了束縛我的羅網。我的天主啊，這是因爲在你隱我的計畫中，你的雙手並沒有放棄我；我的母親從她血淋淋的心中，用日

①見《新約・使徒行傳》八章二十一節。
②見〈詩篇〉十七首六節。

夜流下的眼淚爲我祭獻你。你用奇妙的方式對待我。我的天主，這是你的措施。因爲「主引導人的腳步，規定人的道路」①。不是你雙手再造你所創造的東西，怎能使我得救呢？

8

你又促使我聽從別人的意見，動身赴羅馬；寧願在羅馬教書，不願繼續在迦太基教書。至於我所以作此決定的原因，我不能略過，不向你懺悔，因爲在這些經歷中，你的高深莫測的計畫和對我們關切備至的慈愛是應得我們深思和稱頌。

我的所以願意前往羅馬，不是由於勸我的朋友們所許給我的較優的待遇和較高的地位，——雖則當時我對二者並非無動於衷——主要的，幾乎唯一的原因，是由於我聽說羅馬的青年能比較安靜地讀書，受比較嚴格的紀律的約束，不會亂哄哄地、肆無忌憚地衝進另一位教師的教室，沒有教師的許可，絕不容許學生闖進去。相反，在迦太基，學生的恣肆眞是令人痛恨，無法裁制，他們恬不知恥地橫衝直撞、近乎瘋狂地擾亂爲每一學生的利益而制定的秩序。他們帶著一種令人驚奇的冥頑不靈幹出種種不正當的行爲，如果不是有習慣縱容他們，竟應受法律的處分。這種習慣更顯示出他們的不堪，因爲他們做了你的永恒的法律所絕不容許的事，還行所無事地自以爲逍遙法外；其實他們的盲目行動即是一種懲罰，他們所身受的害處遠過於加給別人的害處。

我在讀書時期，便不願染上這種習氣，可是我做了教師，卻不能不加含忍，因此我願根據一

①見〈詩篇〉三十六首二十三節。

個熟悉情況的人介紹而到沒有這種行徑的地方去。可是惟有你才是「我的希望，我在人世間的福分」①，你爲了拯救我的靈魂使我易地而居，使我在迦太基如受針刺而想出走，又通過人們擺出羅馬的嫵媚風光來吸引我；這些人都愛著死亡的生命，有的在沉沉醉夢之中，有的則作出虛妄的諾言，你卻暗中利用我和這些人的腐朽來糾正我的步伐。因爲那些搗亂我的安閑生活的人，是被一種可恥的瘋狂所蒙蔽，另一方面，這些勸我改變環境的人，也只是出於塵俗之見，我則厭惡我在此地所受的眞正痛苦，因而追求那邊虛假的幸福。

天主啊，你是知道我爲何離此而他往，可是你並不向我點明，也不指示我的母親；我的出走使她悲痛欲絕，她一直跟我到海濱。她和我寸步不離，竭力要留住我，或跟我一起動身；我欺騙她，推說有朋友等候順風開船，在他出發之前，我不願離開他。我說謊，欺騙了我的母親，欺騙了這樣一位母親！我竟出走了。你的慈愛寬赦了我這一罪行，因爲你保留了滿身醜惡的我不被海水淹沒引導我到你恩寵的泉水中洗滌我，並擦乾了我母親每天在你面前爲我流在地上的淚水。

我的母親不肯獨自回去，後來勉強聽我的勸說，答應那一夜留在離我們泊船不遠的一所紀念西普利亞努斯②的教堂中。可是就在那一夜，我偷偷地溜走了，她還在堂中祈禱痛哭。

風起了，扯足了我們的布帆，海岸在我們的視線中消失。到了次日早晨，留在彼岸的母親悲痛得如痴如狂，她的埋怨聲、呻吟聲上徹你的雙耳，而你並不理睬她；你爲了掃除我的私欲，使

①見〈詩篇〉一四一首六節。

② Cyprianus，基督教早期教父之一，迦太基主教，在二五八年上殉教。

我的欲望攫我而去；你用痛苦的鞭子懲罰我母親偏於骨肉的愛，因爲她歡喜我在她身邊，如尋常母親的心情，而且遠過於尋常母親，但她想不到我的出走，是你爲她準備莫大的快樂。因她不會想到，所以只有痛哭、悲號；這種苦況說明夏娃傳給她的遺產，她在呻吟中生育了我，又用呻吟來尋覓我。但她埋怨了我的欺騙，埋怨了我的忍心後，又轉而爲我向你祈禱，回到家中繼續她的日常生活，我則繼續我前往羅馬的行程。

9

我到羅馬了，迎接我的是一頓疾病的鞭子，我正走向著地獄，帶著我一生對你、對我、對別人所犯的罪業，這罪業既多且重，加重了使「我們在亞當身上死亡」①的原罪的鐵鍊。這些罪惡，你尙未在基督之中寬赦我，基督也尙未用十字架解除我犯罪後和你結下的仇怨。因爲我當時所信仰的基督不過是一個幻象，幻象怎能用十字架解除仇怨呢？我的靈魂已陷於眞正的死亡，而我當然還以爲基督肉體的死亡是虛假的；基督的肉體眞正死亡過，我這個不信基督肉體死亡的靈魂也只有虛假的生命。

我的熱度越來越高，已經瀕於死亡。如果我那時死去，我將到哪裡去呢？只能到烈火中去，按照你的眞理的法則，接受我一生罪惡應受的極刑。我的抱病，我母親並沒有知道，但她雖則不在，卻爲我祈禱；你是無所不在，不論她在哪裡，你俯聽她的祈禱；我雖身在羅馬，你卻憐憫我，

①見《新約・哥林多前書》十五章二十二節。

恢復我身體的健康，雖則我叛逆的心依舊在痼疾之中。

我處於如此嚴重的危險中，並不想領受「洗禮」。童年的我眞的比當時的我好，我童年時曾要求熱心的母親爲我舉行「洗禮」，這一點上文已經回憶而懺悔過。我所度的歲月不過增加我的恥辱；你不使如此不堪的我靈與肉雙雙死亡，而我的狂妄反而譏笑你忠告的藥石。如果我母親的心受此打擊，這創傷將永遠不會痊癒。我眞是無法寫出我母親對我所抱的心情，她的精神生養我所擔受的劬勞，遠過於她肉體生我時顧覆的勤苦。

如果我在這種情況下猝然死去，必將使慈母肝腸寸斷，我不知道這創傷將如何治療。她作了如許的祈禱，她連續不斷的祈禱到哪裡去了？不會到別處去，只能到你那裡。你，慈愛的天主，能輕視一個節婦的「懺悔謙抑的心」①嗎？她是樂善好施，服從並伺候你的聖賢們，她從不間斷地每天到你的祭台前參與獻禮，從不間斷地每天早晚兩次到你的聖堂中，不是去聽些無稽之談，或老太婆們的饒舌，而是聽你的聖訓，你也聽她的祈禱。她的流淚，不是爲了向你要求金銀，或人世間飄浮脆弱的東西，而是要救護自己兒子的性命，她的所以能如此，是出於你的恩賜，你能輕視她的眼淚，拒絕而不援手嗎？主啊，當然不會的，相反，你在她身邊，答應她的要求，按照你預定的步驟而實行。你在夢中給她的答覆，上文我已提到的和沒有提到的，她是念念不忘，在日常祈禱中，奉爲你授給她的左券，你決不會欺騙她。因爲「你的慈愛是永永不匱的」②，你寬

①見〈詩篇〉五十首十九節。
②同上，一一七首一節。

免了一人的負債後，你對這人許諾什麼，反而如你自己負有債務。

10

你治療我的疾病，你使你婢女的兒子恢復肉體的健康，為了能給他另一種更好、更可靠的健康。

這時我在羅馬依舊和那些騙人的偽「聖人」保持聯繫：因為我不僅和一般教徒、「聽講者」①——我的居停主人即是其中之一，我在他家中患病而痊癒的——還和他們所謂「選徒」交遊。那時我還以為犯罪不是我們自己，而是不知道哪一個劣根性在我們身上犯罪，我即以置身於事外而自豪；因此，我做了壞事，不肯認罪，不肯求你治療我犯罪的靈魂，我專愛推卸我的罪責，而歸罪於不知道哪一個和我在一起而並非我的東西。其實這完全是我，我的狂妄把我分裂為二，使我與我相持，我既不承認自己是犯罪者，這罪更是無可救藥了；我是如此無賴凶悍，寧願你全能天主在我身上失敗而任我毀滅，不願你戰勝我而挽救我。

你尚未「為我的口設下遮攔，為我的唇裝置關鍵，使我的心不傾向於邪惡的言語，使我不和作惡的人同惡相濟」②，因此我依舊和他們的「選徒」往來，但我對於這種錯謬學說已不再希望深造；在我尚未找到更好的學說之前，我決定暫時保留，但已較為冷淡鬆弛。

①指摩尼教的普通信徒。
②見〈詩篇〉一四〇首三——四節。

這時我心中已產生了另一種思想，認爲當時所稱「學園派」①哲學家的識見高於這些人，他們主張對一切懷疑，人不可能認識眞理。我以爲他們的學說就是當時一般人所介紹的，其實我尚未捉摸到他們的眞正思想。

我也毫不掩飾地批評我的居停主人，我覺得他過於相信摩尼教書中所充斥的荒唐不經之說。但我和他們的交誼依舊超過其他不參加摩尼教的人。我已不像過去那樣熱心爲該教辯護，可是由於我只和他們熟稔——有許多教徒匿居羅馬——我便懶於探求其他宗教，我也不再希望在你天地主宰、一切有形無形之物的創造者的教會內尋獲他們先前使我脫離的眞理。我以爲相信你具有人的肉體，相信你和我們一樣方趾圓顱，是太荒謬了。想到我的天主，我只能想像一團物質——我以爲凡存在的東西都是如此——這是我所以堅持我不可避免的錯誤的主要而幾乎唯一的原因。

爲此我也相信存在著惡的本體，是一團可怖的、醜陋的、重濁的東西——摩尼教名之爲「地」——或是一種飄忽輕浮的氣體，這是他們想像中在地上爬行的惡神。由於我尚有一些宗教情感，我不得不相信善神不能創造惡的本體，因此我把這團東西和善對峙著，二者都是無限的，惡的勢力比較小，善的勢力比較大；從這個害人的原則上，產生了其他一切侮辱神明的謬論。

我的思想每次企圖返回到「公教」②信仰時，總覺障礙重重，因爲我理想中的公教信仰，並非公教的信仰。我以爲設想你天主——我向你誦說你的慈愛的天主——除了和惡神對立的部分我

①按即阿爾塞西拉斯（**Arkesilas**，公元前三七五——二四〇）等所創的「新柏拉圖派」。
②按天主教也稱公教。

認爲必然有限度外，其餘部分都是浩浩無限，比了設想你各部分都限制於人的形體之中，一定更符合虔誠的宗教精神。我以爲相信你沒有創造惡——由於我的愚昧無知，我心目中的惡是一個實體，甚至是物質的實體，因爲我只能想像精神是一種散佈於空間的稀薄物體——比了相信惡的本體來自你，也比較好。至於我們的救主，你的「獨子」①，我以爲他爲了拯救我們，從你光明的龐大體質中分出，除了我的憑空想像外，我對他什麼不相信。因此，我以爲這樣的性體不可能生自童女瑪利亞，否則必然和肉體混淆；而按照我的想像，我看不出怎樣能混合而不受玷污。因此我害怕相信他降生成人，因爲我將不得不相信他受血肉的玷污。

現在，凡蒙被你的寵光的人讀我的懺悔，將善意地、親熱地哂笑我；可是我當時的確是如此。

11

其次，在我看來，摩尼教中人對你的聖經所提出的批評，是無法辯駁的。但我有時很希望能和一位精通聖經的人討論每一問題，聽取他的見解。

有一位名埃爾比第烏斯的人曾對摩尼教徒作過演講和辯論，我在迦太基時，他的言論已給我一些印象，因爲他引用了聖經上幾段很難解答的文字。摩尼教徒的答覆，我認爲是軟弱無力的。所以他們也不輕易公開發表，僅僅私下對我們提出。他們說新約文字已經不知道由那些人竄改，竄改的目是把猶太人的法律羼入基督教教義，但他們卻又拿不出一本未經竄改的本子。而我一方

①按指耶穌基督。

面，也只能想像物質，被那些「龐然大物」所掌握，壓得我幾乎透不過氣，使我無從呼吸你的眞理的清徹純淨的空氣。

12

我開始在羅馬從事於教授雄辯術的工作，這是我所以來此的目的。我先在家中招收一些學生，由於他們的宣傳，外界開始對我注意了。

我聽到羅馬有一種不見於非洲的情況。別人告訴我非洲那些敗壞青年的搗亂行爲這裡的確沒有，但「爲了賴學費，許多學生串通好，會突然轉到另一個教師那裡，錢財重於信義，以致不惜違反公道」。

我便也憎惡他們這種行徑，但不能說是出於一種正當的憎恨，因爲我的所以懷恨他們，與其說是爲了他們損害別人的非法行爲，不如說是爲了直接加於我的損失。

這種人哪裡還有人格，他們「遠離你而犯奸淫」①，流連於時間所玩弄的浮影，貪嗜著沾污他們雙手的糞土般的利益，擁抱著這個消逝的世界，卻蔑視永久存在的你，正在呼喚並寬恕一切失身於邪惡而能迷途知返者的你。現在我一面是憎恨這種人的敗壞無恥，一面卻愛他們，希望能糾正他們，使他們能愛所鑽研的學問過於金錢，愛你眞理的天主，更愛眞正幸福的泉源與純潔的和平過於學問。但那時我只爲自身打算，不願忍受他們的惡劣行爲，不能爲你打算，希望他們改

①見〈詩篇〉一一八首七十七節。

過遷善。

13

這時米蘭派人到羅馬，請羅馬市長委任一位雄辯術教授，並授予他公費旅行的權利。我通過那些沉醉於幻想的摩尼教徒——我從此將和他們脫離關係，但我們雙方都不知道——謀這職務。我寫了一篇演說稿上呈於當時的市長西瑪庫斯，他表示滿意，便派我去米蘭①。

我到米蘭後，便去拜謁安布羅西烏斯主教②，這是一位舉世聞名的傑出人物，也是一個虔敬你的人。他的堅強有力的言論把你的「麥子的精華」、你的「歡愉之油」③和你的「和醇的酒」④散發給你的子民。我不自知地受你引導走向他，使我自覺地受他引導歸向你。

這位「天主的人」慈父般接納我，並以主教的風度歡迎我來此作客。

我開始敬愛他，但最先並不把他作爲眞理的明師——我已決不希望在你的教會內找到眞理——不過把他視爲一個對我和藹可親的人物。我很用心地聽他對群衆所作的談論，但不抱著應有的目的，而好像是爲了測驗他的口才是否符合他的聲譽，是過還是不及；我全神貫注地諦聽著，已被他的詞令所吸引，但對於內容並不措意，甚至抱著輕視的態度；我欣賞他吐屬的典雅，覺得他

①這是三八四年秋天的事，奧氏在羅馬僅幾個月。
②安布羅西烏斯（三四〇——三九七）是古代基督教教父之一，三七四年任米蘭大主教。
③見〈詩篇〉八十首十七節；四十四首八節。
④引用安布羅西烏斯的一句詩。

比福斯圖斯淵博，但論述的方式，則福斯圖斯更有風趣，更容易感動人。至以內容而論則兩人是無可比擬的，一個是沉溺於摩尼教的謬說，一個是以最健全的生命之道傳給大衆。

救恩還遠離著像我這樣的罪人，但我漸漸地、不知不覺地在近上去。

14

我不注意他所論的內容，僅僅著眼於他論述的方式，——我雖則不希望導向你的道路就此暢通，但總抱著一種空洞的想望——我所忽視的內容，隨著我所欽愛的詞令一起進入我的思想中。我無法把二者分別取捨。因此我心門洞開接納他的滔滔不絕的詞令時，其中所涵的眞理也逐漸灌輸進去了。

我開始覺得他的見解的確持之有故，言之成理；在此以前，我以爲公教信仰在摩尼教徒的責難之前只能捫口無言，這時我覺得公教信仰並非蠻不講理而堅持的，特別在一再聽了安布羅西烏斯解答《舊約》上一些疑難的文字之後；我覺得我過去是拘泥於字面而走入死路。聽了他從文字的精神來詮釋《舊約》中許多記載後，我後悔我的絕望，後悔我過去相信摩尼教對《舊約》律法先知書的譏議排斥是無法反駁的。

但我並不因此而感覺到公教的道路是應該走的，因爲即使公教有博學雄辯之士能詳盡地、合理地解答難題，我認爲並不因此而應該排斥摩尼教信徒，雙方是旗鼓相當。總之，在我看來，公教雖不是戰敗者，但還不是勝利者。

這時我竭力思索、找尋足以證明摩尼教錯誤的可靠證據。如果我當時能想像出一種精神體，則我立即能駁斥摩尼教的鑿空之說，把它從我心中拋出去；但我做不到。可是對於官感所能接觸的物質世界和自然界，通過觀察、比較後，我看出許多哲學家的見解可靠得多了。

因此，依照一般人所理解的「學園派」的原則，我對一切懷疑，在一切之中飄颻不定。我認爲在我猶豫不決之時，既然看出許多哲學家的見解優於摩尼教，便不應再流連於摩尼教中，因此我決定脫離摩尼教。至於那些不識基督名字的哲學家，我也並不信任他們，請他們治療我靈魂的疾病。

爲此，我決定在父母所囑咐的公教會中繼續做一名「望教者」，等待可靠的光明照耀我，指示我前進的方向。

卷六

1

「我自少即仰望你」①，但爲我，你究竟在哪裡？你退藏到哪裡去了？不是你造了我，使我異於走獸，靈於飛禽嗎？我暗中摸索於傾斜的坡路上，我在身外找尋你，我找不到「我心的天主」，我沉入了海底。我失去了信心，我對於尋獲眞理是絕望了。

我的母親已追蹤而來了，她憑著堅定的信心，不辭梯山航海來找尋我，她一心依恃著你而竟能履險如夷。在渡海時的驚濤駭浪中，她反而安慰船上的水手們；凡是初次航海的人，一有恐懼，往往需要水手們的慰藉；她卻保證他們旅程安全，因她在夢中已經得到你的指示。

她見我正處於嚴重的危機中，見我對尋求眞理已經絕望。我告訴她我已不是摩尼教徒，但也不是基督公教徒，她聽了並不像聽到意外的喜事而歡欣鼓舞。她僅僅對我可憐的處境部分的稍感安心，使她在你面前痛哭我猶如哭死去而應該復活的人，她把意象中躺在棺柩上的我奉獻於你，

①見〈詩篇〉二十首五節。

希望你對寡婦之子說：「少年，我命你起來」，希望「死人坐起來，開始說話，交還給他的母親」①。她聽到她每天向你哀求的事已大部分實現，並不表示過度的喜樂。我雖未曾獲得眞理，但已從錯誤中反身而出。不僅如此，她確信你已允許整個賜給她，目前未完成的部分一定也會給她的，所以她安定地、滿懷信心地對我說，她在基督中相信她在去世之前，一定能看到我成爲熱心的公教徒。她對我是如此說，而對你、慈愛的泉源，她是加緊祈禱、哭求你加速你的援助，照明我的黑暗。她是更熱切地到聖堂中，全神貫注地聆聽安布羅西烏斯的言論，猶如仰吸「流向永生的泉水」②。她敬愛安布羅西烏斯無異天主的使者，因爲她知道是安布羅西烏斯引導我進入這種徬徨的境界，她堅信我從疾病回復到健康正應如醫學上所謂若「藥弗瞑眩，厥疾弗瘳」。

2

她展謁聖人的墳墓時，依照在非洲的習慣，帶了酒羹麵包去的，但受到守門者的阻止，她知道了這是主教的禁令，就虔誠地、虛心地服從，她非常自然地承認自己的不良習慣，絕不抱怨禁令，這種態度眞使我驚奇。她所以能如此，正是由於她的思想不爲酒困，能泰然捐棄舊習而絕無仇視眞理之心，不似許多男女聽到提倡節制的歌曲時和酒徒們對著一杯薄酒那樣感到興味索然。她帶著一籃尋常菜餚，除了自己吃一些外，其餘分食別人；爲了不在衆人前標奇立異，她也合乎

①見《新約・路加福音》七章十二節。
②見《新約・約翰福音》四章十四節。

節制地僅飲一小杯淡酒，如果依照舊例，向幾位死者的墳墓致敬，她就斟酒一盞向各墓遍致敬意，就以這淡酒和水分酌在場的人，自己則奉陪著僅飲少許。她所以如此，既合於虔誠的禮數，也是嚴於嗜飲的克制。

她一旦知道這位著名的講道者，這位熱心的主教禁止這種方式，即使有節制的人也在所不准，一面為了防止造成酗酒的機會，一面亦因這種類於祭祀祖先的儀式，未免近似外教的迷信，她便翕然地服從。她知道把一瓣心香清淨地供奉於殉教者的墓前，即可以替代盈筐的人間羞饌；一面對貧窮的人，她是盡力施捨，同時他在那裡參加了分食「主的聖體」的禮儀①，因為殉教者效法主的受難而犧牲，因之獲得花冠。

主、我的天主，——這是我的心在你面前對這事的猜想——我以為如果發此禁令的不是她所敬愛的安布羅西烏斯，要使我的母親去除這個習慣，可能並非一件容易的事情。她為了我的得救，所以特別敬重安布羅西烏斯，而安布羅西烏斯看見她如此虔誠生活，如此熱心於各種善舉，如此經常地參拜聖堂，對她也自敬重。安布羅西烏斯對我往往稱誦她的懿行，祝賀我有這樣一位母親，可是他不知道她有這樣一個對一切懷疑，不想找尋生命之道的兒子。

3

在我祈禱時，我還不知道呻吟，向你乞援，我卻專心致志地探求，我的思想為辯論而輾轉反

①按指天主教的「彌撒」與「領聖體」。

側。我眼中的安布羅西烏斯不過是一個世俗場中得到許多大人先生們尊敬的幸運人物。惟有他的獨身不娶，我認爲我是辦不到。至於他所抱的希望，他由聲望高而遭受的考驗，所作的奮鬥，他在困難中所享到的安慰，他心靈的口舌咀嚼你的「餅」時所嘗到的滋味，對於這一切，我是毫無概念，也一無經驗。

同樣，他也不知道我內心的動盪，我所面臨的危險深淵，我不可能照我的願望向他請教我所願請教的事情。他門庭若市，都是有要事有困難請他幫助的人，不容許我和他細談，向他請益。至於沒有人找他的一些餘暇，他爲了維持身體，進必要的飲食，或爲維持精神而從事閱讀。

在閱讀的時候，他的眼睛一頁一頁瀏覽下去，他的心體味意義，他的口舌不出聲而休息。往往我們到他那裡——因爲他從不禁止任何人入內，也沒有事先傳達的習慣——見他在凝神閱讀，我們在靜默中坐了片刻，便退出了（因爲看見他如此全神貫注於書中，誰敢打擾他？）。我們猜想他僅僅得到這片刻的空暇，擺脫事務的紛擾，不作它用，專用之於調養精神，便不應該冒昧打擾他。可能他的不出聲，是爲了避免聽者注意，遇到晦澀的文字要求他解釋，或討論疑難的問題，因而耽誤了時間，不能讀完他所預定要讀的書。另一方面，他的聲音很容易嘶啞，爲了調養聲息，也更有理由默讀了。總之，不論他如此做有什麼用意，像他這樣的人，用意一定是好的。

除了和他作簡短的談話外，我確實沒有機會請教駐在他胸中的神聖指導者。我想找尋他空暇的時間，向他傾吐我的鬱結，可是找不到。每逢星期日，我去聽他對群衆正確地討論眞理之言，我日益相信過去那些欺騙我的騙子用狡獪誣衊的方法，對聖經造成一系列的癥結，都是可以消解的。

我一朝發現你通過慈母公教會賦予恩賜而使之再生的精神子女們，對於〈創世紀〉上「人是依照你的肖像而創造的」①一節的解釋，並不教人相信或想像你具有人的肉體的形狀，雖則我對於精神體的性質還是絲毫捉摸不到，但我已很高興地感到慚愧，我多年來的狂吠，不是反對公教信仰，而是反對肉體想像出來的幻影。一個本該研究學習的問題，我卻先予肯定而加以攻擊，在這一點上，我過去眞是太魯莽、太放肆了！你是高高在上而又不違咫尺，深奧莫測而又鑒臨一切，你並無大小不等的肢體，你到處充盈卻沒有一處可以占有你的全體，你不具我們肉體的形狀，但你依照你的肖像造了人，人卻自頂至踵都受限於空間之中。

4

我既然不懂「你的肖像」所指何物，應該推究、探索這一端信仰的意義，不應悍然加以抨擊，似乎信仰僅是我所猜想的。我的心越被尖銳的疑慮消蝕，催促我接受眞理，我也越悔恨自己如此長期被一個眞理的諾言所玩弄欺騙，犯了幼稚的錯誤和盲從，把許多謬論說成是眞理。至於這些謬論，我以後才明白看出。我從此也確切知道，在我盲目地攻擊你的公教會時，是以不可靠的見解視爲確實可靠。我雖尚未認識公教會所教導的都是眞理，但至少認識到我過去竭力攻擊的並非公教會的道理。爲此，我的天主，我感到慚愧，思想有了轉變，我高興看到你的唯一的教會，你的獨子的妙體，我幼時教給我基督名字的教會，並不使人意味到幼稚的廢話，它的純正的教義並

①見〈創世紀〉九章六節。

沒有把你萬有的創造者約束在空間——雖則是廣大無邊的空間——之中，限制在人的肉體的形狀之中。

還使我高興的，是我不再用過去的眼光讀《舊約》的律法和先知書了，過去看到許多矛盾荒謬之處，指責你的聖賢們有這樣的思想，而其實他們並無這種思想。我很高興聽到安布羅西烏斯在對群衆布道時一再提出要我們謹守的金科玉律：「文字使人死，精神使人生」①；對有些記載，單從字面看，好像錯謬，他移去神秘的帷幕，揭出其精神意義，雖則我對於他的見解還不能辨別眞僞，但聽後並不感到牴觸。我執持著我的心，不敢輕易相信，害怕墮入深淵，可是我的趦趄眞害死我。我希望對於我所不了解的問題，能像「三加七等於十」一樣地明確起來。當然我不會如此狂妄說這一點也不能理解，但我要求其他一切，凡我耳目所接觸不到的物質，或我思想只能懸擬爲物質的精神體，也都能同樣地明確起來。

我本來能夠用信仰來治療我的疾病，澡雪我的思想，使之趨向你永久存在而沒有絲毫欠缺的眞理；可是猶如一人受了庸醫的害，往往對良醫也不敢信任，同樣我靈魂的病，本來只能靠信仰來治療的，但由於害怕信仰錯誤，便不願治療，拒絕你親手配製的、施送世界各地的病人的、具有神效的信仰良醫。

①見〈哥林多後書〉三章六節。

5

從這時起，我已經認爲公教教義是比較可取、比較審愼，而且絕不用欺騙手段命令人相信未經證明的——或是可能證明而不是任何人都能領會的，或是不可能證明的——道理，不像那些摩尼教人冒失地標榜科學，訕笑信仰，卻以無法證明爲藉口，強令人相信一大批的荒唐神話。

主啊，你用非常溫柔非常慈祥的手逐漸摶塑我的心，我注意到有無數事物，我既未目睹，又未親歷，而我相信了：譬如各國歷史上的許多事蹟，有關某地某城的許多事件，我並未看見，我聽信朋友們、醫生們，以及許多人的話，因爲不如此，我們生活於此世便不能有所作爲。最後，對於父母生我，我不是毫無疑義嗎？而這一點，我只能憑耳聞而相信，否則我不能知道。你又使我認識到應受譴責的不是那些相信你在世界上樹立了無上權威的聖經的人們，而是那些不信聖經的人們，如果他們對我說：「你怎樣知道這些書是唯一天主的眞實而絕不虛言的聖神傳授人類的？」我決不能聽信他們，因爲正是這一點特別屬於信仰的範圍：因爲各式誣衊性的責難論戰，我所讀過的許多哲學家的辯論都不能拔除我對你的存在，——雖則我不懂你的存在的性質——對你的統攝世界的信仰。

對於這方面，我的信仰有時比較堅強，有時比較薄弱，但我始終相信你存在並照顧我們，雖則我還不知道對於你的本體應有什麼看法，也不知道哪一條道路通向你或重返到你身邊。

由於我們的能力薄弱，不能單靠理智來尋獲眞理，便需要聖經的權力，從此我也開始看出如果你不是要人們通過聖經而相信你、尋獲你，你決不會使聖經在全世界享有如此崇高的威權。

至於聖經中往往和我的見解牴觸矛盾，在我聽了許多正確的解釋後，我以爲這是由於其含義的奧妙高深。爲此，聖經的威權更顯得崇高，更配合神聖的信仰，一方面爲一般讀者是明白曉暢，而同時又保留著深奧的內蘊，使人能作更深刻的研究；一面文字淺近通俗，使人人可解，而同時使不是「心地輕浮」①的人能致力研究；一面懷抱群衆，而同時又讓少數人通過狹窄的口子到達你身邊；但如果聖經沒有如此崇高的威權，如果不吸收群衆到它謙虛神聖的懷抱中，進入的人將更爲稀少。

我在如此思索時，你就在我身邊；我嘆息時，你傾聽著；我在飄蕩時，你掌握我；我走在世俗的大道上，你並不放棄我。

6

我熱中於名利，渴望著婚姻，你在笑我。這些欲望使我遭受到辛酸的困難，但你的照顧卻遠過於放任我享受那種不屬於你的樂趣。

主，你願意我回憶往事並向你懺悔，請你看看我的心。你把我膠粘於死亡中的靈魂洗拔出來。希望它從此能依附於你。

我的靈魂是多麼可憐！你刺它的創傷，使它拋棄一切而轉向超越萬有、萬有賴以存在的你，

①見《舊約・德訓篇》十九章四節。譯者按〈德訓篇〉僅見於天主教本《舊約》，基督教新教列為「次經」，不收。

希望它轉向你而得到痊癒。我是多麼可憐！你採取什麼辦法促使我感覺到處境的可憐呢？這是在我準備朗誦一篇歌頌皇帝的文章的那一天。文中說了許多謊言，而這些謊言會獲得知音的激賞。這時我的心惦念著這件事，燃燒著狂熱的思想。我走過米蘭某一條街道時，看見一個貧窶的乞丐，大概喝飽了酒，欣欣然自得其樂。我不禁嘆息著對同行的幾個朋友說起，我們醉生夢死帶來了多少痛苦，在欲望的刺激下費盡心機作出如許努力，而所背負的不幸的包袱卻越來越沉重地壓在我身上，我們所求的不過是安穩的快樂，這乞丐卻已先我而得，而我們還可能終無所獲。這個乞丐花得幾文錢，便獲得當前的滿足，而我正在艱辛困頓中百般追尋。果然他所得的快樂並非眞正的快樂，可是我所貪求的比這更屬渺茫。總之他是興高采烈，我是神情頹喪，他是無憂無慮，我是顧慮重重。如果有人問我：「你願意快樂呢？還是願意憂患？」當然我回答說：「願意快樂。」如果再問我：「你願意和那個乞丐一樣，還是像你現在這樣？」我卻仍願在徊徨疑慮中與我周旋。這是由於錯誤的偏見，並非由於眞理。因我不應自以爲學問富裕而比他優越，我的學問並不給我快樂，不過是取悅於他人的一套伎倆，不是爲教育人們，只是討人們的歡喜。爲此，你要用紀律的杖「打碎我的骸骨」①。

如果有人對我靈魂說：「關鍵在乎快樂的趣向。乞丐之樂，志在酣醉，你則志在光榮。」希望我的靈魂避開這樣的人。主啊，所謂光榮，是什麼光榮？並不是在你懷中的光榮。所謂快樂，並非眞正的快樂，這光榮也不是眞正的光榮，只會更搗亂我的精神。那一夜，乞丐醺醺熟睡，我

①見〈詩篇〉四十一首十一節。

則帶著我沉醉的心情而入睡，睡而又起，起而再睡。你知道，多少天在這般情況下過去了！的確，關鍵在乎快樂的趣向，我知道神聖的希望所帶來的快樂，和這種虛空的快樂有天壤之別。但在當時，我們兩人也有差別，無疑地他是更幸福，不僅因爲他是一團高興，我是滿懷愁緒，而且他是祝望別人幸福而獲得了酒，我是用謊言去追求虛名。

那天，我在這一方面對朋友們說了很多話，而且遇到類似的情況，我往往反省自身的處境，看到生活的不協而使我感覺痛心，倍增我的苦悶，遇到幸運的機會，我也懶於伸手，因爲機會入我掌握之前，便已飛躍而去了。

7

我和意氣相契的朋友們談到這些問題，都是感慨交集。我特別和阿利比烏斯與內布利提烏斯兩人談得最投機。阿利比烏斯是我的同鄉，他出身是城中望族，年齡比我小。我在本鄉和迦太基教書時，阿利比烏斯從我受業。他見我待他好，又認爲我有學問，非常敬愛我；我見他年紀雖輕，卻具有傑出的天賦德性，所以也喜愛他。但迦太基風行著輕浮的戲劇，這種風氣的巨浪吞噬他，使他沉湎於競技遊戲中。他自暴自棄流連於嬉戲中時，我正執教於公立的雄辯術學校中。由於我和他的父親意見不合，他不來聽我的課了。我聽說他染上對競技的嗜好，爲他非常憂急，認爲他勢必喪失或已經喪失了美好的前途。我既不能用朋友的名義，也不能用師長的權力，勸告他或約束他使他回頭，因爲我認爲他和他的父親對我抱著同樣的見解，而事實他並不如此。他不顧父親對我的意見，開始來向我問候，到我的教室中聽課，但過了一些時候又中止了。

我並不想對他進行些工作，使他不至於被這種荒唐遊浪的盲目嗜好毀了他良好的賦稟。可是你天主統御著所造的萬有，你並不忘記他將在你的子女中間成爲施行你的「聖事」的主教①；爲了使他的改過遷善明顯地歸功於你，你便通過不知不覺的我進行這項工作。

有一天，我坐在講席上，面對著學生的座位，阿利比烏斯來了，他向我致敬後，坐下來用心聽我的講論。適巧我手中拿著一篇文章，我解釋時，偶然想起用競技遊戲作爲比喻，爲了使聽者更有趣味、更清楚了解我的意思，我尖銳地諷刺了那些爲此種不良嗜好所俘虜的人們；我的天主啊，你知道我那時絕不想治療阿利比烏斯所染上的疾疫。可是他把我的話拍在自己身上，認爲我是爲他而發的；別人聽了會對我憤恨，而這位正直的青年聽了卻憤恨自己，反而更熱烈地敬愛我。

從前你已經說過，而且記錄在你的聖經中：「責備具有智慧的人，他必然愛你。」②我並不責備阿利比烏斯，但你利用一切若有意若無意的人，隨從你預定的程序——這程序也是公正的——使我的心和唇舌成爲通紅的火炭，炙除這個具有良好希望的靈魂的腐爛部分，使之痊癒。誰不體會到我從肺腑中傾述的你的慈愛，就任憑他沉默而不歌頌你！

阿利比烏斯聽了我的話，便從他自願墮入而且感覺無比樂趣的黑暗深坑中跳出來。他用堅強的自制，刷新了自己的心靈，擺脫了競技遊戲帶來的污穢，不再涉足其間了。後來他消解了父親的意見，仍欲從我，他的父親也依他的願望，重使他就學，但也和我一起陷入迷信的羅網；他敬

①阿利比烏斯於三九四或三九五年成為塔加斯特城主教。
②見《舊約・箴言》九章八節。

重摩尼教徒們所炫耀的苦行，以爲眞是如此卓絕。其實這種刻苦不過是瘋狂和欺騙；一些尙未接觸到高深道德的人，容易被僞裝的道行所迷惑，以致優秀的靈魂也會墮入他們的圈套。

8

阿利比烏斯並不放棄他的父母向他誇耀的世俗場中的前途，因此先我到羅馬，攻讀法律；在那裡，又不可思議地、懷著一股不可思議的熱情被角鬥表現所攫取了。

開始他對此只覺得厭惡。有一次，他的朋友們和同學們飯前在路上偶然碰到他，不管他的竭力拒絕和反對，用一種友好的暴力，把他拖到圓形劇場，場中這幾天正在表現這種殘酷慘厲的競賽。他說：「你們能把我的身體拉到那裡，按在那裡，可是你們能強迫我思想的眼睛注視這種表現嗎？我身在而心不在，仍是戰勝你們和這些表現！」雖則他如此說，朋友們依舊拉他去，可能想看看他是否言行一致。

入座以後，最不人道的娛樂正在蓬勃地展開。他閉上眼睛、嚴禁思想去注意這種慘劇。可惜沒有將耳朵堵塞住！一個角鬥的場面引起全場叫喊，特別激動他，他被好奇心戰勝了，自以爲不論看到什麼，總能有把握地予以輕視，鎭定自己；等到他一睜開眼睛，突然在靈魂上受到了比他所見的角鬥者身上所受更重的創傷，角鬥者受創跌倒所引起的叫喊，使他比鬥敗者更可憐地倒下了。叫喊聲從他的耳朵進去，震開了他的眼睛，打擊他的靈魂，其實他的靈魂是外強中乾，本該依仗你，而現在越依靠自己，越顯得軟弱。他一看見鮮血直流，便暢飲著這殘酷的景色，非但不回過頭來，反而睜大眼睛去看，他不自覺地吸下了狂熱，愛上了罪惡的角鬥，陶醉於殘忍的快樂。

他已不再是初來時的他，已成爲觀衆之一，成爲拖他來的朋友們的眞正伙伴了。還有什麼可說呢？他目不轉睛地看著，他大叫大嚷，他帶走了催促他再來的熱狂，他不僅跟隨過去拖他來的人，而且後來居上，去拉別人了！

你用非常堅強而又非常慈悲的手腕把他挽救出來，教他懂得依靠你，不應依靠自己。但這日子還遠著呢！

9

這次經驗保留在他的記憶中，作爲日後的良藥。他還有一件事。他在迦太基在我門下讀書時，一天中午，他在中央廣場上思索著，準備學生們經常練習的一篇演講，你容許廣場的看守者把他當作竊賊而將他逮捕。我的天主，我以爲你所以容許此事，是爲了另一個原因，使日後成爲一個偉大人物的他，這時就開始懂得在處理案件時，不應冒冒然聽信別人而處罰一人。

他獨自一人帶著蠟板與鐵筆在法院前散步。他沒有注意到這時有一個青年，也是一個學生，眞正的竊賊，偷偷地帶了一把斧頭想斫下錢莊大街上面鉛欄杆的鉛，街上的錢莊職員聽見斧聲，喊起來了，派人來巡查捉賊。這個青年聽到人聲，害怕被捕，丟下斧頭逃跑了。阿利比烏斯沒有見他進來，只見他急忙忙地跑出去，想知道什麼事情，便走到那裡，發現一把斧頭，他站定了觀看，有些納悶。這時捉賊的人來了，見他獨自一人，拿著剛才斫欄杆作聲使他們驚覺的鐵器，便抓住他，這時住在廣場四周的人都已走來，他們拖著阿利比烏斯，自詡爲當場捉住竊賊，預備拉他到法庭審問。

阿利比烏斯所受的教訓，至此爲止。因爲主，你來救援這無罪的人，惟有你是無罪的見證。當人們拉他上監獄或受刑罰去時，途中遇見負責公共建築的建築師。人們很高興遇見他，因爲他經常懷疑廣場上失去的東西是這些人偷的，人們希望他這次可以明白過去的竊案是誰幹的。

這位建築師經常去探訪一位元老，而在這位元老處屢次遇見阿利比烏斯。他立刻認出阿利比烏斯，便上前拉了他的手，把他從人羣中解救出來，詢問這不幸事件的原因。他聽了經過後，便命那些嚷成一片、叫喊恐嚇的人羣跟自己來。他們走到幹這事的青年家中。門口有一個小奴隸，年紀很輕，不會爲小主人擔心後果如何，自然很容易吐露一切。這奴隸是跟隨主人到廣場上去的。阿利比烏斯一見就認識他，便告知建築師。建築師把斧子給孩子看，問他是誰的東西。孩子立即回答說：「是我們的。」追問下去，他便說出一切經過。

如此，這案件便落在這一家了，羣衆本來自以爲捉獲了阿利比烏斯，至此也很覺慚愧。而阿利比烏斯，你的聖道的未來宣講師，你的教令內許多案件的審判者，在這一事件中，獲得了更多的經驗，更深的教訓。

10

我又在羅馬找到他，他以非常堅強的情誼和我往來，和我一起到米蘭，爲了不和我分離，也爲了能應用他所讀的法律，這與其說是他的志願，不如說是他父母的希望。他已三次擔任顧問，他操守廉潔，使人驚奇，而他卻更駭怪別人把金錢置於正義之上。人們不僅用利誘，還用威脅來考驗他的性格。

在羅馬時，他擔任義大利財政大臣的顧問。當時有一個極有勢力的大老，許多人受他賄賂的籠絡，或被他的威勢所脅服，這人自恃權位，常爲所欲爲，要做法律所不許可的事。阿利比烏斯拒絕了。許給他酬謝，他置之一笑。威嚇他，他仍卓立不移。大家都驚奇他具有這種特異的品節，對一個生殺予奪、炙手可熱的人物，既不結交，也不畏服。阿利比烏斯是法官的顧問，法官本人對這人雖感不滿，卻不敢公然觸迕，便把責任推卸在阿利比烏斯身上，只說他不贊成如此——事實確是如此——如果做了，他將投票反對。

只有他的愛好學問幾乎使他動搖：如果得到了法官的酬謝費，他能用以使人傳抄書籍。但是他仍依據正義的考慮，作出更好的決定，認爲禁止犯法的公道，高於縱容非法的權力。這是一件小事。可是「誰忠於小事，也忠於大事；倘若你們在不義的錢財上不忠心，誰還把眞理的錢財託付給你們？倘若你們在別人的東西上不忠心，誰還把你們自己的東西給你們呢」①？這些話出自你眞理之口，不能是毫無意義的。

這樣一個人和我相契，和我一起考慮著我們應該採取怎樣的生活方式。

內布利提烏斯也離開了鄰近迦太基的本鄉，離開了他經常去的迦太基，離開了他父親遺傳的大批田地，離開了家庭和不願隨行的母親，來到米蘭；他的來此，沒有其他原因，不過是爲了和我一起生活，共同以最迫切的心情研究眞理和智慧。他熱烈地追求著幸福生活，邃密地探索著各種最疑難的問題，也和我一樣在呻吟嘆息，徬徨不定。我們這三個飢渴之口，彼此都迫切地想吸

①見〈路加福音〉十六章十——十二節。

取所需要的東西，都企望你「賜給他們應時的糧食」①。由於你的慈愛、辛酸緊隨著我們世俗的生涯，在辛酸之中，我們探問著擔受這些辛酸究竟為了什麼；眼前是一片黑暗。我們轉身嘆息著問道：「這種種到何時為止？」我們屢次如此說，可是我們一面說，一面並不放棄這樣的生活，因為我們看不到確切可靠的東西，足以使我們拳拳服膺而放棄目前的種種。

11

特別使我驚懼的是回想到我十九歲那一年，開始酷愛智慧，準備尋獲智慧後便拋撇一切空虛騙人的願望，至今已有這麼長的一段時期了。現在我年已三十，依舊在同一泥淖中掙扎，追求著飛馳而過的、消蝕我心的現世事物。我對自己說：「明天會找到的。只要明白清楚，我便會緊握不放。福斯圖斯就要來了，他會說明一切。那些學園派的大人物！真的我們不能抓住任何可靠的東西來指導我們的生活嗎？我們更用心追求吧！不要失望。教會書籍中我過去認為矛盾的，現在看出並不矛盾，而且能有另一種合理的解釋。我幼時父母安置我在哪裡，我便站定在那裡，等我尋到明顯的真理。可是哪裡去找尋呢？什麼時候找呢？安布羅西烏斯沒有時間，我也沒有時間閱讀。哪裡去找書籍？哪裡去購買？什麼時候買得到？向誰借？把時間計算一下，為挽救靈魂，把時間分配一下。巨大的希望起來了：公教信仰並不是我所想像而斥為虛妄的東西。」

「公教中的明哲之士以為相信天主限制於人的肉體形象之內是大逆不道。我還遲疑不決，不

①見〈詩篇〉一四四首十五節。

肯叩門，使其他眞理也隨之而敞開。我上午的時間爲學生們所占有。其餘時間，我們做些什麼？爲何不用於該項工作上？可是什麼時候去拜訪有勢力的朋友呢？我們不是需要他們的幫助嗎？什麼時候去準備學生們所要購買的東西？什麼時候調養身體呢？我們的精神不是需要擺脫牽掛，稍事休息嗎？」

「這一切都不去管他吧！拋開這些空虛無謂的勾當！我們該專心致志追求眞理。人生是悲慘的，死亡是無從預測的；突然來抓我，我怎能安然而去？再到哪裡去探求我現世所忽視的眞理呢？是否將擔受我疏忽的懲罰？如果死亡將斬斷我的知覺，結束我的一切，將怎麼辦？對這一點，也應該研究一下。」

「但決不會如此的。基督教信仰傳布於全世界，享有如此崇高的威權，決不是偶然而毫無意義的。如果靈魂的生命隨肉體而同歸澌滅，神決不會對我們有如許作爲。如此，我們爲何再猶豫不決，不肯放棄世俗的希望，全心全意去追求天主和幸福生活呢？」

「可是又得思索一下：世間種種也自有可愛之處，也有相當的甜味，不應輕易和它們割斷關係，因爲以後再想返回到它們那裡是可恥的。目前已經差不多就要得到一些地位了。可是在其他方面，我還貪求些什麼？我已交上不少有勢力的朋友；如果我不是急於想出人頭地，至少已能謀得一個主任的職位。娶上一個有些財產的妻子，不致加重我的負擔。我的願望不過如此。許多大人物，最值得我取法的人物，不是結婚後依然從事研究智慧嗎？」

我這樣自言自語，颳著倏順倏逆的風，我的心便東飄西蕩，光陰不斷過去，我拖延著不去歸向天主，我一天一天推遲下去不想生活在你懷中，但並不能推遲每天在我身上的死亡：我愛幸福，卻又害怕幸福的所在地；我追求幸福，卻又在躲避幸福。因為我擔心我沒有一個女子的擁抱，生活可能太痛苦；至於你的慈愛是治療我這種弱點的良藥，我卻決不想到，因為我一無經驗；我以為清心寡欲全憑自身的力量，而我感覺不到這股力量；我眞糊塗，竟然不知道聖經上明明寫著：「除非你賜與，否則誰也不能潔身自守。」①如果我用內心的呻吟，上徹你的耳鼓，以堅定的信心把我的顧慮丟給你，你一定會賜與我的。

12

阿利比烏斯卻阻止我結婚，他一再對我說，我一結婚，我們就決不能依照許久以來的心願，在安定的時間，為愛好智慧而一起生活。阿利比烏斯在這方面眞是一塵不染，而特別令人驚奇的是他進入青年時也曾一度體驗過男女之愛；可是他決不留戀，反而更覺悔惡，從此以後，便度著非常純潔的生活。

我提出有些人結婚後服膺智慧、有功於天主，對朋友也始終不渝，作為例子來反駁他。其實這些人的偉大胸襟我是望塵莫及，我不過是肉欲的奴隸，我帶著我的枷鎖，還感到死亡的甜蜜，我害怕脫身，拒絕別人的忠告，好像解救我的手碰痛了我的創傷。

不僅如此，長蟲還通過我對阿利比烏斯說話，籠絡他，用我的唇舌在他的道路上撒下溫柔的羅網，想絆住他正直而自由的雙足。

①見〈智慧書〉八章二十一節。

他對我也非常詫異，他素來崇拜我，而我竟會陷在這種肉情的膠漆中，我們討論這問題時，我竟然肯定我獨身不娶，便不能生活。我見他不勝驚奇，爲了替自己辯護，我甚至說他過去那一次搶來的、偷偷摸摸的體驗，幾乎已經忘懷，因此很容易對此表示輕蔑，絲毫無所繫戀，這和我生活上的樂趣有很大區別。這種樂趣如果再掛上正大光明的婚姻美名，那麼便不會詫異我爲何不能輕視這種生活。最後他也開始想結婚了，當然不是被肉體的快樂所吸引，而是出於好奇心。他說他是歡喜目前的生活，而我卻以爲沒有那種樂趣，生活便不成爲生活，而是受罪，因此他願意知道這樂趣究竟如何。他的精神本是自由而不受這種束縛，所以奇怪我甘願被奴役，從奇怪進而也想嘗試，這嘗試可能會使他陷入他所奇怪的奴役中，因爲他願意「和死亡訂約」，「誰愛危險，將跌入危險之中」①。

我們兩人都很少注意到婚姻的光榮在乎夫婦和諧與養育子女的責任。對於我，主要是貪求情欲的滿足，情欲俘虜我，磨折我；對於阿利比烏斯，則是好奇誘導他步武我的後塵。

我們當時的情況是如此，直至你至尊天主不放棄我們這團泥土，憐憫我們的不幸，用奇妙而隱秘的方式來解救我們。

13

不斷有人催促我結婚。我也向人提出婚姻的請求，對方也已經答應；我的母親對這件事最熱

①見《舊約・以賽亞書》二十八章十八節；〈智慧書〉一章十六節。

心，她希望我婚後能領受生命的「洗禮」，希望我從此天天向上，她看出我的信仰即是她的願望和你的諾言的實現。

由於我的要求和她自己的願望，她每天向你發出衷心熱切的禱告，求你在夢中對於我的婚事作一些指示。你卻始終沒有答應她。她見到一些幻覺幻象：人們思想上對一事念茲在茲後，自會有一股力量產生這種現象；她講給我聽，可是不像受你指示那樣有信心，對此也並不重視。她自稱能在一種不知如何而無法形容的況味中辨別出什麼是出於你的指示，什麼是出於自己的夢想。

人們對我的婚事催得很緊，已經徵得姑娘的同意。她大約兩年後才能出嫁。既然我的母親中意，只有等待著。

14

我們這一批朋友，不論思想上或談話中，都討厭人生的擾攘不安，經過討論後，幾乎都已拿定主意要去過遁世無悶的生活，我們的計畫是如此：把我們所有的都拿出來，作為共有的產業，憑我們眞誠的友誼，不分彼此，將全體所有合而為一，全部產業既屬於每一人也屬於全體。我們認為這個團體大約有十人，其中有幾人比較富裕，最富有的是我們的同鄉和我自幼即非常投契的羅瑪尼阿努斯，他由於嚴重的事故而來到朝中的；他對這件事最熱心，由於他雄厚的家產遠遠超過其餘諸人，所以每有建議，餘人很是重視。

我們都同意每年推舉兩人，和在職的官吏一樣負責管理一切，其餘都可安閑自在。但我們中間，有的已成婚，有的準備結婚，考慮到以後婦女們是否會容許如此辦理，我們經過深思熟慮而訂下的全部計畫終於跳出我們的手掌而粉碎了。

我們重新回到嘆息呻吟之中，重新踏上塵世的坦途；我們心中的思想是千頭萬緒，而你的計畫永遠不變。根據你的永恆計畫，你哂笑我們的計畫，同時你爲我們準備你的計畫，將及時地給我們糧食，你將伸出你的手，使我們的靈魂滿受你的祝福。

15

我的罪惡正在不斷增長。經常和我同居的那個女子，視爲我結婚的障礙，竟被迫和我分離了。我的心本來爲她所占有，因此如受刀割。這創傷的血痕很久還存在著。她回到非洲，向你主立誓不再和任何男子交往。她把我們兩人的私生子留在我身邊。

但是不幸的我，還比不上一個女子，不能等待兩年後才能娶妻，我何嘗愛婚姻，不過是受肉情的驅使，我又去找尋另一個對象，一個情婦，好像在習慣的包庇下，繼續保持、延長或增加我靈魂的疾疚，直至正式結婚。第一個女子和我分離時所留下的創傷尚未痊癒，在劇痛之後，繼以潰爛，疼痛似乎稍減，可是創傷卻更深陷了。

16

讚美歸於你，光榮歸於你，慈愛的泉源！我的處境越是可憐，你越接近我，你的手已伸到我頭上，就要把我從泥坑中拔出來，就要洗濯我，而我還不知不覺。

能阻止我更進一步陷入肉欲的深淵的，只有對死亡與死後審判的恐懼，這種恐懼在種種思想的波動中，始終沒有退出我的心。

我和阿利比烏斯、內布利提烏斯兩人討論過善惡問題。倘若我也相信伊壁鳩魯所不信的靈魂不死和人死後按功過受賞罰之說，則伊壁鳩魯一定在我思想上可占優勝。我提出這一問題：如果我們長生不死，永久生活於肉體的佚樂中絲毫沒有喪失的恐懼，如何還不能算幸福？我們還要求什麼？我不懂得我已如此深入迷途，如此盲目，以致不能想像德行與美善本身的光明應該用無私的心情去懷抱的，這光明肉眼看不見，只能在心靈深處看到，這種昏昧正是我的重大不幸。這個可憐的我並不考慮到我能和知己們暢談，即使談的是可恥的事物，這種樂趣從何處得來；如果我沒有這些朋友，即使我盡情享受著肉體的淫樂，在官感方面我也不會感到幸福。我知道我的愛這些朋友，並不雜有自私之心，而他們的愛我也是如此。

多麼曲折的道路！一人離開了你，膽敢希望找到更好的東西，這人真可憐！不管他如何輾轉反側，一切是生硬的，惟有你才能使人舒暢安息。你卻就在面前，你解救我們，使我們脫離可恨的歧途，把我們安放在你的道路上，你安慰我們，對我們說：「快快跑吧！我將支持你們，我將引導你們，我將抱你們到那裡。」

卷七

1

我敗壞而罪惡的青年時代已經死去，我正在走上壯年時代，我年齡愈大，我思想的空虛愈顯得可恥。除了雙目經常看見的物體外，我不能想像其他實體。自從我開始聽到智慧的一些教訓後，我不再想像你天主具有人的形體——我始終躲避這種錯誤，我很高興在我們的精神母親、你的公教會的信仰中找到這一點——可是我還不能用另一種方式來想像你。一個人，像我這樣一個人，企圖想像你至尊的、唯一的、眞正的天主！我以內心的全副熱情，相信你是不能朽壞、不能損傷、不能改變的；我不知道這思想是從哪裡來的，怎樣來的；但我明確看到不能朽壞一定優於可能朽壞，不能損傷一定優於可能損傷，不能改變一定優於可能改變。

我的心呵叱著一切幻象，我力圖把大批繞我飛翔的醜惡影像從我心目中一揮而去。可是隨散隨集，依然蜂擁我前，遮蔽我的視線。因之，我雖不再以人體的形狀來想像你，但仍不得不設想爲空間的一種物質，或散布在世界之中，或散布在世界之外的無限空際，我以爲這樣一個不能朽壞、不能損傷、不能變易的東西總優於可能朽壞、可能損傷、可能改變的東西，因爲一樣不被空間所占有的東西，在我看來，即是虛無，絕對虛無，而不僅僅是空虛，譬如一件東西從一處搬走，這地方空無一物，不論地上的、水中的、空際或天上的東西都沒有，但境界則依舊存在，則是一個空虛之境，是有空間的虛無。

我昏昧的心甚至不能反身看清自己；我以爲凡不占空間的，不散布於空間的，不凝聚於空間，不能在空間滋長的，凡不具備或不能具備這些條件的，都是絕對虛無。因爲我的眼睛經常在那些形象中出入，我思想也在其中活動，而我沒有看出構成這些形象的思想和形象的性質迥不相同，如果思想不是一種偉大的東西，便不可能構成這些形象。

爲此，我設想你，我生命的生命，是廣大無邊的，你滲透著整個世界，又在世界之外，充塞到無限的空間；天、地、一切都占有你，一切在你之中都有限度，但你無可限量。猶如空氣，地上的空氣，並不障礙日光，日光透過空氣，並不碎裂空氣，而空氣充滿日光；我以爲天、地、空氣、海洋、任何部分，不論大小，都被你滲透，有你的存在，六合內外，你用神秘的氣息，統攝你所造的萬物。我只是如此猜測，因我別無了悟的方法。但這種猜度是錯誤的。因爲按照這種想法，天地大的部分占有你的大，小的部分占有你的小；萬物都充滿了你，則大象比麻雀體積大，因之占有你的部分多，如此你便爲世界各部分所分割，隨著體積的大小，分別占有你多少。其實並不如此。你還沒有照明我的黑暗。

2

爲了駁斥那些自欺欺人、饒舌的啞巴——因爲你的「聖道」並不通過他們說話——對我而言，內布利提烏斯早已在迦太基時屢次提出的難題已經足夠。這難題我們聽了思想上都因此動搖：摩尼教徒經常提出一個和你對立的黑暗勢力，如果你不願和它相鬥，它對你有何辦法？倘若回答說：能帶給你一些損害，那麼你是可能損傷，可能朽壞了！倘若回答說：對你無能爲力，那麼就沒有對抗的理由，沒有理由說你的一部分，或你的某一肢體，或你本體的產生，被惡勢力或一種在你創造之外的力量所滲和，受到破壞，喪失了幸福而陷入痛苦，因此需要你進行戰伐而予以援救，爲之洗滌；據他們說，這一部分即是靈魂，需要你的「聖道」來解救，則你的「道」，一面是自由而未受奴役，純潔而未受玷污，完整而未受毀壞，一面卻是可能朽壞，因爲與靈魂出於同一的本體。因此，不論他們說你怎樣，如果說你賴以存生的本體是不可能損壞的，則他們的全部理論都是錯誤荒謬，如果說你是可能損壞，則根本已經錯誤，開端就是大逆不道。

該項論證已經足夠駁斥那些摩尼教徒了，他們壓制我們的心胸，無論如何應受我們吐棄。因爲對於你持有這樣的論調，抱著這種思想，他們的口舌肺腑無法避免地犯下了可怖的、褻瀆神聖的罪。

3

我雖則承認你是不可能受玷污，不可能改變，不可能有任何變化，雖則堅信你是我們的主、眞天主，雖則堅信你不僅創造我們的靈魂，也創造我們的肉體，不僅創造我們的靈魂肉體，也創造了一切的一切，但對於惡的來源問題，我還不能答覆，還不能解決。不論惡的來源如何，我認爲研究的結果不應迫使我相信不能變化的天主是可能變化的，否則我自己成爲我研究的對象了。

我很放心地進行研究，我是確切認識到我所竭力回避的那些人所說的並非眞理，因爲我看到這些人在研究惡的來源時，本身就充滿了罪惡，他們寧願說你的本體受罪惡的影響，不肯承認自己犯罪作惡。

我聽說我們所以作惡的原因是自由意志，我們所以受苦的原因是出於你公正的審判，我對於這兩點竭力探究，可是我還不能分析清楚。我力圖從深坑中提高我思想的視線，可是我依舊沉下去；我一再努力，依舊一再下沉。

有一點能略略提高我，使我接近你的光明，便是我意識到我有意志，猶如意識我在生活一樣。因此我願意或不願意，我確知願或不願的是我自己，不是另一人；我也日益看出這是我犯罪的原因。至於我不願而被迫做的事，我也看出我是處於被動地位，而不是主動；我認爲這是一種懲罰，而不是罪惡，想起你的公正後，我很快就承認我應受此懲罰。

但我再追問下去：「誰創造了我？不是我的天主嗎？天主不僅是善的，而且是善的本體。那麼爲何我願作惡而不願從善？是否爲了使我承受應受的懲罰？既然我整個造自無比溫良的天主，誰把辛苦的種子撒在我身上，種在我心中？如果是魔鬼作祟，則魔鬼又是從哪裡來的呢？如果好天使因意志敗壞而變成魔鬼，那麼既然天使整個來自至善的創造者，又何從產生這壞意志，使天使變成魔鬼？」這些思想重新壓得我透不過氣，但不至於把我推入不肯向你認罪、寧願說我屈服於罪惡而不願承認我作惡的錯誤深淵。

4

我努力找尋其他眞理，一如我先前發現不能朽壞優於可能朽壞，發現你不論怎樣，定必不能朽壞等眞理一樣。一人決不能想像出比至尊至善的你更好的東西。既然不能朽壞確實優於可能朽壞，一如我已經提出的，那麼，如果你可能朽壞，我便能想像一個比你更好的東西了。因此，既然我看出不能朽壞優於可能朽壞，便應從這一方面研究你，進而推求惡究竟在哪裡，換言之，那種絕對不能損害你的朽壞從哪裡產生的。朽壞，不論來自意志，不論出於必然或偶然，都不能損害我們的天主，因爲你既是天主，天主所願的是善，天主就是善的本體，而朽壞便不是善。你也不能被迫而行動，因爲你的意志不能大於你的能力；倘若意志大於能力，那麼你大於你本身了，因爲天主的意志與能力即是天主的本體。你又無所不知，對於你能有偶然意外嗎？一切所以能存在，都由於你的認識。對於天主本體的不能朽壞，不必多贅了，總之，天主如果可能朽壞的話，便不成爲天主了。

5

我探求惡的來源時，我探求的方式不好，我在探求中就沒有看出惡。我把眼前的全部受造物，如大地、海洋、空氣、星辰、樹木、禽獸，和肉眼看不見的穹蒼、一切天使和一切神靈都排列在我思想之前。我的想像對於神體也分別爲之位置，猶如具有形體一般。我把受造之物，或眞正具有形體的，或本是神體而由我虛構一種形體的集合在一起，成爲龐大的一羣，當然不是按照原來的大小，因爲我並不清楚，而是按照我的想像，但四面都有極限。而你呢，我的天主，你包容、滲透這一羣，但各方面都是浩浩無垠的，猶如一片汪洋大海，不論哪裡都形成一個無涯的海洋，海洋中有一團海綿，不論如何大，總有限度，而各方面都沉浸在無限的海洋中。

我是這樣設想有限的受造物如此充滿著無限的你。我說：「這是天主以及天主所創造的萬物，天主是美善的，天主的美善遠遠超越受造之物。美善的天主創造美善的事物，天主包容、充塞著受造之物。惡原來在哪裡？從哪裡來的？怎樣鑽進來的？惡的根荄、惡的種籽在哪裡？是否並不存在？既然不存在，爲何要害怕而防範它呢？如果我們不過是庸人自擾，那麼這種怕懼太不合理，僅是無謂地刺激、磨折我們的心；既然沒有怕懼的理由，那麼我們越是怕懼，越是不好。以此推想，或是我們所怕懼的惡是存在的，或是惡是由於我們怕懼而來的。既然美善的天主創造了一切美善，惡又從哪裡來呢？當然受造物的善，次於至善的天主，但造物者與受造物都是善的，則惡確從哪裡來的呢？是否創造時，用了壞的質料，給予定型組織時，還遺留著不可能轉化爲善的部分？但這爲了什麼？既然天主是全能，爲何不能把它整個轉變過來，不遺留絲毫的惡？最後，天主爲何願意從此創造萬物，而不用他的全能把它消滅淨盡呢？是否這原質能違反天主的意願而存在？如果這原質是永恒的，爲何天主任憑它先在以前無限的時間中存在著，然後以此創造萬物？如果天主是突然間願意有所作爲，那麼既是全能，爲何不把它消滅而僅僅保留著整個的、眞正的、至高的、無限的善？如果天主是美善，必須創造一些善的東西，那麼爲何不銷毀壞的質料，另造好的質料，然後再以此創造萬物？如果天主必須應用不受他創造的質料，然後能創造好的東西，那麼天主不是全能了！」

這些思想在我苦悶的心中輾轉反側，我的心既害怕死亡，又找不到眞理，被深刻的顧慮重重壓著。但是公教會所有對於你的基督、我們的救主的信仰已鞏固地樹立在我心中，這信仰雖則對於許多問題尚未參透，依然飄蕩於教義的準則之外，但我的心已能堅持這信仰，將一天比一天更融洽於這信仰之中。

6

我也已經拋棄了星命家的欺人荒誕的預言，我的天主，對於這一事，我願從我心坎肺腑中誦說你的慈愛。因爲是你，完全是你——誰能使我脫離錯誤的死亡？只有不知死亡的生命，只有不需要光明而能照徹需要光明的心靈的智慧，統攝世界，甚至風吹樹葉都受其操縱的智慧才能如此——是你治療我不肯聽信明智的長者文提齊亞努斯和傑出的青年內布利提烏斯的忠告而執迷不悟的痼疾。前者是非常肯定地，後者則以稍有猶豫的口吻一再對我說，並沒有什麼預言未來的法術，不過人們的懸揣往往會有偶然的巧合，一人滔滔汩汩的談論中，果有不少話會應驗，只要不是三緘其口，否則總有談言微中的機會。你給我一個愛好星命的朋友，他並不精於此道，而是如我所說的，由於好奇而去向術者請教，他又從他父親那裡聽到一些故事，足以打消他對這一門的信念，可是他並不措意。

這人名斐爾米努斯，受過自由藝術的教育和雄辯術的訓練。他和我很投契，一次他對他的運氣抱著很大希望，從而向我請教，要我根據他的星宿爲他推算。其時我對於此事已開始傾向於內布利提烏斯的見解，但我並不表示拒絕，只表示我模稜的見解，並附帶說明我差不多已經確信這種方法的無稽。他便向我談起他的父親也酷嗜這一類的書籍，並有一個朋友和他有同樣的嗜好。兩人對這種兒戲般的術數熱切探究竟似著迷一般。甚至家中牲畜生產也記錄時辰，爲她觀察星辰的位置，用以增加這種術數的經驗。

他聽他父親說，當他的母親懷孕斐爾米努斯時，朋友家中一個女奴也有妊了。女奴的主人，對家中母狗產小狗尙且細心觀察，對此當然不會不注意的。他們一個對自己的妻子，一個對自己的女奴，非常精細地計算了時辰分秒，兩家同時分娩了，兩個孩子自然屬於同一時刻，同一星宿位置。當兩家產婦分娩的時候，兩人預先約定，特派專人，相互報告孩子生下的時刻。他們既各是一家之主，很容易照此傳遞消息。當時兩個家人恰在中途相遇，所以竟無從分判兩小兒星宿時辰的差別。但斐爾米努斯生於顯貴之家，一帆風順，席豐履厚，且任要職，那個奴隸，始終沒有擺脫奴隸的軛，仍在伺候著主人們，這是認識這奴隸的人親口講的。

我聽了完全相信——旣然講述者是這樣一個人——使我過去的猶疑亦都消釋，便勸斐爾米努斯放棄這種玄想，我對他說，如果我推算星宿的位置，作正確的預言，應該看出他的父母有高貴的身分，他的家庭是城中的望族，他有良好的天賦，受到良好的自由藝術教育；可是倘若那個和他同時出生的奴隸也來請教我，我的推算如果正確，也應該看出他的父母卑賤，身爲奴隸，他的種種情況和前者的不同是不可以道理計了。這樣，推算同一時辰星宿，必須作出不同的答覆才算正確，——如作同一答覆，則我的話便成錯誤——因此，我得到一個非常可靠的結論，觀察星辰而作出肯定的預言，並非出於眞才實學，而是出於偶然，如果預言錯誤，也不是學問的不夠，而僅是被偶然所玩弄。

從此我面前的道路已經打開，我便想去怎樣對付那些藉此求利、信口雌黃的人，我已經考慮怎樣攻擊、取笑、反駁那些人。如果有人這樣反駁我，譬如說，斐爾米努斯對我講的並非事實，或他的父親對他講的也不是事實。我便注意到孿生的孩子，脫離母胎往往只相隔極短時間，這短短時間，不論人們推說在自然界有多大影響，但這已不屬於推算範圍之內，星命家的觀察絕對不能用什麼星宿分別推演，作爲預言未來的根據。這種預言本不足信，因爲根據同一時辰星宿而推算，則對以掃和雅各①應作同樣的預言，可是兩人的遭遇截然不同。故知預言屬於虛妄，如果確實，則根據同樣的時辰星宿，應作出不同的預言。所以預言的應驗，不憑學問，而是出於偶然。

主啊，你是萬有最公正的管理者，你的神機默運不是占卜星命的術人所能窺見的。求你使那些推求命運的人懂得應該依照每人靈魂的功過聽候你深邃公正的裁奪。任何人不要再說：「這是怎麼回事？」「爲何如此？」任何人不要再如此，因爲我們不過是人。

7

我的依靠，你已經解除了我的束縛；雖則我仍在探索惡的來源，雖仍找不到出路，但你已不讓我飄搖無定的思想脫出對於你的存在，對於你不變的本體，對於你垂顧的人羣、審判萬民，對於在你的聖子，我們的主基督之中用公教會的權力核定的聖經啓引人類長生之道的信仰。

這些信仰已在我的思想由保持而趨於鞏固了；我更迫不及待地追究惡的來源。我的天主，我

①以掃和雅各是孿生兄弟，事見〈創世紀〉二十五章二十一——二十六節。

的心經受了多少辛苦折磨，發出了多少呻吟哀號！我卻不知你正在傾耳而聽。我暗中摸索，向你的慈愛號呼，這是內心無詞的懺悔。我所經受的，除你之外，更無人知。我的口向我最知己朋友們洩漏了多少呢？他們怎能聽到我內心的喧哄？我沒有時間也沒有足夠的言辭可以盡情傾吐。但一切只有上達到你耳際，「我的心在嗟吁吼叫，我的志願呈露在你面前，我眼睛的光明卻不和我在一起」①，因為這光明在我心內，而我則散逸於身外；這光明不在空間，而我則注視著空間的事物；我找不到安息之境，這些事物既不接納我，使我能說：「夠了，很好！」又不讓我重返較安的處所。因為我在你下面，但高出於這些事物之上；如果我服從你，你將是我的歡忭，你將使一切次於我的受造物服從我。這是所謂允執其中，是我得救的中庸之道，使我能繼續承襲你的肖像，能控馭著我的肉體而奉事你。可惜我妄自尊大，起來反抗你，「我挺著似盾了堅盾的頸項」②向我的主直闖，卑微的受造物便爬在我頭上，緊壓我，決不使我鬆過氣來。我舉目而望，只見它們成羣結隊，從各方面蜂擁而前；我想斂攝心神，而那些物質的影像已攔住我反身之路，好像對我說：「你想往哪裡去，不堪的醜鬼！」這一切都從我的創傷中爬出來，因為「你屈辱驕傲的人，使之如受重創」③；我的鴟張使我和你隔離，我浮腫的臉面使我睜不開眼睛。

---

①見〈詩篇〉三十七首九——十一節。

②見《舊約・約伯記》十五章二十六節。

③見〈詩篇〉八十八首十一節。

8

主，「你是永永存在」，但「並不永永向我們發怒」①，你憐憫塵埃灰土的我，你願意在你面前，改造我的醜惡。你用內心的錐刺來促使我徬徨不安，直至我心靈看到眞實的信光。我的浮腫因你的靈藥而減退了，我昏聵糊塗的心靈之目依仗苦口的瞑眩之藥也日漸明亮了。

9

最先你願意使我看到你是怎樣「拒絕驕傲的人，把恩寵賜給謙虛的人」②，你以多大的慈愛揭示人們謙虛的道路，既然「你的道成了血肉，寓於人世」③，你使一個滿肚子傲氣的人把一些由希臘文譯成拉丁文的柏拉圖派的著作介紹給我。

我在這些著作中讀到了以下這些話，雖則文字不同，而意義無別，並且提供了種種論證：「在元始已有道，道與天主同在，道就是天主；這道於元始即與天主同在，萬物由此而成，沒有他，便沒有受造；凡受造的，在他之內具有生命，這生命是人的光；這光在黑暗中照耀，黑暗卻沒有勝過他」；人的靈魂，雖則，「爲光作證，但靈魂不是光」，道，亦即天主自己，才是「普照一切入世之人的眞光，他已在世界上，世界本是藉他造成的，但世界不認識他」。至於「他來到了

①見〈詩篇〉三十二首十一節；八十四首六節。
②見《新約・雅各書》四章六節。
③見〈約翰福音〉一章十四節。

自己的領域，自己的人卻沒有接納他，凡接受他的人，亦即信他的名字的人，他給他們成為天主的子女的權能」①，這些話，我沒有讀到。

同樣，我看到：「道，亦即天主，不是由血氣，也不是由肉欲，也不是由男欲，而是由天主生的」，但我讀不到：「道成為血肉，寓居於我們中間。」②

我在這些著作中，還看到用不同的字句稱：「聖子本有聖父的形象，並不以自己與天主同等為僭越」，因為他的本體是如此；可是，「他反而紆尊降貴，甘取奴僕的形象，成為人的樣式，既取人身，就自卑自賤，存心順服，以至於死，而且死在十字架上，所以天主高舉他，使他的聖名超乎萬名之上，使天上、人間、地下的一切，聞耶穌之名而屈膝，衆口同聲稱耶穌為主，而歸榮於天主聖父」③，這種種都不見於這些著作中。

至於「你的獨子是在一切時間之前，超越一切時間，常在不變，與你同是永恒，靈魂必須飫受其豐滿，然後能致幸福；必須分享這常在的智慧而自新，然後能有智慧」，這些都不見於上述著作中。而「他按所定的日子為罪人死」，「你不愛惜你的獨子，使他為我們衆人捨生」④，卻找不到。這是因為「你將這些事瞞著明智的人，而啓示給稚子」，「使勞苦和負重擔的人都到他那裡去，他要使他們安息，因為他是良善心謙的」⑤，他引導溫良的人遵遁正義，以自己的道路

①見〈約翰福音〉一章一——十二節。
②同上，十三——十四節。
③見《新約・腓立比書》二章六——十一節。
④見《新約・羅馬書》五章六節；八章三十二節。
⑤見〈馬太福音〉十一章二十五，二十九節。

指示善良的人，他看見我們的卑賤、我們的困苦，他寬赦我們的罪。至於那些趾高氣揚、自以為出類拔萃的人，便聽不到：「跟我學習，因為我是良善心謙的，你們將找到你們靈魂的安息」①，「他們雖則知道天主，卻不視為天主而榮耀他，也不感謝他，他們的思想成為虛妄，無知的心就昏暗了，自稱聰明，反成愚蠢」②。

為此，我在這些著作中又看到了：「你光榮不朽的性體成為具有凡人禽獸蛇蟲等形狀的各式偶像」③，成為埃及的餚饌，以掃為此而喪失長子名分的餚饌④，因為你首出的民族，「心向埃及」⑤，不崇敬你，而去崇敬走獸的頭顱，使他們的靈魂——你的肖像——膜拜食草的牛像。

我在那些著作中讀到這一切，可是我沒有取食。主，你願意除掉次子雅各的恥辱，使「長子伺候次子」⑥，你又呼召外族來享受你的產業。我正從外族歸向你，我愛上你命你的子民從埃及帶走的金子，因為金子無論在哪裡，都是屬於你的。你通過你的使徒保羅告訴雅典人說：「我們在你之內生活、行動、存在」⑦，該派的有些學者也如此說，其實他們的學說即淵源於此。我並不措意於那些「將天主的眞理變成謊言，不敬事造物主而崇拜受造之物」⑧的人們用你的金子祭

①見〈馬太福音〉十一章二十五，二十九節。
②見〈羅馬書〉一章二十一節。
③同上，二十三節。
④事見〈創世紀〉二十五章。
⑤見《新約·使徒行傳》七章三十九節。
⑥見〈羅馬書〉九章十三節。
⑦見〈使徒行傳〉十七章二十八節。
⑧見〈羅馬書〉一章二十五節。

祀埃及的偶像。

10

你指示我反求諸己，我在你引導下進入我的心靈，我所以能如此，是由於「你已成為我的助力」。我進入心靈後，我用我靈魂的眼睛——雖則還是很模糊的——瞻望著在我靈魂的眼睛之上的、在我思想之上的永定之光。這光，不是肉眼可見的、普通的光，也不是同一類型而比較強烈的、發射更清晰的光芒普照四方的光。不，這光並不是如此的，完全是另一種光明。這光在我思想上，也不似油浮於水，天覆於地；這光在我之上，因為它創造了我，我在其下，因為我是它創造的。誰認識真理，即認識這光；誰認識這光，也就認識永恒。惟有愛能認識它。

永恒的眞理，眞正的愛，可愛的永恒！你是我的天主，我日夜向你呻吟。我認識你後，你就提升我，使我看到我應見而尚未能看見的東西。你用強烈的光芒照灼我昏沉的眼睛，我既愛且懼，屏營戰慄，我發覺我是遠離了你飄流異地，似乎聽到你發自天際的聲音對我說：「我是強者的食糧；你壯大後將以我為飲食。可是我不像你肉體的糧食，你不會吸收我使我同於你，而是你將合於我。」

我認識到「你是按照人的罪惡而糾正一人，你使我的靈魂乾枯，猶如蛛絲」①。我問道：「既然眞理不散布於有限的空間，也不散布於無限的空間，不即是虛空嗎？」你遠遠答覆我說：「我

①見〈詩篇〉三十九首十一節。

是自有的。」①我聽了心領神會，已絕無懷疑的理由，如果我再生疑竇，則我更容易懷疑我自己是否存在，不會懷疑「憑受造之物而辨識的」②眞理是否存在。

11

我觀察在你座下的萬物，我以爲它們既不是絕對「有」，也不是絕對「無」；它們是「有」，因爲它們來自你，它們不是「有」，因爲它們不是「自有」的。因爲眞正的「有」，是常在不變的有。「親近天主，爲我有益」③，因爲如果我不在天主之內，我也不能在我之內。而你則「常在不變而更新萬物」，「你是我的主，因而你並不需要我的所有」④。

12

我已清楚看出，一切可以朽壞的東西，都是「善」的；惟有「至善」，不能朽壞，也惟有「善」的東西，才能朽壞，因爲如果是至善，則是不能朽壞，但如果沒有絲毫「善」的成分，便也沒有可以朽壞之處。因爲朽壞是一種損害，假使不與善爲敵，則亦不成其爲害了。因此，或以爲朽壞並非有害的，這違反事實；或以爲一切事物的朽壞，是在砍削善的成分；這是確無可疑的

---

①見《舊約・出埃及記》三章十四節。
②見《新約・羅馬書》一章二十節。
③見〈詩篇〉七十二首二十八節。
④見〈智慧書〉七章二十七節；〈詩篇〉十五首二節。

事實。如果一物喪失了所有的「善」，便不再存在。因爲如果依然存在的話，則不能再朽壞，這樣，不是比以前更善嗎？若是一物喪失了所有的善，因之進而至於更善，則還有什麼比這論點更荒謬呢？因此，任何事物喪失了所有的善，便不再存在。事物如果存在，自有其善的成分。因此，凡存在的事物，都是善的；至於「惡」，我所追究其來源的惡，並不是實體；因爲如是實體，即是善；如是不能朽壞的實體，則是至善；如是能朽壞的實體，則必是善的，否則便不能朽壞。

我認識到，清楚認識到你所創造的一切，都是好的，而且沒有一個實體不是你創造的。可是你所創造的萬物，並非都是相同的，因此萬物分別看，都是好的，而總的看來，則更爲美好，因爲我們的天主所創造的，「一切都很美好」①。

13

對於你天主，絕對談不到惡；不僅對於你，對於你所創造的萬物也如此，因爲在你所造的萬有之外，沒有一物能侵犯、破壞你所定的秩序。只是萬物各部分之間，有的彼此不相協調，使人認爲不好，可是這些部分與另一些部分相諧，便就是好，而部分本身也並無不好。況且一切不相協調的部分則與負載萬物的地相配合，而地又和上面風雲來去的青天相配合。因此我們決不能說：「如果沒有這些東西多麼好！」因爲單看這些東西，可能希望更好的東西，但即使僅僅著眼於這些東西，我已經應該稱頌你了，因爲一切都在讚頌你，「地上所有的蛟龍與諸淵，火與雹，雪與

①見〈創世紀〉一章三十一節。

冰，遵行你的命令的狂飆，山岳與諸丘，果樹與諸香柏，野獸與諸牲畜，爬蟲與飛鳥，人君與萬民，首長與諸執法，少年與處女，老人與稚子都在讚頌」①你的聖名。況且天上也在歌頌你、我們的天主：「你的天使，你的軍旅，太陽太陰，發光的星辰，天上之天與天上之水」②，都在讚頌你的聖名。我不再希望更好的東西了，因為我綜觀萬有之後，雖則看到在上的一切優於在下的一切，但我更進一步的了悟，則又看出整個萬有尤勝於在上的一切。

14

誰不歡喜某一部分受造物，便是缺乏健全的理智，而我過去就是如此，因為在你所創造的萬物中，有許多使我嫌惡。可是我的靈魂，因為不敢對我的天主有所不滿，便不肯把嫌惡的東西視為同出你手，遂不免趨向兩種實體的說法，但這也不能使我靈魂安定，因為它只能拾取別人的唾餘。等到我回頭之後，又為我自己塑造了一個充塞無限空間的神，以為這神即是你，把這神像供養在我心中，我的靈魂重又成為我自己摶塑的而為你所唾棄的偶像的廟宇。但你在我不知不覺之中，撫摩我的頭腦，合上我的眼睛，不讓我的視覺投入虛幻，我便有些昏沉，我的狂熱已使我委頓了；及至甦醒後，便看見了無可限量的天主，迴異於過去的所見，這已不是由於肉體的視力。

①見〈詩篇〉一四八首七——十二節。
②同上，一——五節。

15

我再看其他種種，我覺它們都由你而存在，都限制於你的本體之內，但這種限制不在乎空間，而在於另一種方式之下；你用眞理掌握著一切，一切以存在而論，都是眞實；如以不存在爲存在，才是錯誤。

我又看出每種東西不僅各得其所，亦復各得其時；惟有你是永恒的存在，你的行動不是開始於無量數時間之後，因爲無論過去未來的一切時間，如果沒有你的行動，不因你的存在，這時間便不會去，也不會來。

16

我從經驗體驗到同樣的麵包，健康時啖之可口，抱病時食之無味；良目愛光亮，而病眼則有羞明之苦；這是不足爲奇的。你的正義尙且遭到惡人的憎恨，何況你所造的毒蛇昆蟲了，毒蛇昆蟲本身也是好的，適合於受造物的下層。惡人越和你差異，便越趨向下流；越和你接近，便越適應上層受造物。我探究惡究竟是什麼，我發現惡並非實體，而是敗壞的意志叛離了最高的本體，即是叛離了你天主，而自趨於下流，是「委棄自己的肺腑」①，而表面膨脹。

①見〈德訓篇〉十章九節。

17

我詫異我自己已經愛上了你，不再鍾情於那些冒充你的幻像了；但我還不能一心享受天主，我被你的美好所吸引，可是我自身的重累很快又拖我下墜，我便於呻吟中墮落了：這重累即是我肉體的沾染。但對於你，我總記住著，我已決不懷疑我應該歸向於你，可惜我還不能做到和你契合，「這個腐朽的軀殼重重壓著靈魂，這一所由泥土摶成的居室壓制著氾濫的思想」①。我確切了悟「你的永能和你的神性雖非肉眼所可窺見，但觀之於天地萬物之中，自能灼然辨識②。我研求著將根據什麼來衡量天地萬物的美好，如何能使我對可變的事物作出標準的評價，確定說：「這應該如此，那不應如此」；我又研究著我根據什麼下這樣的斷語的，我發現在我變易不定的思想之上，自有永恒不變的眞理。

這樣我逐步上升，從肉體到達憑藉肉體而感覺的靈魂，進而是靈魂接受器官傳遞外來印象的內在力量，也是禽獸所具有的最高感性。更進一步，便是辨別器官所獲印象的判斷力；但這判斷力也自認變易不定。因此即達到理性本身，理性提挈我的思想清除積習的牽纏，擺脫了彼此矛盾的種種想像，找尋到理性所以能毫不遲疑肯定不變優於可變，是受那一種光明的照耀——因爲除非對於不變有一些認識，否則不會肯定不變優於可變的——最後在驚心動魄的一瞥中，得見「存

①見〈智慧書〉九章十五節。
②見〈羅馬書〉一章二十節。

在本體」。這時我才懂得「你形而上的神性，如何能憑所造之物而辨認洞見」①，但我無力凝眸直視，不能不退回到原來的境界，僅僅保留著嚮往愛戀的心情，猶如對於無法染指的佳餚，只能歆享而已。

18

我希望能具有享受你的必要力量，我尋求獲致這力量的門路，可是無從覓尋，一直到我擁抱了「天主與人類之間的中保，降生成人的耶穌基督」②，他是「在萬有之上，永受讚美的天主」③，他呼喚我們，對我們說：「我是道路、眞理、生命」④，他因爲是「道成爲血肉」⑤，以自己的血肉作爲我們的飲食——但這時我還沒有取食的能力，——使你用以創造萬物的智慧哺乳我們的幼年。

我的謙卑還不足以占有我的天主，謙卑的耶穌，這還不能領會他的謙卑所給我的教訓。因爲你的道，永恒的眞理，無限地超越著受造物的上層部分，他提拔服從他的人到他身邊，他用我們的泥土在下界蓋了一間卑陋的居室，爲了促使服從他人克制自己，吸收他們到他身邊，治療他們

①見〈羅馬書〉一章二十節。
②見《新約・提摩太前書》二章五節。
③見〈羅馬書〉九章五節。
④見〈約翰福音〉十四章六節。
⑤同上，一章十四節。

的傲氣，培養他們的愛，使他們不至於依靠自身而走入歧途，使他們目睹卑以自牧的神性在他們腳下，穿著我們的「皮衣」①，因而也能安於微賤，能廢然自覺，俯伏於神性之前，神性將起而扶掖他們。

19

但我並不作如是想。我以為我的主基督不過是一個具有傑出的智慧、無與倫比的人物；我以為特別由於他神奇地生自童貞女，對於輕視現世和爭取不朽起了示範作用，他在天主對於我們的計畫中，享有教誨人類的非常威權。至於「道成為血肉」②，這一語的含義，我是絲毫未曾捉摸到。我從聖經上有關基督的記載中，僅僅知道他曾經飲食、睡眠、行路、喜樂、憂悶、談話，知道他的肉體必須通過靈魂和思想和你的道結合。凡知道你的道是永恒不變的，都知道這一點，我也照我能力所及知道這一點，並不有所懷疑。因為隨意擺動肢體或靜止不動，有時感受情感的衝動有時感不到，有時說話表達明智的意見，有時沉默不語，這一切都顯示出靈魂和精神的可變性。聖經所載耶穌基督的事蹟如有錯誤，則其餘一切也有欺誑的嫌疑，人類便不可能對聖經抱有得救的信心了。假使記載確實，則我在基督身上看到一個完整的人，不是僅有人的肉體，或僅有肉體靈魂而無理性，而是眞正的人，但我以為基督的所以超越任何人，不是因為是眞理的化身，而是

①見〈創世紀〉三章二十一節。
②見〈約翰福音〉一章十四節。

由於卓越的人格，更完美地和智慧結合。

阿利比烏斯以爲公教徒的相信天主取了血肉，不過相信基督是天主又是血肉，但沒有靈魂，因此也沒有人的理性；同時阿利比烏斯堅信世世相傳的基督一生事蹟，如不屬於一個具有感覺理性的受造物，便不可能如此；因此他對於基督教的信仰抱著趦趄不前的態度；以後他認識到過去的看法是阿波利那利斯派異端的謬論，因此欣然接受了公教信仰。

至於我呢，我是稍後才知道在「道成爲血肉」一語的解釋上公教信仰與福提努斯的謬論決裂。公教對異端徒的譴責揭示了你的教會的看法和純正的教義。「需要異端出現，才能使歷經考驗的人在軟弱的人中間顯示出來」①。

20

這時，我讀了柏拉圖派學者的著作後，懂得在物質世界外找尋眞理，我從「受造之物，辨識你形而上的神性」②，雖則我尚未通徹，但已認識到我靈魂的黑暗不容許瞻仰的眞理究竟是什麼，我已經確信你的實在，確信你是無限的，雖則你並不散布在無限的空間，確信你是永恒不變的自有者，絕對沒有部分的，或行動方面的變易，其餘一切都來自你，最可靠的證據就是它們的存在。對於這種種我已確信不疑，可是我還太軟弱，不能享受你。我自以爲明白，我高談闊論，但如果

①見〈哥林多前書〉十一章十九節。

②見〈羅馬書〉一章二十節。

我不在我們的救主基督內尋求出路，我不會貫通，只會自趨滅亡。我遍體是罪惡的懲罰，卻開始以智者自居，我不再涕泣，反而以學問自負。哪裡有建築於謙卑的基礎、基督上的愛？這些書籍能不能教給我呢？我相信你所以要我在讀你的聖經之前，先鑽研這些著作，是爲了使我牢記著這些著作所給我的印象；以後我陶熔在你的聖經之中，你用妙手裹治我的創傷，我能分辨出何者爲臆斷，何者爲服膺，能知道找尋目的而不識途徑的人，與找尋通往幸福的天鄉——不僅爲參觀而是爲了定居下來——的道路，二者有何區別。

因爲假如我先受你聖經的薰陶，先玩味你的聖經，然後接觸到這些著作，這些著作可能會推翻我誠信的基礎；即使我的情感上能堅持所受到的有益影響，可能我會認爲僅僅讀這些著作也能收到同樣的效果。

21

我以迫不及待的心情，捧讀著你的「聖神」所啓示的崇高著作，特別是使徒保羅的著作。過去我認爲保羅有時自相矛盾，和《舊約》的律法、先知書牴觸；這些疑難渙然冰釋之後，我清楚看出這些純粹的言論絕無歧異之處，我學會了「戰戰兢兢地歡樂」①。我開始下功夫，我發現過去在其他書籍中讀到的正確的理論，都見於聖經，但讀時必須依靠你的恩寵，凡有所見，不應「自誇，彷彿以爲不是領受來的」②，這不僅對於見到的應該如此，爲了能夠見到，也應如此，——

①見〈詩篇〉二首十一節。

②見〈哥林多前書〉四章七節。

因爲，「所有一切，無一不是受之於天主」①，——這樣，不僅爲了受到督促而求享見純一不變的你，也爲了治癒疾患而服膺不釋。誰遠離了你，不能望見你，便應踏上通向你的道路，然後能看見你，占有你。因爲一人即使「衷心喜悅天主的法律，可是在他肢體之中，另有一種法律，和他內心的法律對抗，把他囚禁於肢體的罪惡法律之中」②，他將如何對付呢？主啊，你是公義的，我們背道叛德，多行不義，「你的手沉重地壓在我們身上」③。我們理應交付於罪惡的宿犯，死亡的首領，因爲是他誘惑我們，使我們尤而效之，離棄眞理。這樣可憐的人能做什麼？「誰能挽救他脫離死亡的肉體？」只有憑藉你的恩寵，依靠我們的主、耶穌基督，他是你的聖子，和你同屬永恒，你「在造化之初」④創造了他，人世的統治者在他身上找不到應死的罪名，把他處死；「我們的罪狀因此一筆勾銷」⑤。

以上種種，那些書籍中都未寫出。在那些字裡行間，沒有惻款的氣色，沒有懺悔眼淚，也沒有「你所喜愛的祭獻，憤悱的精神，悲深痛切的良心」⑥，更沒有萬民的救援，你所許諾的聖城，「聖神」的保證，普渡人類的酒爵。所以那些書籍中，當然沒有人歌唱：「我的靈魂豈非屬於天

---

①見〈哥林多前書〉四章七節。
②見〈羅馬書〉七章二十一，二十三節。
③見〈詩篇〉三十一首四節。
④見《舊約・箴言》八章二十二節。
⑤見《新約・歌羅西書》二章十四節。
⑥見〈詩篇〉五十首十七節。

主嗎？我的救援自他而來，因爲他是我的天主，我的救援，我的堡壘；我安然更不飄搖。」①讀遍了那些書，誰也聽不到這樣的號召：「勞苦的人到我身邊來。」②他們藐視他的教誨，因爲他是「良善心謙的」③，因爲「你把這些事瞞住了聰明卓見的人，而啓示於弱小者」④。從叢林的高處眺望和平之鄉而不見道路，疲精勞神，徬徨於壙壤之野，受到以毒龍猛獅爲首的逋逃者重重進逼是一回事；遵循著天上君王所掌管的，爲逃避天上兵役的人們所不敢攔劫的，——因爲他們避開這條道路，猶如逃避刑罰一般——通向和平之鄉的道路，是另一回事。

我讀了自稱「使徒中最小的一個」，保羅的著作，這些思想憬然回旋於我心神之中，這時仰瞻你的神功偉績，我不禁發出驚奇的讚嘆。

①見〈詩篇〉六十一首二——三節。
②見〈馬太福音〉十一章二十八節。
③同上。
④同上，二十五節。

卷八

1

我的天主，我願回憶、誦說你對我的慈愛，藉以表示我的感激。希望你的愛使我浹肌淪髓，使我的骸骨說：「主，誰能和你相似？你解除了我的束縛，我要向你獻上歌頌之祭。」①我將敘述你怎樣解除我的束縛，希望崇拜你的人們聽了我的話，都能說：「願主受頌揚於上天下地；他的聖名是偉大而奇妙！」②

你的話已使我銘之肺腑，你已四面圍護著我。我已確信你的永恆的生命，雖則我還「如鏡中觀物，僅得其彷彿」③；但我對於萬物所由來的、你的不朽本體所有的疑團已一掃而空。我不需要更明確的信念，只求其更加鞏固。我的暫時的生命依舊在動盪之中，我的心需要消除陳舊的酵母；我已經愛上我的「道路」，我的救主，可是還沒有勇氣面向著崎嶇而舉足前進。

①見〈詩篇〉一一五首十六節。
②同上，七十六首二節。
③見〈哥林多前書〉十三章十二節。

你啓示我使我以爲應向西姆普利齊亞努斯請益。我認爲他是你的忠僕，在他身上顯示出你的恩寵。我聽說他自幼即熱心奉事你。這時他年事已高，他一生恪遵你的道路，我相信他具有豐富的經驗和廣博的見識。事實確是如此。因此我願意以我的疑難請他解決，請他就我當時的心境，指示我適當的方法，爲走你的道路。

看見教會中人才濟濟，各人有進修的方式。我已經討厭我在世俗場中的生活，這生活已成爲我的負擔。我先前熱中名利，現在名利之心已不能催促我忍受如此沈重的奴役了。由於我熱愛你的溫柔敦厚和你美輪美奐的住所，過去的塵情俗趣在我已不堪回首。但我對女人還是輾轉反側，不能忘情。使徒並不禁止我結婚，雖則他勸我們更能精進，希望人人能和他一樣。不中用的我卻選擇了比較方便的行徑；僅僅爲了這一事，我便爲其他一切纏擾得沒精打采，種種顧慮將我磨難，因我既已接受婚約的約束，對於我不願承當的其他負擔也必須配合著夫婦生活而加以適應。

我曾聽到眞理親口說過：「有些人是爲了天國而自閹的；可是誰能領受的，就領受吧！」①「那些不認識天主的人，都是昏愚的人，因爲他們徒見悅目的東西，而不識物之所從來。」②我已經破除了這種昏愚，已能高出一籌，從萬有的證據中找到你天主，我們的創造者，找到你的「道」，與你同在的天主，與你同是唯一的天主，你因他而創造萬物。

①見〈馬太福音〉十九章十二節。
②見〈智慧書〉十三章一節。

另有一種大逆不道的人，「他們雖然認識天主，卻不當作天主去光榮他，感謝他」①。我也曾墮入此種錯誤之中，你的手拯救我出來，把我安放在能治癒疾病的處所，因爲你對人說過：「誠信即是智慧」；「不要自以爲聰明，因爲誰自稱爲聰明，誰就成爲愚蠢」②。我已經找到了「明珠」，我本該變賣所有一切將它購進，而我還在遲疑不決。

2

我去謁見西姆普利齊亞努斯，對於蒙受你的恩寵而言，他是當時主教安布羅西烏斯的授洗者，安布羅西烏斯也敬愛他猶如父親一般。我向他講述了我所犯錯誤的曲折情況。他聽到我讀到柏拉圖派的一些著作，這些著作是由已故羅馬雄辯術教授維克托利努斯譯成拉丁文的，我曾聽說維克托利努斯將近逝世之前信了基督教；當時西姆普利齊亞努斯向我道賀，因爲我沒有涉獵其他滿紙讕言的形而下的哲學著作，至於柏拉圖派的學說，卻用各種方式表達天主和天主的「道」。接著他勉勵我效法基督的謙卑，這種謙德是「瞞著明智的人而啓示於稚子的」③；他又向我追述維克托利努斯的事蹟，他在羅馬時和維克托利努斯非常投契；我將他所講述的傳錄出來，因爲這事使我們興奮地讚頌你所賜予的恩寵。這位維克托利努斯，耆年博學，精通各種自由學術，而且批判過許多哲學著作，一時高貴的元老多出於他門下，由於他對教育的卓越貢獻，受到舉世所公認的

①見〈羅馬書〉一章二十一節。
②同上，二十二節。
③見〈馬太福音〉十一章二十五節。

最大榮譽：人們在市場上建立他的紀念像：可是一直到那時候，他還敬奉偶像，參加著羅馬貴族和民衆舉國若狂的褻瀆神聖的淫祀，如奧賽烈司、各種妖神和犬首人身的阿奴俾斯，他們曾和「涅普頓、維納斯、密納發對抗」①交戰；羅馬戰勝他們後，反而向他們崇拜！老年的維克托利努斯多少年來用他驚人的口才充任他們的護法，但他絕無顧慮地成爲你的基督的奴隸，而你的泉水下的嬰孩終於引頸接受謙遜的軛，俯首接受十字架的恥辱。

主啊！「你使諸天下垂，你親自陟降，你一觸山，而山岳生煙」②，你用什麼方法進入這樣一個人的心靈中呢？

西姆普利齊亞努斯說，維克托利努斯讀了聖經，又非常用心地鑽研基督教的各種書籍。他私下對西姆普利齊亞努斯眞心地說：「你知道嗎？我已經是基督的信徒了！」西姆普利齊亞努斯回答說：「除非我看見你在基督的聖堂中，我不相信、我也不能認爲你是信徒。」他便笑著說：「那麼牆壁能使人成爲信徒了！」他屢次說自己是信徒，西姆普利齊亞努斯屢次作同樣的答覆，而他也屢次重複牆壁的笑話。其實他是害怕得罪朋友們，害怕得罪那些傲慢的魔鬼崇拜者，害怕他們從巴比倫城上，猶如從尙未被天主砍斷的黎巴嫩的香柏樹梢上對他仇視而加以打擊。但他經過熟讀深思，打定了堅定的主意，他擔心自己害怕在人前承認基督，基督也將在天主的使者之前不認識他；他覺得自己以你的「道」自卑自賤的奥跡爲恥辱，而對於自己效法傲魔，舉行魔鬼的淫祀

①見味吉爾《埃涅依斯》卷八，六九八句。

②見〈詩篇〉一四三首五節。

卻不以為恥，這種行徑眞是荒謬絕倫。因此他對於誕妄之事，便無所惶慮，而在眞理之前深覺慚愧。所以突然對西姆普利齊亞努斯說：「我們一起往聖堂中去；我願意成為基督徒！」西姆普利齊亞努斯自言這事出乎他意料之外。便喜不自勝，陪他去了。他學習了基本教義後，不久就要求領受使人重生的「洗禮」；此事在羅馬引起了驚愕，教會卻只是歡忭。驕傲的人們看到憤恨、切齒，怒火中燒；但是，主啊，為你的僕人，你是他的希望，他已不再措意於那種虛妄欺誣的瘋狂了。

最後信仰宣誓的時刻到了。在羅馬，誓文有一定格式，凡將受洗禮的人事先將誓文記住，屆時站在高處，向教友羣衆朗誦。那時神職人員請維克托利努斯採用比較隱秘的方式，凡比較膽怯怕羞的人往往得採取這種方式，但維克托利努斯寧願在神聖的羣衆之前表示自己的得救。他以為他所教的雄辯術與救援無關，尚且公開講授，不怕在瘋狂的人羣之前發揮自己的見解，那麼更何憚於在你的馴順的羊羣前宣布你的言論？因此他上台宣誓了，聽衆認識他的，都在相互指稱他的名字，帶著低低的讚嘆聲。可是誰不認識他呢？在皆大歡喜中，可以聽到勉強抑制的歡呼：「維克托利努斯！維克托利努斯！」大家一看見他登台，歡欣鼓舞的情緒突然爆發了，但很快就肅靜下來，都聚精會神地傾聽著。他帶著非常的信心，琅琅誦讀著眞實的信仰誓文。大家都想擁抱他，把他迎接到自己心中。的確大家都用敬愛和歡樂的雙手去擁抱他。

3

好天主啊！人們對於一個絕望的靈魂從重大的危險中獲得救援，比了始終有得救希望或遭遇尋常危險的靈魂，更覺得快樂，這種心情從何而來的呢？你，慈悲的父親，你也「對於一個罪人悔改，比較對九十九個不用悔改的義人更歡喜」①。我們懷著極大的喜悅，聽得牧人找到迷途的羊，歡歡喜喜地負荷在肩上而歸，和婦人在四鄰相慶中把找到的一塊錢送回你的銀庫中。讀到你家中的幼子「死而復生，失而復得」，我們也為之喜極而涕，來參加你家庭的大慶。這是你在我們心中，在具有聖愛的神聖天使心中所享的快樂，因為你是始終不變的，你永遠不變地注意著一切有起有訖、變化不定的事物。

人們對於所愛的東西失而復得，比了保持不失感到更大的快樂，這種心情究竟從何而來的呢？許多事例證明這一點，一切都提出證據，叫喊說：「確然如此。」戰勝的元首舉行凱旋禮，如果不戰不會勝利；戰爭中危險愈大，則凱旋時快樂也愈甚。航海者受風浪的簸弄，受覆舟的威脅，都膽戰心驚等待與波臣為伍，忽然風浪平息，過去的恐怖換取了這時欣慰。一個親愛的人害病，脈息顯示他病勢嚴重，希望他轉好的人們，心中是和他一起害病。等到病勢減輕，雖則元氣尚未恢復，還不能行走，但人們所感到的愉快絕不是他未曾患病、健步行走時所能感覺的。人生愉快的心情，不僅來自突然的、出乎意外的遭遇，也來自預定的、自尋的煩惱。一人不先感到飢渴，便享受不到飲食的樂趣。酒鬼先吃些鹹澀的東西，引起舌根的不快，然後飲酒時酣暢地消除這種苦味。習慣規定訂婚後不立即結婚，使未婚夫經過一個時期的想望，成婚後對妻子更加愛護。

①見《新約·路加福音》十五章七節。

對於可恥的、卑鄙的樂趣是如此；對於許可的、合法的快樂是如此；對於最眞誠的、正當的友誼也是如此；甚至對於兒子的「死而復生、失而復得」也不例外；無論哪種情況，事前憂患愈重，則所得快樂也愈大。

主，我的天主，這究竟是怎麼回事？你爲你自己是永恆的快樂，而在你周圍的受造物也以你爲快樂。但爲何自然界的一部分有消長逆順的不同？是否上及九天，下至九淵，前乎邃古之初，後至世紀之末，天使之尊，蟲蟻之賤，自第一運動至最後運動，你安排著各類的美好以及一切合理的工程，使之各得其所，各得其時，事物必然有此情況？確然如此，你眞是高於九天，深於九淵！你從不離開我們，可是我們要回到你身邊是多麼困難！

4

主，請你促醒我們，呼喚我們，熏炙我們，提撕我們，融化我們，使我們心悅誠服，使我懷著熾熱的心情向你追蹤。不是有許多人從更深於維克托利努斯的昏昧黑暗中，回到你身邊嗎？他們靠近你，便獲得光明，受到照耀；獲得了光明，也就獲得了成爲你的子女的權利。這些人的事蹟不如維克托利努斯爲大衆所熟悉，知道的人也不如那樣高興。因爲大家歡喜，於是大家也更加高興，相互之間能發出聲應氣求的熱情。所以聲名赫奕的人能挈帶人們趨受得救的恩寵；他們是先覺，別人自會效其所爲。爲此，比他們更先進的人，當然也感到極大的興奮，因爲他們的快樂並非僅僅爲了少數有名望的人。

在你的居處，絕對沒有貧富貴賤的畛域。你反而「揀選了世上的弱者，使那些強有力者自感羞愧，揀選了世上的賤者和世俗所認爲卑不足道而視若無物者，使有名無實者歸於烏有」①。但使徒中最小的一位，你通過他的喉舌發出上面這些話的，他戰勝了總督保羅的驕傲，使之接受你的基督的輕軛，降爲天地大君的庶民；他爲了紀念這一偉大卓越的勝利，願意把自己的原名掃羅改爲保羅②。譬如敵人對某一人控制得越厲害，而且利用這人進而控制更多的人，則敵人在這人身上遭到的失敗也越嚴重。大人先生們，由於他們的聲望，更是受敵人控制的目標，敵人正可利用他們控制更多的人。你的孩子們想到維克托利努斯的心過去如何爲魔鬼所掌握，視爲不可攻克的堡壘，魔鬼利用他的口舌作爲銳利的強弩，射死了多少人，而現在目睹我們的君王捆縛了這個力士，把他的器械收繳，洗煉之後，成爲「合乎主用，準備盛置各種善事」③的寶器，不是更該手舞足蹈嗎？

5

你的僕人西姆普利齊亞努斯講完了維克托利努斯的故事後，我是滿心想效法他，這正是西姆普利齊亞努斯講述這故事的目的。他又附帶說，猶利安帝④在位時，明令禁止基督徒教授文學和雄辯術，維克托利努斯遵照法令，寧願放棄信口雌黃的教席，不願放棄你「使嬰兒的唇舌伶俐善辯」⑤的聖「道」。我以爲他的運氣不下於他的毅力，因爲他能以全部時間供獻於你了。我是嘆

①見〈哥林多前書〉一章二十七節。
②事見〈使徒行使〉十三章七——十二節。
③見〈提摩太后書〉二章二十一節。
④猶利安（約三三一——三六三），三六一年為羅馬皇帝，世稱「叛教者」。
⑤見〈智慧書〉十章二十一節。

息想望著這樣的安閑時間。我並不爲別人的意志所束縛，而我自己的意志卻如鐵鍊一般地束縛著我。敵人掌握著我的意志，把它打成一條鐵鍊緊緊地將我縛住，因爲意志敗壞，遂生情欲，順從情欲，漸成習慣，習慣不除，便成爲自然了。這些關係的連鎖——我名之爲鐵鍊——把我緊纏於困頓的奴役中。我開始萌芽的新的意志，既無條件爲你服務，享受你天主，享受唯一可靠的樂趣的意志，還沒有足夠的力量去壓伏根深柢固的積習。這樣我就有了一新一舊的雙重意志，一屬於肉體，一屬於精神，相互交綏，這種內訌撕裂了我的靈魂。

從親身的體驗，我領會了所談到的「肉體與精神相爭，精神與肉體相爭」①的意義。我正處於雙重戰爭之中，但我更傾向於我所贊成的一方，過於我所排斥的一方。因爲在我所排斥的一方，更可以說我並非自覺自願地做而大部分出於勉強承受。習慣加緊向我進攻，這也未嘗不是我自己造成的，因爲我是自願走到我所不願去的地方。懲罰跟著罪惡，這也是理所當然的，誰能提出合法的抗議？我過去往往以爲我的不能輕視世俗而奉事你是由於我對眞理認識尚未足夠，我也不能用這種假定來推卸罪責，因爲我已確切認識眞理。我還和世俗牽連著，不肯投到你麾下，我的害怕消除牽累，無異於人們害怕沾惹牽累。

世俗的包袱，猶如在夢中一般，柔和地壓在我身上；我想望的意念，猶如熟睡的人想醒寤時所作的掙扎，由於睡意正濃而重複入睡。誰也不願意沉沉昏睡，凡頭腦健全的人都願意醒者。但四體非常疲乏之時，往往想多睡片刻。即使起身的時間已到，不宜再睡，可是還有些依依不捨。同

①見《新約・加拉太書》五章十七節。

樣，我已確知獻身於你的愛比屈服於我的私欲更好。前者使我服膺，馴服了我；後者使我依戀，纏繞著我。你對我說：「你這睡著的人，應當醒過來，從死中復活，基督就要光照你了。」①我是沒有一句話回答你。你處處使我看出你所說的都眞實可靠，眞理已經征服了我，我卻沒有話回答，只吞吞吐吐、懶洋洋地說：「立刻來了！」「眞的，立刻來了！」「讓我等一會兒。」但是「立刻」，並沒有時刻；「一會兒」卻長長地拖延下去。我的內心喜愛你的法律是無濟於事的，因爲「我肢體中另有一種法律，和我心中的法律交戰，把我擄去，叫我順從肢體中犯罪的法律。」②犯罪的法律即是習慣的威力，我的心靈雖然不願，但被它挾持，被它掌握；可惜我是自願入其彀中，所以我是負有責任的。我眞可憐！「除了通過我們的主耶穌基督，依靠你的恩寵外，誰能救我脫離這死亡的肉身？」③

6

我將敘述你怎樣解除了緊緊束縛著我的淫欲與俗務的奴役；主啊，我的救援，我的救主，我將稱頌你的聖名。

我照常生活著，但我的苦悶有增無已，我天天向你嘆息，每逢壓在我身上使我呻吟的事務外，一有餘暇，便經常到聖堂中去。阿利比烏斯和我在一起，他第三次擔任法律顧問後，已經停止這

①見〈以弗所書〉五章十四節。
②見〈羅馬書〉七章二十二——二十五節。
③同上。

方面的事務，這時正好閑著，等待機會再出售他的法律顧問，和我出售雄辯術一樣——如果這種技術可能有人請教的話。內布利提烏斯爲了我們的友誼而自願犧牲，擔任凡萊公都斯的助教。凡萊公都斯是我們最知己的朋友，米蘭人，在米蘭教授文法；他希望，而且以朋友的名義要求我們中間有一人能赤膽忠心地幫助他，因爲他覺得非常需要。內布利提烏斯的所以如此，並非爲了利益，——照他的才學，如果他願意的話，能找到更好的出路——這位非常忠厚、非常和氣的朋友，爲了體貼我們，不願拒絕我們的要求。他辦事非常謹愼，避免世俗場中那些大人物的賞識，因此也避免了這方面可能帶來的麻煩，他願意保持精神的自由，盡量取得空餘的時間，以便對於智慧進行研究、閱讀或討論。

一天，我和阿利比烏斯在家——內布利提烏斯外出，原因我已記不起來了——有一位客人，名蓬提齊亞努斯，訪問我們；他是非洲人，是我們的同鄉，在宮中擔任要職：我已記不起他向我們要求什麼。我們坐下來交談著。他偶然注意到在我們面前一張安放玩具的桌子上有一本書，他拿了過來，翻開一看，是使徒保羅的書信。當然這是出乎他意料之外的。他本來想是我教學用的一本書。他含笑望著我，向我道賀，對於他意外發現在我跟前僅有的這一本書表示驚訝。他是一個熱心的教友，經常到聖堂中去，跪在你、我們的天主之前作長時的祈禱。我對他說，我現在特別致力研究這書。他便向我講起埃及隱修士安東尼①的事蹟，安東尼的名字早已盛傳於你的僕人之中，但直到那時，我們還是初次聽到。他知道這情況後，即在這題目上，把這樣一個偉大人物

①安東尼（約二五一——約三五六），古代基督教著名的隱修士。

介紹給我們這些少見多怪的朋友，他也不免詫異我們的孤陋寡聞。我們聽了自己不勝驚奇，竟在這樣近的時代，就在我們的並時，你的靈異的跡象在純正的信仰中，在公教會內顯示了確切不移的證據。對於如此偉大的事蹟，我們大家同聲驚嘆，而他卻納罕我們的懵懂無知。

他談到了許多隱修院，談到隱修士們德行的馨香如何上達天庭，如何在曠野中結出豐盛的果實；這一切爲我們都是聞所未聞的。而且就在米蘭城外，有安布羅西烏斯創辦的一所隱修院，院中住滿了熱心的隱修士，我們也從未得知。蓬提齊亞努斯講得娓娓不倦，我們穆然靜聽。他又講到某一天，在特里爾城中，那天午後皇帝來觀馬車競賽，他和同事三人在城牆附近一個花園中散步，他們四人分作兩起，蓬提齊亞努斯和一人是一起，其餘兩人又是一起，各自信步閑行。其餘兩人走向一間小屋，屋中住著你的幾位僕人，是「天國爲他們所有」①的神貧者。這兩人進入屋中看見一卷安東尼的傳記。其中一人取而閱讀頓覺驚奇、興奮，一面讀，一面想度如此生活，預備放棄官職，爲你服務。這兩人都是皇帝的近臣。而此人竟然勃發神聖的熱情，感到眞純的悔恨，睜眼注視著他的朋友說：「請你告訴我，我們如此殫心竭力，希望達到什麼目標？我們究竟追求什麼！我們爲誰服務？我們在朝廷供職，升到『凱撒之友』②，不是榮寵已極嗎？即使幸獲這種職位，也不是朝乾夕惕，充滿著危險嗎？眞的，冒了很大危險，不過爲了踏上更大的危險！況且什麼時候才能到達呢？不如爲『天主之友』，只要我願意，立即成功了。」

①見〈馬太福音〉五章三節。
②「凱撒之友」在羅馬帝制時代，形成一個特殊階層，往往擔任最重要的職位。

他說這些話時，正處於新生命誕生的緊張階段中。他的目光回到書本上，他繼續下去，他的內心正在變化；只有你能明鑒。他遺世絕俗的意志很快就表現出來。他讀此書時，思潮起伏洶湧，他望準了更好的方向，當機立斷，已經成爲你的人了。他對他朋友說：「我已將我的功名意願毅然斬斷，我已決定奉事天主了。此時，此地，我即實行。如果你不同情於我，則不要阻止我。」那一位回答說，願和他同享這種賞報，分擔這項工作。他們已經屬於你了。他們放棄了所有一切，追隨你，用了必要的代價，共同起造救生的寶塔。

這時，蓬提齊亞努斯和另一位正在花園另一部分散步，開始找尋他們兩人，找到後，催促他們回去，因爲天色已晚。兩人便告訴他們自己打下什麼主意和計畫，又說明了這種願望產生的經過，表示已經下了決心，要求他們如果不願參加，則亦不要阻撓。蓬提齊亞努斯說，他自己和那一位朋友雖與這兩人分道揚鑣，但不免泣下沾襟，同時向他兩人祝賀，並請他們代爲祈禱，便帶著一顆人世的功名心回到朝中，那兩人卻遜心天上，從此棲隱於小屋之中。

那兩人都已訂婚，兩位未婚妻聽到這消息後，便也守貞不字，獻身於天主。

7

蓬提齊亞努斯講了這些事。主啊！在他談話時，你在我背後拉著我，使我轉身面對著自己，因爲我背著自己，不願正視自己；你把我擺在我自己面前，使我看到自己是多麼醜陋，多麼委瑣齷齪，遍體瘡痍。我見了駭極，卻又無處躲藏。我竭力想逃避我的視線，而蓬提齊亞努斯還在講述他的故事，你又把我按在我前面，強我去看，使我猛省而痛恨我的罪惡。我認識了，但我閉上眼睛，強自排遣，於是我又淡忘了。

當時，我越佩服他們兩人能激發有益的熱情，貢獻全身，聽憑你治療，相形之下，越覺得自己的可恥，便越痛恨自己。從我十九歲那年讀了西塞羅的《荷爾頓西烏斯》一書引起我對智慧的愛好後，多少年月悠悠過去了——大約十二年——我始終流連希冀於世俗的幸福，不致力於覓取另一種幸福，這種幸福，不要說求而得之，即使僅僅以嚮往之心，亦已勝於獲得任何寶藏，勝於身踐帝王之位，勝於隨心所欲恣享淫樂。可是我這個不堪的青年，在我進入青年時代之際已沒出息，那時我也曾向你要求純潔，我說：「請你賞賜我純潔和節制，但不要立即賞給。」我怕你立即答應而立即消除我好色之心，因爲這種病態，我寧願留著忍受，不願加以治療。我又走上狂悖迷信的邪路，但對於這種迷信，我本無眞實信心，不過以爲較優於其他理論，而所謂其他，我卻無意誠求，只不過抱著敵對的態度加以攻擊。

我自以爲我的趦趄不前，不肯輕視世俗的前途而一心追隨你，是由於我沒有找到確切的南針，來指示我的方向。但時間到了；我終於赤裸裸地暴露在我面前，我的良心在譴責我：「你還有什麼話說？你一直藉口找不到明確的眞理，所以不肯拋棄虛妄的包袱。現在你可明確了，眞理在催迫你，只要你脫卸負累，自會生翅高飛，已不必辛苦探索，更無須再費一二十年的深思熟慮了。」

我的心靈在腐蝕著，蓬提齊亞努斯講述時，我感到非常可怕的羞愧。他講完後，辦好了應辦的事，告辭而去。我以心問心，自怨自艾，我對我自己什麼話沒有說過？我思想的鞭策爲了催促我努力跟隨你曾多少次打將下來？我倔強，我抗拒，並不提出抗拒的理由。理由已經說盡，都已遭到駁斥。剩下的只是沈默的恐懼，和害怕死亡一樣，害怕離開習慣的河流，不能再暢飲腐敗和死亡。

8

當我和我的靈魂在我的心境中發生劇烈的爭哄時，我的面色我的思想也同樣緊張，我衝到阿利比烏斯那裡，叫喊道：「我們等待什麼？你沒有聽到嗎？那些不學無術的人起來攫取了天堂，我們呢？我們帶著滿腹學問，卻毫無心肝，在血肉中打滾！是否他們先走一步，我們便恥於跟隨他們？不是更應該慚愧自己沒有跟隨嗎！」

我對他大概說了這一類的話，我激動的情緒將我從他面前拉走；他不作聲，驚愕地望著我。我的話不同於尋常。我的額，我的面頰，我的眼睛，我的氣色，我說話的聲音，比我的言詞更表示出我內心的衝動。

我們的寓所有一個小花園，屋子和花園都聽憑我們使用，因爲屋主並不住在那裡。我內心的風暴把我捲到花園中。那裡沒有人來阻止我自己思想上的劇烈鬥爭；鬥爭的結局，你早已清楚，我那時並不知道。但這種神經失常有益於我；這種死亡是通向生命。那時我了解我的病根在哪裡，卻不知道不久就要改善。

我退到花園中，阿利比烏斯是寸步不離地跟在我後面。即使有他在身邊，我依舊覺得我是孤獨的。況且他看見我如此情形，能離我而去嗎？

我們在離開屋子最遠的地方坐定下來。我的內心奔騰澎湃著憤慨的波濤，恨自己爲何不追隨你的意志，接受你的約法；我的天主，我全身骨骼都對此發出呼號，它們的歌頌聲上徹雲霄。爲達到這目的地，並不需要舟楫車馬，甚至不需要走像從我們所生之處到屋子那樣短短的一段路程。因爲走往那裡，甚至到達那裡，只需願意去，抱有堅強而完整的意志，而不是只有半身不遂，左右搖擺，半起半仆，半推半就，掙扎爭抗的意志。

正在心煩意亂之際，我的手足作出許多動作，這些動作，如果一人手足殘缺，或手足被束縛著，或四肢乏力，或因其他原因而不能動彈，則即使要做也沒有這能力。我搔頭，敲額，抱膝，這些動作是因爲我要，才做出來。假如手足不聽我指揮，那麼即使我要做也做不到。這一方面，有許多動作，我的意願和動作是不一致的。但另一方面，我又不做那些我以非常熱烈的意願所想望的事，這些事，只要我願意做，立刻就能做；只要我眞正願意，就能如願以償；這一方面，能力和意願是一致的；願意即是行動。但我並不行動。我的肉體很容易聽從靈魂的驅使，念頭一轉，手足跟著動了；我的靈魂卻不容易聽從自己的意志，完成重大的願望。

9

那裡來的這種怪事？原因何在？請你的慈愛照耀我，使我盤問一下人類所負擔的神秘懲罰，和亞當子孫潛在的苦難，如果它們能答覆我的話。這種怪事哪裡來的？原因何在？靈魂命令肉體，肉體立即服從；靈魂命令自己，卻抗拒不服。靈魂命手動作，手便應命而動，發令和執行幾乎不能區分先後，但靈魂總是靈魂，手是屬於肉體的。靈魂命令靈魂願意什麼，這是命令自己，卻不見動靜。這種怪事哪裡來的呢？原因何在？我說，靈魂發令願意什麼，如果靈魂不願，便不會發令，可是發了命令，卻並不執行。

其實靈魂並不完全願意，所以發出的命令也不是完全的命令。命令的尺度完全符合願意的尺度，不執行的尺度也遵照不願意的尺度，因爲意志下令，才有意願，這意願並非另外一物，即是意志本身。於此可見，靈魂不是以它的全心全意發出命令，才會令出不行。如果全心全意發出命令，則即無此命令，意願亦已存在。因此意志的游移，並非怪事，而是靈魂的病態。雖則有眞理扶持它，然它被積習重重壓著，不能昂然起立。因此可見我們有雙重意志，雙方都不完整，一個有餘，則一個不足。

10

我的天主，有人以意志的兩面性爲藉口，主張我們有兩個靈魂，一善一惡，同時並存。讓這些人和一切信口雌黃、妖言惑衆的人，一起在你面前毀滅！這些人贊成這種罪惡的學說眞是敗類。倘使他們能接受正確的見解，和堅持眞理的人一心一德，自然會變惡爲善。那麼我們便能用使徒保羅的話對他們說：「從前你們是黑暗，如今在主裡面成爲光明。」①他們不願「在主裡面」，想在自己身內成爲光明，以爲靈魂的本體即是神的本體，這樣便加深了他們的黑暗，他們由於這種滔天的傲慢，所以和你「照耀入世之人」②的眞光距離更遠了。你們該考慮你們所說的話，該自知慚愧，「快靠攏他，你們必將受到光照，你們便不會面紅耳赤了」③！

①見〈以弗所書〉五章八節。
②見〈約翰福音〉一章九節。
③見〈詩篇〉三十三首六節。

在我考慮是否就獻身於我的主、天主時，我本已有此計畫，願的是我，不願的也是我，都是我自己。我既不是完全願意，也不是完全不願意。我和我自己鬥爭，造成了內部的分裂，這分裂的形成，我並不情願；這並不證明另一個靈魂的存在，只說明我所受的懲罰。造成這懲罰的不是我自己，而是「盤據在我身內的罪」①，是為了處分我自覺自願犯下的罪，因為我是亞當的子孫。

如果有多少彼此對立的意願，便有多少對立的本性，那麼一人身上不僅有兩個本性，該有許多本性。一人在考慮是否去開會②，或是去看戲，他們便說：「那不是兩個本性嗎？一個向善，一個向惡。否則這種敵對意願的迷惘從哪裡來的呢？」我說，這兩個意願，一個要到他們那裡去，一個要去看戲，都是壞的。但摩尼教徒認為要到他們那裡去是個好主意。那麼，假如我們的人也在兩種意願對立之下猶豫不決，考慮是否去看戲，還是到聖堂中去，摩尼教徒也將遲疑而難於置答了。因為他們或是承認——他們是不肯承認的——到聖堂中去，和領受了聖事的人經常到聖堂中去一樣，是出於好的意志；或是承認一個人身上存在兩個對立的壞的本性，兩個壞的意志；那麼他們所說的一善一惡，是不正確的；或是他們將歸向真理，不再否認一人在考慮時，是一個靈魂在兩種意願之間搖擺不定。

因此，希望他們感覺一人身上有彼此對立的雙重意志時，不再主張有一善一惡兩個對立的靈魂，具有兩種對立的本體，來自兩個對立的本原。你，真實無妄的天主，你是反對他們，駁斥他

①見〈羅馬書〉七章十七節。
②按指摩尼教徒的集會，本節是針對摩尼教而言。

們，揭露他們：一人有兩個壞主意，譬如一人考慮用毒葯或用武器去殺人；強占這一家或那一家的田地；財色不能兼得時，考慮花大量金錢去享樂，還是一毛不拔做守財奴；又如兩種娛樂在同一天舉行，考慮去看戲還是去看賽車；還可以加上第三個主意：如有機會，到別人家中去偷東西；或是第四個主意：如果有同樣的機會，去和人幽會；這些機會如果同時來到，都合他的心意，但不能同時進行，這樣那人的靈魂就被四種或更多的對立意志所臠割，因爲人們的欲望簡直太多了！但魔尼教徒對這一大批不同的本性往往隻字不提！

對於好的意志也是如此。如果我問他們：「愛讀使徒的書信好不好？欣賞一篇莊嚴的聖詩好不好？解釋〈福音〉好不好？」他們一定說：「好。」那麼，如果同時歡喜這一切，我們的心不是被不同的意志東拉西扯嗎？這些意願都好，可能彼此相持不讓，直到我選擇其中之一，使分歧的意志成爲統一。

同樣，永遠的眞福在上提攜我們，而塵世的享受在下控引我們，一個靈魂具有二者的愛好，但二者都不能占有整個意志，因此靈魂被重大的憂苦所割裂：眞理使它更愛前者，而習慣又使它捨不下後者。

11

我被這種心疾折磨著，我抱著不同於尋常的嚴峻態度責斥我自己，我在束縛我的鎖鍊中翻騰打滾，想把它全部折斷。這鎖鍊已經所剩無幾，可是依舊繫縶著我。主，你在我心坎中催迫我，你嚴肅的慈愛用恐懼悔恨的鞭子在加倍地鞭策我，不使我再鬆動不去擰斷剩下的細脆的鍊子，任憑它獲得新的力量，把我更加牢牢束縛。

我在心中自言自語說：「快快解決吧！快快解決吧！」我的話似已具有決定性，即欲見之行事，可是還不下手；我並不回到過去的復轍，但站在邊緣上喘息。我再鼓足勇氣，幾乎把握到了，眞的幾乎得手了，已經到了手掌之中，入我掌握了。不，不，我並沒有到達，並沒有到手，並沒有掌握；我還在遲疑著，不肯死於死亡，生於生命；舊業和新生的交替，舊的在我身上更覺積重難返；越在接近我轉變的時刻，越是使我惶恐，我雖並不因此卻步，但我不免停頓下來了。

拖住我的是那些不堪的、浪蕩虛浮的舊相好；它們輕輕地扯我肉體的衣裾，輕輕地對我說：「你把我們拋開了嗎！」「從此以後，我們不再和你一起了！」「從此起，這些、那些，爲你都不許可了！」我把「這些，那些」包括它們所暗示的一切，我的天主啊，它們暗示些什麼呢？求你的慈愛把這一切從你僕人的靈魂中全部掃除出去！多麼醜惡，多麼可恥！它們的聲音，我聽見的還不到一半，因爲它們不是面對著我，肆無忌憚地反對我，而是好像在我背後竊竊私語，見我要走，便偷偷拉我，想叫我回過頭來。它們拉住我，因爲我猶豫不肯就走，不肯對它們毅然決絕，奔向呼喚我的地方去；我的強悍的習慣在對我說：「你以爲沒有這一切，你能生活下去？」

但這句話已經說得沒精打采了。因爲在我前面，我害怕去的那一面，呈現著純潔莊嚴的節制，明朗而肅穆地微笑著，莊重地邀請我上前，向我伸出充滿著聖善的雙手，準備接納我，擁抱我。那裡有多少兒童，多少青年，多少年齡不同的人，有可敬的節婦，有老年的貞女，在這些人身上，節制並非沒有生息，因主的照臨，使她兒女成行，歡聚膝下。

節制的美德好似在笑我，這是出於鼓勵的嘲哂；它似乎在對我說：「這些孩子，這些女子能做的，你不能嗎？他們所以能如此，豈是靠自己而不是在天主之內？他們的天主把我賞給他們。為何你要依仗自己而不能安定？把你投向天主，不要害怕；天主不會縮手任憑你跌倒；放心大膽地投向他，他自會接納你，治療你。」我羞愧得無地自容，因為我還聽見那些不堪的喞喞噥噥的私語，我依然若往若還，游移不決。「節制」好像重新對我說：「對於你在世間所有穢惡的肉體，你不要聽其蠱惑，由它去受屈辱，去受磨練。它所說的樂趣，決不能和你的天主的法律相比。」這些爭執在我心中攪擾，正是我與我的決鬥。阿利比烏斯傍我而坐，靜靜地等待著我這次異乎尋常的內心衝動的結局。

12

我靈魂深處，我的思想把我的全部罪狀列於我心目之前。巨大的風暴起來了，帶著傾盆的淚雨。為了使我能嚎啕大哭，便起身離開了阿利比烏斯，——我覺得我獨自一人更適宜於盡情痛哭——我走向較遠的地方，避開了阿利比烏斯，不要因他在場而有所拘束。

我當時的情況，他完全看出，因為我不知道說了什麼話，說時已是不勝嗚咽。我起身後，他非常詫異，留在我們並坐的地方。我不知道怎樣去躺在一棵無花果樹下，盡讓淚水奪眶而出。這是我向你奉上的，你理應哂納的祭獻。我向你說了許多話，字句已記不起，意思是如此：「主啊，你的發怒到何時為止？請你不要記著我過去的罪惡。」①我覺得我的罪惡還抓住我不放。我嗚咽

①見〈詩篇〉七十八首五，八節。

著喊道：「還要多少時候？還要多少時候？明天嗎？又是明天！爲何不是現在？爲何不是此時此刻結束我的罪惡史？」

我說著，我帶著滿腹辛酸痛哭不止。突然我聽見從鄰近一所屋中傳來一個孩子的聲音——我分不清是男孩子或女孩子的聲音——反覆唱著：「拿著，讀吧！拿著，讀吧！」立刻我的面色變了，我集中注意力回想是否聽見過孩子們遊戲時有這樣幾句山歌；我完全想不起來。我壓制了眼淚的攻勢，站起身來。我找不到其他解釋，這一定是神的命令，叫我翻開書來，看到哪一章就讀哪一章。我曾聽說安東尼也偶然讀福音，讀到下面一段，似乎是對他說的：「去變賣你所有的，分給窮人；你積財於天，然後來跟隨我。」①這句話使他立即歸向你。

我急忙回到阿利比烏斯坐的地方，因爲我起身時，把使徒的書信集留在那裡。我抓到手中，翻開來，默默讀著我最先看到的一章：「不可耽於酒食，不可溺於淫蕩，不可趨於競爭嫉妒，應被服主耶穌基督，勿使縱恣於肉體的嗜欲。」②我不想再讀下去，也不需要再讀下去了。我讀完這一節，頓覺有一道恬靜的光射到心中，潰散了陰霾籠罩的疑陣。

我用手或其他方法在書上作一標記，合上書本，滿面春風地把一切經過告訴阿利比烏斯。他也把他的感覺——我也不知道——告訴我。他要求看我所讀的一節。我指給他看。他接著再讀下去，我並不知下文如何。接下去的一句是：「信心軟弱的人，你們要接納他。」③他向我說，這

①見〈馬太福音〉十九章二十一節。
②見〈羅馬書〉十三章十三節。
③同上，十四章一節。

是指他本人而言的。這忠告使他堅定於善願，也正是符合他的優良品性，我早已望塵莫及的品性。他毫不猶豫，一無紛擾地和我採取同一行止。

我們便到母親那裡，把這事報告她。她聽了喜形於色。我們敘述了詳情細節，她更是手舞足蹈，一如凱旋而歸，便向你歌頌，「你所能成全於我們的，超越我們的意想」①，因爲她看到你所賜與我的遠遠超過她長時期來哀傷痛哭而祝禱的。你使我轉變而歸向你，甚至不再追求室家之好，不再找尋塵世的前途，而一心站定在信仰的金科玉律之中，一如多少年前，你啓示她我昂然特立的情景。她的哀傷一反而成爲無比的喜樂，這喜樂的眞純可愛遠過於她所想望的含飴弄孫之樂。

①見〈以弗所書〉三章二十節。

卷九

1

「主，我是你的僕人，我是你的僕人，你的婢女的兒子。你解放了我的束縛，我要向你獻上謝恩之祭。」①請使我的心和我的唇舌歌頌你，使「我的四體百骸說：主，誰能和你相比」②？請你答覆我，請你「對我的靈魂說：我是你的救援」③。

我是誰？我是怎樣一個人？什麼壞事我沒有做過？即使不做，至少說過；即使不說，至少想過。但你，溫良慈愛的主，你看見死亡深入我的骨髓，你引手在我的心源中疏瀹穢流。我便鄙棄我以前征逐的一切，追求你原來要的一切。

但在這漫長的歲月中，我的自由意志在哪裡？從哪一個隱秘的處所剎那之間脫身而出，俯首

①見〈詩篇〉一一五首十六——十七節。
②同上，三十四首十節。
③同上，三節。

來就你的溫柔的轅軛，肩胛挑起你的輕鬆的擔子？耶穌基督，「我的依靠，我的救主」①！我突然間對於拋棄虛浮的樂趣感到無比的舒暢，過去惟恐喪失的，這時卻欣然同它斷絕。

因為你，眞正的、無比的甘飴，你把這一切從我身上驅除淨盡，你進入我心替代了這一切。你是比任何樂趣更加浹洽，但不為血肉之軀而言；你比任何光彩更明粲，比任何秘奧更深邃，比任何榮秩更尊顯，但不為自高自大的人。這時我的心靈已把覬覦和營求的意念、淫佚和貪猾的情志從萬端紛擾中完全擺脫；我向你，我的光明，我的財產，我的救援，我的天、天主，我向你傾瀉胸臆。

2

「在你鑒臨之下」②，我決定不採取衆目昭彰的辦法，而用柔和的方式擺脫我囂訟市集上賣弄唇舌的職務，不要再讓青年們不「鑽研你的法律」③和你的和平，而去鑽研狂妄的詞令和市場的論戰，從我的口中購買肆行詭譎的武器。

幸而這時距離「秋收假期」④已是不遠了，我決定耐過這幾天，和尋常一樣離校。我既已經你救贖，決不想再蹈出賣自己的覆轍。

①見〈詩篇〉，十八首十五節。
②見〈創世紀〉三十章二十七節。
③見〈詩篇〉一一八首七十節。
④按當時秋收假期始於九月十六日。

這是我們在你面前打下的主意，除了家人和幾個知己外，別人都不知道。我們相約不要向外隨意透露消息，雖則那時我們自「涕泣之谷」①上升，唱著「升階之歌」②，已在你手中領取了「利箭和熾炭，抵禦詭詐的口舌」③，這些口舌以忠告爲名而實行阻撓，似乎滿懷關切，卻把我作爲食物一般呑噬下去。

你把愛的利箭穿透我們的心，你的訓示和你忠心僕人們的模範已鏤刻在我們的心版上，變黑暗爲光明，猶生死而肉骨，在我們思想上燃起炎炎火炬，燒毀了我們的疲弱，使我們不再沈沈下降，而是精神百倍地向上奔騰，凡是從詭詐的唇舌所噓出撓擾的逆風，不僅不能熄滅我們內心的神火，反而吹得更旺了。

你的聖名已廣揚於世界，因之，對我的志願和計畫當然也有稱許的人，但如果不等待轉瞬即至的假期，未免近於特殊；因不待秋收假期的來到而先辭去衆目昭彰的公職，則必然引起人們的注意，將不免議論紛紜，以我爲妄自尊大。使別人猜議我的心理，訕謗我們的善行，爲我有何裨益呢？

由於夏季教學工作辛勞過度，我的肺部開始感到不適，呼吸困難，胸部隱痛，證明我已有病，不能發出響亮或較長的聲音。始而心煩意亂，因爲不得不放棄教師的職位，即使能夠治癒，也必須暫離講席。但打定了堅決的主意，要「休息，並看看你是主」④之後，——我的天主，你知道

---

①見〈詩篇〉八十三首六節。
②同上，一一九首一節。
③同上，四節。
④同上，十五首十一節。

這事——我反而很高興能有這樣一個並不撒謊的辭職理由，足以安安那些只爲子女打算而要我賣命的人們的心。

我非常愉快地忍受這一段時間，等它過去——大約二十天，我記不清楚了——終於毅然熬過了；以前有名心利心和我共同擔負艱難，這時若不是把堅忍來替代名利之心，我眞要委頓得難以自持了。

你的僕人中，我的兄弟中，可能有人認爲我既然要一心奉事你，若再在撒謊的講壇上遲留片刻，便是犯罪。我對此不願申辯。慈愛無量的主啊！你豈非已把這種罪過和其他可怕的、救命的罪業在神聖的水中①一洗而空嗎？

3

凡萊公都斯對於我們的幸福卻是憂心如擣，因爲他看到自己由於無法擺脫的束縛，將不得不和我們分離。他不是基督徒，但他的妻子則已受了「洗禮」；他的所以不能和我們同行，最大的阻礙便是他的妻子，他自稱惟有一個辦法可以奉教，而這辦法他卻不能採用。

但他誠懇地把房屋借給我們，任我們居住多久。主啊！你將在義人復活的時候賞報他，因爲你已經以義人的結局給予他。離別後，他前往羅馬，患了疾病，病中領受洗禮，奄然逝世。這樣你不但哀憐他，並且也照顧到我們，使我們不至於想起這位推誠相與的良友竟屛置於你的羊羣之

①按指基督教中的「洗禮」。

外，而感到無盡無極的悲痛。

感謝你，我的天主！我們是屬於你的，你的勸告，你的撫慰都證明這一點。既許必踐的你，以萬古常春的天堂溫暖，酬報了凡萊公都斯借給我們避暑的加西齊亞根別墅，你寬赦了他此生的罪業，把他安置於「富饒的山上，你的山上，膏腴的山上」①。

那時凡萊公都斯悶悶不樂，內布利提烏斯卻同我們一起高興。他尚未奉教，而且曾經墮入最危險的荒謬學說的深坑，他認爲你的聖子——即眞理本身——的肉體不過是幻象，但此時已拋棄了他的謬見，雖未領受教會的「聖事」，卻正在非常熱烈地追求眞理。當我們棄邪歸正，通過你的洗禮獲得更生後不久，他也成爲虔誠的公教信徒，全家也跟著他接受了信仰；他和家人一起留住非洲，在淡泊寧靜的完美生活中敬事你，你就召他脫離塵世。

現在他生活「在亞伯拉罕懷中」②——不論此語作何解釋——我的內布利提烏斯，我的摯友。主啊，他由奴隸而獲得自由，成爲你的義子，他現在生活在那裡。爲這樣一個靈魂，能有其他更好的歸宿嗎？他生活在那裡；關於這個境界，他曾向渺小愚昧的我提出許多問題。現在他已不再側著耳朵靠近我的口邊了，現在他的超出塵凡的口舌盡情暢飲著你的靈泉，吸取你的智慧，度著永永無疆的幸福生活。但我想他不會沉沉醉去而把我忘卻，因爲他暢飲了你，而你是始終顧覆我們的。

我們當時的情況是如此，我們竭力安慰凡萊公都斯，他雖則對於我們的歸正悶悶不樂，但並

---

①見〈詩篇〉六十七首十六節。
②見〈路加福音〉十六章二十二節。

不妨礙我們的友誼；我們鼓勵他盡好分內的，夫婦生活的責任。對於內布利提烏斯，則我們等待他加入一起，他和我們不過相距咫尺，而且幾乎就能實現了。這些日子終於過去，爲我眞是度日如年，因爲我渴望著空閒自由的時刻，爲了能盡情歌唱：「我的心向你說：我曾找尋你的聖容，主，我還要找尋你的聖容。」①

4

正式脫離雄辯術講席的日子終於到了，雖則我思想上早已脫離。大事告成：你已解放了我的心，現在又解放了我的口。我興高采烈地感謝你，和親友一行，啓程到別墅中去。

在那裡我寫了些什麼？我的文學已經爲你服務，但還帶著學校的傲慢氣息，一如奔走者停步後呼吸還覺得急促；在我記述和友好談論或在你面前自問自答的語錄中以及和外出的內布利提烏斯的通訊中，都流露著此種氣息。

我已經急於要轉到更重大的事件了。什麼時候我才有充分的時間來追述你，尤其在這一階段中所加給我的一切洪恩厚澤呢？過去種種如在目前。主啊！向你懺悔往事，我還感到溫暖，譬如回想你不知用了哪一種利劍刺我的心靈，降伏了我；你怎樣「削平了我思想上的山丘，修直了曲折的道路，塡平了崎嶇的峻坂」②；你怎樣用你的獨子，「我們的救主耶穌基督」③的聖名使我

①見〈詩篇〉二十六首八節。
②見〈路加福音〉三章四節。
③見〈彼得前書〉三章十八節。

心愛的弟兄阿利比烏斯俯首就範，起初他甚至在我們書札中看到這名字便生憎惡，寧願在我文字中嗅到學校中的、已被「你砍倒的香柏」的氣味，不願聞教會內防禦毒蛇有奇妙功能的藥草。

我的天主啊！我諷誦大衛的詩歌、洋溢著衷心信仰的詩歌、最能掃除我們滿腹傲氣的詩歌時，我向你發出哪些呼聲？這時我對於眞正的愛還是一個學徒，我和阿利比烏斯都是「望教者」①，住在鄉間別墅中，母親和我們在一起，她雖然是個婦女，但在信仰上卻是傑出的丈夫，她具有老年的持重，母親的慈祥，教友的虔誠。我在諷誦這些詩歌時，發出哪些呼聲？使我內心燃起對你多麼大的愛火？我抱著如此熱情，假如可能的話，眞想將這些詩篇向全世界朗誦，用以譴責人類的狂妄！可是全世界不是都在諷誦嗎？「沒有一人能掙脫你的煦育。」②我是多麼痛恨那些摩尼教徒？卻又憐憫他們的昏昧，不懂那些奧蹟，不識那些妙劑，反而至死不悟，甞詆續命的藥餌。我眞希望他們隱在我身旁；當我心曠神怡諷誦〈詩篇〉第四首時，希望他們看看我的面容，聽聽我的聲音，希望他們體會到這些詩歌如何爲我而發：「我的公義的天主啊！我向你呼籲時，你應允我；我在困苦之中，你使我舒暢；求你憐憫我，俯聽我的祈禱。」③希望他們竊竊私聽，而我則並不覺察；否則他們必以爲我誦讀這篇詩是針對著他們的；其實如果我知道有人聽著看著，我決不會說話，決不會說那些話；他們呢，也決不認爲這些話出於我肺腑，只是在你面前，對我自己說的。

①見〈詩篇〉二十八首五節。
②同上，十八首七節。
③同上，四首二節。

我一面是戰慄恐懼，一面卻歡欣鼓舞地信慕你的慈愛。當你的慈祥之神對我們說：「人的兒子們，你們心事重重何時爲止?你們爲何要喜愛空虛，尋覓虛僞？」①上述種種心情已自然而然露於目光，流於聲息。的確，我喜愛過空虛，尋覓過虛僞。但是主，「你已經顯揚你的聖者」②，「起之於死中，升之於諸天，位之於己右」③，又自天派遣他所許的「施慰之神，眞理之神」④。他已經派遣，而我還茫然不知。他已經派遣，因爲他已復活升天，受到顯揚。在此以前，「聖神」尙未降臨，因爲耶穌尙未受榮顯。先知呼喊說：「你們心事重重，何時爲止?你們爲何喜愛空虛，尋覓虛僞?你們該知道天主已經顯揚他的聖者。」他至今在呼喊：「你們該知道」，而我仍長期憒憒，喜愛空虛，尋覓虛僞。爲此，我聽了不勝驚怖，因爲我回憶過去的情況，這些話眞是針對著我這樣的人。我奉爲眞理的那些幻像，不過是空虛，是虛僞。我回想及此，禁不住痛恨而長太息。希望那些至今還在喜愛空虛、尋覓虛僞的人聽聽這些話!可能他們也要轉側不安而唾棄前非。如果他們向你呼籲，你一定俯聽他們，因爲「代我們求你」⑤的基督，以血肉之身眞的爲我們受死。

我讀到：「發怒吧，不要再犯罪!」⑥我的天主，我多麼感動!我已經知道惱怒我以前種種，

①見〈詩篇〉四首三節。
②同上，四節。
③見〈以弗所書〉一章二十節。
④見〈約翰福音〉十四章十六節。
⑤見《新約・羅馬書》八章三十四節。
⑥見〈詩篇〉四首五節。

決定今後不再犯罪；我理應發怒，因爲並非另一個黑暗齷敗的天性利用我身而犯罪，一如那些不知道自恨、「爲自身積蓄著天主公義審判的忿怒」①的人們所說的。我的財富不在身外，也不是在太陽之下用我肉眼找尋得到。凡以快樂寄託於身外之物的，容易失去操守，沈湎於有形的、暫時的事物，他們的思想飢不擇食地去舐那些事物的影子。唉！巴不得他們感到空虛厭倦而喊出：「誰能指示我們幸福？」②我們將回答他們說：「主，你的聖容神光深印在我們心中。」③因爲我們不是「普照生靈」④的眞光，我們是受你的光照：我們「本是黑暗，在你懷中成爲光明」⑤。唉，巴不得他們能夠看出身內的永恆眞光！我雖已體味到，但無法向人揭示。巴不得他們背著你而注視著外物的眼光能向我流露出他們的內心，肯對我說：「誰能指示我們幸福？」我原來也就在這方寸之間惱怒，就在心坎深處發出悔恨，宰割了「故我」作爲犧牲後，我的「新我」開始信賴你而入於深思，也就在此時，你開始使我體味到你的甘飴，「使我心悅懌」⑥。我口誦心維，歡呼雀躍，不願再放情於外物，饕食時間，同時爲時間所吞噬，因爲我在永恆的純一本體中有另一種「小麥」，另一種「酒」，另一種「油」⑦。

①見〈羅馬書〉二章五節。
②見〈詩篇〉四首六節。
③同上。
④見〈約翰福音〉一章十九節。
⑤見〈以弗所書〉五章八節。
⑥見〈詩篇〉四首七節。
⑦同上，八節。

讀到下一節，我的內心禁不住高呼說：「啊，在和平中，就在存在本體中，我安臥，我酣睡。」①聖經上所說的「死亡被消滅於凱旋之中」②一朝實現，誰還敢抵抗我們？始終不變的你就是存在的本體，在你之中足以得到掃除一切憂患的寧靜，因爲無人能和你相比，也不須再追求你以外的其他一切。「主，你鞏固了我，收斂我於希望之中。」③

我諷誦著，滿懷是熾熱的情緒，但想不出怎樣對付那些充耳無聞的死人，過去我也是其中之一，曾經散布疫癘，對流注天上蜜露、映徹你的光輝的聖經，曾經惡毒地、盲目地狂吠；想到那些與聖經爲敵的人，眞使我悲不自勝。

什麼時候我能追述這次假期中的一切經過？但對於你嚴厲的鞭策和疾於迅雷的慈愛，我決不會遺忘，決不會默爾而息的。

這時你用牙痛來磨難我，痛得我連話都不能講。我想起請在場的親友們代我祈求你一切救援的天主。我寫在蠟板上遞給他們看。我們雙膝剛剛下跪，熱切禱告，我便霍然而癒了。多麼劇烈的疼痛！怎樣消失的呢？主，我的天主！我眞是惶恐不安，我承認，因爲我一生從未經歷過這樣的情況。你的德能滲透到我心坎深處，我在信仰之中感到喜悅，歌頌你的聖名，但這信仰對於我過去未經洗禮赦免的罪惡還不能使我安心。

①見〈詩篇〉四首九節。
②見〈哥林多前書〉十五章五十四節。
③見〈詩篇〉四首九節。

5

秋收節結束後，我通知米蘭人，請他們爲自己的學生另聘一位言語販賣者，理由是我已決定獻身爲你服務，而且由於呼吸困難，胸部作痛，不克擔任此項職務。

我又致書於你的聖善的主教安布羅西烏斯，具述我以往的錯誤和現在的志願，請教他我最好先讀聖經中哪一卷，使我更能有充分的準備，爲領受洗禮的恩澤。他教我先讀〈以賽亞書〉這一定是由於這位先知最明白清楚地預言你的福音和外族的歸化。可是一開卷我便不解其中意義，以爲全書都是如此，便暫時放下，希望等我對你的聖訓比較熟悉後再行閱讀。

6

我登記領受洗禮的日子終於到了。我離開鄉村回到米蘭。

阿利比烏斯願意和我一起受洗，同沾復生恩寵。這時他已滿懷謙抑，具有領受你的「聖事」的精神；他非常堅強地壓制肉身，竟敢在義大利冰凍的土地上赤足步行。

我們兩人外，加上我孽海中來的兒子阿得奧達多斯。這個孩子，你給他很好的資質，還不滿十五歲，而聰慧超過許多耆年博學之士。主，我的天主，我承認這都是你的恩賜，你是萬有的創造者，你能斡旋我們的醜行。我在這孩子身上，除了罪業之外，一無所貽。至於我們所以能遵照你的法度教養他，也是出於你的啓發，不是別人指導。因此我只能歸功於你的恩賜。

在我所著《師說》一書中，記述了他和我的談話。你知道書中所列和我交談者的議論，便是他十六歲時的思想。我記得他還有許多更突出的見解。這樣的天賦眞使我驚悚，除了你之外，誰能製造這樣的奇蹟？

你不久就使他脫離塵世，我對此感到安心，他的童年、青年以及他的一生，我可不必爲抱杞憂了。

他和我們同時領受你的恩寵，並將在你的法度中栽培成長。我們受了洗禮，過去生活上種種陰影已是蕩滌無餘。

那些時候，我欽仰你爲救援衆生而制定的高明沉潛的計畫，感到無限恬懌，但並不以爲已足。聽到你的聖堂中一片和平溫厚的歌詠之聲，使我涔涔淚下。這種音韻透進我的耳根，眞理便隨之而滋潤我的心曲，鼓動誠摯的情緒，雖是淚盈兩頰，而此心覺得暢然。

7

不久以前，米蘭教會開始採用這樣一種慰勉人心的方法，即弟兄們同氣同心，熱情歌唱。大約一年前，幼主瓦楞提尼亞努斯的太后優斯提那受了阿利阿派教徒①的蠱惑，信從異端，迫害你的安布羅西烏斯。虔誠的羣衆夜間也留在聖堂中，拚與他們的主教，你的僕人同生同死。我的母親，你的婢女，爲了關心此事，徹夜不睡，並且站在最前，一心以祈禱爲生活。我們雖則尚未具有你的「聖神」的熱情，但和全城居民一樣焦急不安。這時惟恐民衆因憂鬱而精神沮喪，便決定

①阿利阿教派，創自阿利烏斯（Arius，280——336）反對基督教三位一體的教義，否定耶穌基督是天主。

仿效東方的習慣，教他們歌唱聖曲聖詩。這方式保留下來，至今世界各地所有教會幾乎都採行了。

也就在這時，你夢示你的主教安布羅西烏斯，指明普羅泰西烏與蓋爾瓦西烏斯兩位殉教者葬身之處。你在神秘的庫藏中保存兩人的遺體經歷多少寒暑而不臭不腐，等到這適當時間出而昭示於人，藉以抑制一個身為太后的婦人的橫暴。遺體掘出之後，以隆重的儀式奉迎至安布羅西烏斯的聖堂中，這時不僅那些受穢魔騷擾的人恢復了平靜，連魔鬼也自己直認失敗。更有一個全城知名的、多年失明的人，聽到萬民歡慶之聲，詢悉緣由，便起身請人引導他前去。到了那裡，他請求准許他以手帕一觸「你所珍視的神聖的死者」①的靈柩，他這樣做了，把手帕按在眼上，雙目立即復明。這消息轟傳遠近，便莊嚴熱烈地展開了對你的歌頌。那個一心樹敵的婦人雖並未轉向健全的信仰，但她肆虐教會的凶焰不得不被壓伏。

感謝你，我的天主。你把我的回憶導向何處呢？我竟會向你訴說這些已被我忘失的重大事件！雖則「你的香膏芬芳四溢」②，我們並不奔波求索，所以現在聽到神聖的頌歌之聲，更使我涕淚交流；以前我只會向你太息而已，這時才能盡情噓吸，使我的「茅屋」③中充滿馨香。

①見〈詩篇〉一一五首十五節。
②見《舊約・雅歌》一章三節。
③見《舊約・以賽亞書》四十章六節，按此指人的肉體。

8

「你使一心一德的人住在一起」①，使我們的同鄉青年埃伏第烏斯來與我們作伴。他本是政府大員，先我們歸向你，受了洗禮，便辭去職位，轉而爲你工作。我們常在一起，而且拿定神聖的主意，要終身聚在一起。

我們研究在什麼地方最能爲你服務：決定一起回到非洲。到了梯伯河口，我的母親去世了。我是匆忙得緊，把許多細節略去不談了。我的天主，關於我不曾提及的、我所身受更僕難數的恩寵，只有請你接受我的懺悔和感謝。但是對於你的婢女，肉體使我生於茲世、精神使我生於永生的母親，哀戀之情，我不能略而不言。我不談她的遺事，而是追述你給她的恩澤。因爲她既非自有此身，也不是自己教養自己，你創造了她；生她的父母也不會預知未來的情形，都是你的基督的鞭策，你的「獨子」的法式，使她在你的教會所屬的一個良好教友家庭中，受到對你端嚴崇敬的教育。

我的母親除了追懷她生身之母劬勞撫育之外，更稱道一位老年保母對她的盡心教導。我的外祖父小時候已由這個女子帶領長大，一如姑娘們慣常背負著孩子。因此這個教友家庭中，主人們對這位赤膽忠心的老婦人都很尊重，所有的女孩子都託她管教，她便盡心照顧，必要時用神聖的嚴規約束她們，而尋常教導她們時也是周詳審愼。

①見〈詩篇〉六十七首七節。

除了女孩子們和父母同桌進用極儉樸的三餐外，爲了不縱容她們沾染不良的習慣，即使極感口渴，也不許她們隨便喝水，對她們發出極合情理的知識：「現在你們只喝清水，因爲沒有辦法喝到酒；將來你們出嫁後，成爲伙食儲藏室的主婦，會覺得清水淡而無味，取酒而飲便會成爲習慣。」她這樣一面開導，一面監督，禁住了孩童的饕餮，而女孩子們對飲水也就有合理的節制，哪裡更會有不合體統的嗜好？

事雖如此，但我母親仍然漸有酒的愛好。這是你的婢女親口告訴自己的兒子的。她的父母見她是一個循規蹈矩的女孩子，往往叫她從酒桶中取酒。她把酒杯從桶口去舀，在注入酒瓶之前，先用舌頭舐上一舐，並不多喝，因爲她並不想喝。她所以如此，不是爲了嗜酒，而是出於孩子的稚氣，喜動而好玩，孩子的這種傾向惟有在家長管束下加以糾正。這樣，每天增加一些，——「凡忽視小事，便逐漸墮落」①——習慣而成自然，後來津津有味地要舉杯引滿了。

那時，她把這位賢明的老媽和她的嚴峻禁誡已置之腦後了！主啊，你是常常關心著我們，對於這種隱匿的疾患，除了你的救藥外，還有其他有效的方劑嗎？父親、母親和保母都不在旁，你卻鑒臨著；你創造我們，呼喚我們，潛引默導，甚至通過其他人物，完成有益於靈魂的行動。

我的天主，你那時在做什麼？你怎樣照顧她呢？你怎樣治療她呢？你不是用別人銳利刺耳的謾罵作爲你秘傳去疾的砭熨方法一下子把腐爛部分消蝕了？

---

①見〈德訓篇〉十九章一節。

經常陪她到酒窖去盛酒的使女，一次和這位小姐爭吵起來，那時只有她們兩人，這使女抓住她的弱點，惡毒地罵她：「女酒鬼。」她受了這種刺激，立即振發了羞惡之心，便從此痛改前非，涓滴不飲了。

朋友們的投其所好，往往足以害人，而敵人的凌侮卻常能發人猛省。當然你處理這些人，僅憑他們損害別人的意願，而不是依照你利用他們所得的善果。那個使女發怒時，只想使女公子難堪，並不想糾正她的缺點；她或是由於兩人吵架的時間和地點別無人在，或是以爲歷時已久而方始揭發可能對自己反有嫌疑，遂趁著沒有旁人的機會才敢放肆。

但是你，天地的主宰，千仞的懸瀑，時代的洪流，無一不隨你的意旨而盤旋、而奔注；你用一個人的積怒治療了另一人的積習。明察者不應以別人聽我的忠告而去惡從善，便自以爲出於我的力量。

9

她這樣在貞靜儉素之中長大起來，與其說是父母教導她尊奉你，尤應說是你教導她順從父母。到了成年出嫁，便「事夫如事主」①，設法使丈夫歸向你，用賢德來向他宣傳你，你也用這些懿範增加她的端麗，得到丈夫的敬愛讚嘆。她忍受了丈夫的缺點，對於他的行爲從未有所忿爭。她只等待你垂憐丈夫，使他信仰你而能束身自愛。

①見〈以弗所書〉五章二十一節。

我父親的心地很好，不過易於發怒，她在丈夫躁性發作時，照常言容溫婉，等待他火氣平息，才伺機解釋自己所持的理由，指出他可能過於急躁，未加思考。許多夫人們，丈夫的氣性不算太壞，但還不免受到毆辱，以致臉上傷痕累累，她們閨中談話往往批評丈夫的行爲，我的母親卻批評她們的長舌，帶著玩笑的口吻，給她們進盡忠言：在聽人讀婚約①的時候，她以此爲賣身契，因此主張謹守閨範，不應和丈夫抗爭。這些婦女知道她嫁著一個粗暴的丈夫，但傳聞中或形跡上，從未聽到或看出巴特利西烏斯曾毆打妻子或爲家庭瑣事而發生口舌，因此都很詫異，閑談中向她詢問原因，她便把上述的見解告訴她們。凡是受她指導的，琴瑟和好，每來向她致謝；不肯遵照的，依舊遭受折磨。

由於壞丫頭的簸弄是非，她的婆婆開始也生她的氣，但後來便爲她的溫順忍耐所感動，竟把女僕們造成家庭間、姑媳間不和的讒言向兒子和盤托出，命令處罰她們。我父親聽從我祖母的話，並且爲了整頓家規，保持家人和睦起見，便鞭責了我祖母所憤斥的女僕；祖母還聲言誰再說媳婦的壞話，將同樣受責；從此無人再敢妄言，家人之間融融泄泄，值得後人懷念。

「我的天主，我的慈愛」②，你還賦與你忠心的婢女——在她懷中你創造了我——一種可貴的美德：人們發生齟齬爭執，她總盡力調解；爭吵的雙方都是滿腹怨氣，像有不解之仇，人前背後往往會說出種種尖銳毒辣的話，發洩自己的怨恨，她聽到任何一方醜詆對方的語句，不但從不

①當時風俗，女子出嫁時，在證人及父母前讀婚約，見奧氏《講道集》五十一篇二十二節。
②見〈詩篇〉五十八首十八節。

宣洩，只有從容勸解。

這種庸德庸言似乎不足稱道，但人們刺心的經驗，世間有不少人沾染了廣泛流行的罪惡疫癘，不僅把積怨的雙方對於仇家所發的言論盡量搬弄，甚至火上添油地加以造說；凡有人道的人，不僅不應該挑撥離間，增劇別人的怨毒，卻應盡力勸說，平息雙方的怒氣。

我的母親所以能如此，是由於你在她內心的學校中默導她。

在我父親去世前一段時期內，她又爲你贏得了他。我父親成爲教友後，對他未奉教前她所受的委屈絕不追怨。她眞是你的僕人們的婢女。凡認識她的人，都因她的懿範而讚揚你、熱愛你；他們感覺到你是在她心中，她的聖善生活的結果證明這一點。她「以忠貞事夫，以孝順事親，以誠篤治理家政，有賢德之稱」①。她教養子女，每次看見他們疏遠你，便每次進行再造之功。主啊，至於我們，你的僕人們——由於你的慈愛，我們敢這樣自稱——在她去世前，領受了洗禮的恩澤，我們已同心同德生活在你的懷抱中，而她關心我們，眞是我們一輩的慈母，她服侍我們，又似我們一輩的孝女。

10

相近她去世前的某一天，——她的去世之日你是清楚的，我們並不知道——你冥冥之中安排著，使我們母子兩人憑在一個窗口，縱目於室外的花園，這時我們小住於遠隔塵囂的梯伯河口；

①見〈提摩太書〉五章九，四，十節。

長途跋涉之後，稍事休息，即欲掛帆渡海。我們兩人非常恬適地談著，「撇開了以前種種，嚮往著以後種種」①，在你、眞理本體的照耀下，我們探求聖賢們所享受的「目所未睹，耳所未聞，心所未能揣度的」②永生生命究竟是怎樣的。我們貪婪地張開了心靈之口對著「導源於你的生命之泉」③的天上靈液，極望盡情暢吸，對於這一玄奧的問題能捉摸一些蹤影。

我們的談話得到這樣一個結論：我們肉體官感的享受不論若何豐美，所發射的光芒不論若何燦爛，若與那種生活相比，便絕不足道；我們神遊物表，凌駕日月星辰麗天耀地的穹蒼，冉冉上升，懷著更熱烈的情緒，嚮往「常在本體」④。我們印於心，誦於口，目擊神工之締造，一再升騰，達於靈境，又飛越而進抵無盡無極的「膏壤」⑤；在那裡，你用眞理之糧永遠「牧養著以色列」⑥，在那裡生命融合於古往今來萬有之源，無過去、無現在、無未來的眞慧。眞慧既是永恆，則其本體自無所始，自無所終，而是常在；若有過去未來，便不名永恆。我們這樣談論著，嚮慕著，心曠神怡，剎那間悟入於眞慧，我們相與嘆息，留下了「聖神的鮮果」⑦，回到人世語言有起有訖的聲浪之中。但哪一種言語能和你常在不滅，無新無故而更新一切的「道」、我們的主相

①見〈腓立比書〉三章十三節。
②見〈哥林多前書〉二章九節。
③見〈詩篇〉三十五首十節。
④同上，四首九節。
⑤《舊約・以西結書》三十四章十四節。
⑥見〈詩篇〉七十七首七十一節。
⑦見〈羅馬書〉八章二十三節。

提並論呢？

我們說：「如果在一人身上，血肉的蠢擾，地、水、氣、天的形象都歸靜寂，並自己的心靈也默爾而息，脫然忘我，一切夢幻，一切想像，一切語言，一切動作，以及一切倏忽起滅的都告靜止——這種種定要向聽的人說：「我們不是自造的，是永恆常在者創造我們的」①，言畢也請它們靜下來，只傾聽創造者——如果天主直接說話，不憑其他而自己說話，讓我們聽到他的言語，聲音不出於塵間的喉舌，不由於天使的傳播，不藉雲中霹靂的震響，也不用譬喻廋辭來使人揣度，而徑自諦聽他自己說話；我們本在萬物之中愛他，現在離開萬物而聽他自己，一如我們現時的奮發，一轉瞬接觸到超越萬有、永恆常在的智慧；如果持續著這種境界，消散了其他不同性質的妙悟，僅因這一種眞覺而控制，而吸取了諦聽的人，把他沈浸於內心的快樂之中；如果永生符合於我們所嘆息想望的，那時一剎那的眞覺，則不就是所謂「進入主的樂境」②嗎？但何時能實現呢？是否在「我們都要復活，但不是都要改變」③的時候？

我們談話的內容是如此，雖然是另一種方式、另一種語辭。主啊，你知道就在我母子倆這番談話中覺得世間一切逸樂不值一顧時，她對我說：「我兒，以我而言，此生已毫無留戀之處。我不知道還有何事可爲，爲何再留在此世；我的願望都已滿足。過去的所以要暫留此世，不過是望你在我去世之前成爲基督公教徒。而天主的恩賚超越我本來的願望，使我見到你竟能輕視人世的

①見〈詩篇〉三首五節。
②見〈馬太福音〉二十五章二十一節。
③見〈哥林多前書〉十五章五十一節。

幸福，成爲天主的僕人。我還要做些什麼？」

11

我回答她的話已經記不清楚了。大約五天之後，她發熱病倒了。病中，有一天她失去知覺，辨別不清左右的人。我們趕到後，即覺清醒，她望著我和我的弟弟，似要找什麼東西似地問我們說：「我剛才在哪裡？」接著見我憂急的神情，便說：「你們將你們的母親葬在這裡。」我不作聲，竭力忍住眼淚。我的弟弟表示最好是回到本鄉，不要死在異地。她聽了面現憂色，用責備的目光望著他，怪他作如此打算，後又望著我說：「你聽他說什麼。」稍待，又對我們兩人說：「隨便你們葬我在哪裡，不要爲此操心。我要求你們一件事：以後你們不論到什麼地方，在天主台前要想起我。」她勉強說完了這句話，便沉默不語了。病勢加劇，痛苦也加甚了。

無形無象的天主，我想到你散播在信徒心中的恩寵結出的奇妙果實，我欣喜，我感謝你；我想起她自知不久於人世，曾亦非常關心死後埋骨之處，預備與丈夫合葬。他們兩人和諧的生活，使她懷著生前同心死則同穴的意願——人心眞不易嚮往神聖的事物！——使後人羨慕她渡海而歸後，自己的軀殼還能與丈夫的遺骸同埋於一坏土中。

你在何時以無量慈愛使這種無聊的願望從她心中剔去，我不得而知；但在明瞭眞相後，我只能讚嘆欣慰；其實在我們憑窗談論中，她說：「我現在還有何事可爲？」的時候，也已經不表示懷有死於故鄉的願望了。我又聽說我們在梯伯河口時，一天她同我的幾位朋友，以慈母的肫摰，論及輕視浮生而重視死亡，那時我不在旁，我的朋友們都驚奇這位老太太的德行——這是你賦畀給她的——因而問她是否憂及歿後葬身遠域，她說：「對天主自無遠近之分，不必顧慮世界末日天主會不認識地方而不來復活我！」

病後第九天，這個具有聖德的至誠的靈魂離開了肉軀，享年五十有六，這時我年三十三歲。

12

我給她閉上了眼睛，無比的悲痛湧上心頭，化爲淚水；我的兩眼在意志的強制下，吸乾了淚壑的泉源；這樣掙扎眞覺非常難受。在她氣絕之時，我的兒子阿得奧達多斯嚎啕大哭，我們力加阻止，才不出聲。而我幼稚的情感也幾乎要放聲大哭，卻被他的青年的聲音、心靈的聲音所抑止而不再出聲。因爲我們認爲對於這樣的安逝，不宜哀傷慟哭；一般認爲喪事中必須哀哭，無非是爲悼念死者的不幸，似乎死者已全部毀滅。但我母親的死亡並非不幸，且自有不死者在。以她的一生而論，我們對這一點抱有眞誠的信念和肯定的理由。

但我爲何感到肝腸欲裂呢？這是由於母子相處親愛溫煦的生活突然決裂而給我的創痛。她在病中見我小心侍候，便撫摩我，叫我「乖孩子」，並且很感動地說，從未聽我對她說過一句生硬忤逆的話，想到她這種表示，可以使我感到安慰。

但是，我的天主，創造我們的天主，我的奉養怎能和她對我的劬勞顧覆相比？失去了慈母的俯畜，我的靈魂受了重創，母子兩人本是相依爲命的，現在好像把生命分裂了。

我們阻止了孩子啼哭後，埃伏第烏斯拿了一本〈詩篇〉開始詠唱聖詩，合家都相應和：「主，我要歌唱你的仁慈與公義。」①許多弟兄們和熱心的婦女們聽到我們的喪事也都來了。依照風俗，自有專務此業的人來辦理殯儀，我則依例退處別室，友好們以爲不應離開我，都來作陪。我和他們談論遭喪的事情，用眞理的慰藉來減輕我的痛苦；你知道我的痛苦，他們都不知道，都留心聽我談話，以爲我並不哀毀。我在你的耳際——沒有一人能聽到的——正在抱怨我心軟弱，竭力抑制悲痛的激浪，漸漸把它平靜下來；但起伏的心潮很難把持，雖未至變色流淚，終究感覺到內心所受的壓力。我深恨自然規律與生活環境必然造成的悲歡之情對我的作弄，使我感覺另一種痛苦，因之便覺有雙重悲哀在磨折我。

安葬的時候，一路來回，我沒有流過一滴淚。依照當地風俗，入土前，遺體停放在墓穴旁邊，舉行贖罪的祭禮，向你祈禱時，我也沒有流淚。但是整天憂傷苦悶，雖盡力哀求你治療我的痛楚，卻不曾獲得允許。我相信，即使僅僅這一事，已能使我記住，對於一個已經飫聞不能錯誤的金言的人，習慣的束縛仍復有此作用。這時我想去沐浴，因爲聽說沐浴一詞，希臘語義爲祓除煩悶。但是「孤兒們的父親」②，我要面對你的慈愛而懺悔：我浴後，和浴前一樣，依然沒有洗刷內心的酸苦。我睡了一覺，醒來時，便覺得輕鬆了一大半；獨自躺在床上，默誦你的安布羅西烏斯確切不移的詩句：

①見〈詩篇〉六十七首六節。
②同上，六十八首五節。

「天主啊，萬有的創造者，
穹蒼的主宰，你給白天
穿上燦爛的光明，給黑夜
穿上恬和的睡眠，
使安息恢復疲勞的肢體，
能繼續經常的工作，
鬆弛精神的困頓，
解除憂傷的鬱結。」①

這樣，我又逐漸回想到你的婢女一生對你的虔誠和對我的愛憐，一旦溘然長逝，我忍不住在你面前想到她而為她痛哭，想到我自己而為我自己痛哭。我任憑我抑制已久的眼淚盡量傾瀉，讓我的心躺在淚水的床上，得到安息，因為那裡只有你聽到我的哭聲，別人聽不到，不會對我的痛哭妄作猜測。

主啊，我現在在著作中向你懺悔。誰願讀我所作，請他讀下去，聽憑他作什麼批評；如果認為我對於在我眼中不過是死而暫別、許多年為我痛哭使我重生於你眼前的母親，僅僅流了少許時

---

①見法國米涅氏所輯《拉丁教父集》（Migne: *Patrologia Latina*）十六冊四〇三頁。

間的眼淚，是犯罪的行爲，請他不要嘲笑，相反，如果他眞的有愛人之心，請他在你、基督衆弟兄的大父之前，爲我的罪惡痛哭。

13

我這一處可能受人指斥爲肉體情感造成的內心創傷，現在已經痊癒了。我的天主，現在我爲母親流另一種眼淚，爲一切「死於亞當」①的人所面臨的危險，憂急而流下的淚。雖則我的母親肉軀存在之時，已生活於基督之中，能以信光與德業顯揚你的聖名，但我不敢說她自受了「洗禮」再生之日起從未有一句話違反你的誡命。你的聖子，眞理本體說過：「誰說自己的弟兄是瘋子，就應受地獄之罰」②；假如一個正人君子撇開你的慈愛而檢查自己的生平，也必大可寒心！但你並不苛求我們的過惡，爲此我們才能安心希望在你左右得一位置。如果有人想計算自己眞正的功績，那麼除了計算你的恩澤外還有什麼？唉！如果人們能認識人之所以爲人，那麼「誰想誇耀，只應誇耀天主」③！

爲此，「我的光榮，我的生命，我心的天主」④，我撇開了她的懿行——對此我愉快地感謝你——又爲我母親的罪業祈求你，請你顧視高懸十字架、「坐在你右邊、爲我們代求」⑤、治療

---

①見〈哥林多前書〉十五章二十二節。
②見〈馬太福音〉五章二十二節。
③見〈哥林多後書〉十章十七節。
④見〈詩篇〉一一七首十四節；七十六首二十六節。
⑤見〈羅馬書〉八章三十四節。

我們創傷的良醫而俯聽我。我知道我母親一生以忠恕待人，常寬免別人所負的債；如果她在受洗獲救後悠悠歲月中積有罪債，請你也赦免她。主啊！求你寬赦，求你寬赦，「求你對她免行審判」①。「讓哀矜勝於決讞」②，你的話眞實不虛，你原許以憐憫對待憐憫。「你要憐憫誰，就憐憫誰；要恩遇誰，就恩遇誰」③，一人所以能夠如此，無非出於你的恩賜。

我相信，我所要求的，你已施行了。但是，主，「請你收納我心口相應的獻禮」④。我母親臨命之前，絕不關心死後的哀榮，不計較傅體的香料，不希望建立坊表，不要求歸葬本鄉；她不作這一類的遺囑，而僅叮嚀我們在天主台前紀念她，她一天也不間斷地在你台前侍候著，她知道在台上分發神聖的犧牲，而這犧牲「已經勾銷了我們的罪狀」⑤，戰勝了綜核我們罪惡、窮盡心計控告我們的仇敵，仇敵對我們賴以致勝的基督更無所施其搏擊。誰能輸還基督無辜的鮮血？誰能償還基督從敵人手中救贖我們所付出的代價？你的婢女以信仰的鎖鍊把她的靈魂束於救贖我們的奧跡上，防止有人使她脫離你的保護，防止毒龍猛獅用暴力詭計離間你和她；她也不會說自己一無欠缺，使奸猾的控告者無從反駁，無所藉口；她將承認自己的罪債已爲吾人無法圖報的、自身一無欠缺而代人償債的恩主所赦免。

---

①見〈詩篇〉一四二首二節。
②見〈雅各書〉二章三節。
③見〈羅馬書〉九章十五節。
④見〈詩篇〉一一八首一〇八節。
⑤見〈歌羅西書〉二章十四節。

希望我父母安息於和平之中，我母親從閨女至寡居一直保有貞淑的操守，她侍奉丈夫，把「辛勤得來的果實」①獻給你，贏得他歸向你。我的主，我的天主，求你啓發你的僕人們，我的弟兄們，求你啓發你的子女們，我的主人們；我現在以心靈、以言語、以文字爲他們服務；求你啓發一切讀這本書的人，使他們在你台前紀念我的父母，——我不知道你怎樣用他們的血肉生我於此世——你的婢女莫尼加和她的丈夫巴特利西烏斯。希望讀者以虔誠的心情紀念我今生的父母，他們是和我一起同奉你爲慈父，和我同是慈母教會內的弟兄，也是同屬於永恆的耶路撒冷——你的羈旅中的子民自出發至旋歸期間念念不忘的永城——的同胞。這樣，通過我的懺悔而獲得許多人的祈禱，比了我一人的祈禱能更有力地完成我母親的最後願望。

①見〈路加福音〉八章十五節。

卷十

1

主，你認識我，我也將認識你，「我將認識你和你認識我一樣」①。我靈魂的力量啊，請你滲透我的靈魂，隨你的心意摶塑它，占有它，使它「既無瑕疵，又無皺紋」②。這是我的希望，我為此而說話；在我享受到健全的快樂時，我便在這希望中快樂。人生的其他一切，越不值得我們痛哭的，人們越為此而痛哭；而越應該使我們痛哭的，卻越沒有人痛哭。但你喜愛眞理，「誰履行眞理，誰就進入光明」③。因此我願意在你面前，用我的懺悔，在我心中履行眞理，同時在許多證人之前，用文字來履行眞理。

①見〈哥林多前書〉十三章十二節。
②見〈以弗所書〉五章二十七節。
③見〈約翰福音〉三章二十一節。

2

主，你洞燭人心的底蘊，即使我不肯向你懺悔，在你鑒臨之下，我身上能包蘊任何秘密嗎？因爲非但不能把我隱藏起來，使你看不見，反而把你在我跟前隱藏起來。現在我的呻吟證明我厭惡自己，你照耀我，撫慰我，教我愛你，嚮往你，使我自慚形穢，唾棄我自己而選擇你，只求通過你而使我稱心，使你滿意。

主，不論我怎樣，我完全呈露在你的面前。我已經說過我所以懺悔的目的。這懺悔不用肉體的言語聲息，而用你聽得出的心靈的言語、思想的聲音。如果我是壞的，那麼我就懺悔我對自身的厭惡；如果我是好的，那麼我只歸功你，不歸功於自己，因爲，主，你祝福義人，是先「使罪人成爲義人」①。爲此，我的天主，我在你面前的懺悔，既是無聲，又非無聲。我的口舌緘默，我的心在呼喊。我對別人說的任何正確的話，都是你先聽到的，而你所聽我說的，也都是你先對我說的。

3

我和別人有什麼關係？爲何我要人們聽我的懺悔，好像他們能治癒我的一切疾病似的？人們都歡喜探聽別人的生活，卻不想改善自己的生活。他們不願聽你揭露他們的本來面目，爲何反要

①見〈羅馬書〉四章五節。

聽我自述我的爲人。他們聽我談我自己，怎能知道我所說的眞假？因爲除了本人的內心外，誰也不能知道另一人的事。相反，如果他們聽你談論有關他們自身的事，那麼決不能說：「天主在撒謊。」因爲聽你談論他們自身的事，不就是認識自己嗎？一人如果不說謊，那麼認識自己後，敢說：「這是假的」嗎？但「愛則無所不信」①，至少對於因愛而團結一致的人們是如此。因此，主啊！我要向你如此懺悔，使人們聽到。雖則我無法證明我所言的眞假，但因愛而傾聽我的人一定相信我。

我內心的良醫，請你向我清楚說明我撰寫此書有何益處。懺悔我以往的罪過——你已加以赦免而掩蓋，並用信仰和「聖事」變化我的靈魂，使我在你裡面獲得幸福——能激勵讀者和聽者的心，使他們不再酣睡於失望之中，而嘆息說：「沒有辦法」；能促使他們在你的慈愛和你甘飴的恩寵中甦醒過來，這恩寵將使弱者意識到自己的懦弱而轉弱爲強。對於心地良好的人們，聽一個改過自新者自述過去的罪惡是一件樂事，他們的喜樂不是由於這人的罪惡，而是因爲這人能改過而遷善。

我的天主，我的良心每天向你懺悔，我更信賴你的慈愛，過於依靠我的純潔。但現在我在你面前，用這些文字向人們懺悔現在的我，而不是懺悔過去的我，請問這有什麼用處？懺悔以往的好處，我已經看到，已經提出。但許多人想知道現在的我，想知道寫這本《懺悔錄》的時候我是怎樣一個人，有些人認識我，有些人不認識我，有些人聽過我的談話，或聽別人談到我，但他們

①見〈哥林多後書〉十三章七節。

的雙耳並沒有準對我的心，而這方寸之心才是眞正的我。爲此他們願意聽我的懺悔，要知道耳目思想所不能接觸的我內心究竟如何；他們會相信我，因爲不如此，他們不可能認識我。好人的所以爲好人在乎愛，愛告訴他們我所懺悔的一切並非誑語，愛也使我信任他們。

4

但是他們希望得到些什麼益處呢？是否他們聽到我因你的恩賜而接近你，願意向我道賀，或聽到我負擔重重，逡巡不前，將爲我祈禱？對這樣的人，我將吐露我的肺腑。因爲，主、我的天主，有許多人代我感謝你，祈求你，爲我大有裨益。希望他們以兄弟之情，依照你的教訓，愛我身上所當愛的，恨我身上所當恨的。

這種兄弟之情，只屬於同類之人，不屬於「口出誑語，手行不義的化外人」①；一人具有弟兄之情，如贊成我的行爲，則爲我欣喜，不贊成我，則爲我憂傷；不論爲喜爲憂，都出於愛我之忱。我要向他們吐露肺腑：希望他們見我的好而歡呼，見我的壞而太息。我的好來自你，是你的恩賜；我的壞由於我的罪惡，應受你的審判。希望他們爲我的好歡呼，爲我的壞太息；希望歌頌之聲與嘆息之聲，從這些弟兄心中，一如在你爐中的香煙，冉冉上升到你庭前。

主，你如果欣悅你的聖殿的馨香，那麼爲了你的聖名，請按照你的仁慈垂憐我，塡補我的缺陷，不要放棄你的工程。

①見〈詩篇〉一四三首七節。

這是我的懺悔的效果，我不懺悔我的過去，而是懺悔我的現在；不但在你面前，懷著既喜且懼、既悲傷而又信賴的衷情，向你懺悔，還要向一切和我具有同樣信仰、同樣歡樂、同爲將死之人、或先或後或與我同時羈旅此世的人們懺悔。這些人是你的僕人、是我的弟兄，你收他們爲子女，又命令我侍候他們如主人，如果我願意依靠你、和你一起生活。你的「道」如果僅用言語來命令，我還能等閒視之，但他先自以身作則。我以言語行動來實踐，在你的覆翼之下實踐，因爲假如我的靈魂不在你覆翼之下，你又不認識我的懦弱，則前進的艱險不堪設想。我是一個稚子，但我有一個永生的父親，使我有恃無恐；他生養我，顧覆我。全能的天主，你是我的萬善，在我重返你膝下之前，你是始終在我左右。因此，我將向你所命我伺候的人們吐露肺腑，不要追敍我過去如何，而是訴說我目前如何，今後如何；但「我不敢自評功過」①。

希望人們本著這樣的精神來聽我的懺悔。

5

因爲主，判斷我的是你。雖則「知人之事者莫若人之心」②，但人心仍有不知道的事，惟有你天主才知道人的一切，因爲人是你造的。雖則在你面前，我自慚形穢，自視如塵埃，但對於我自身所不明瞭的，對於你卻知道一二。當然，「我們現在猶如鏡中觀物，僅能見影，尚未

①見〈哥林多前書〉四章三節。

②同上，二章十一節。

覿面」①；因此，在我們遠離你而作客塵世期間，雖則我距我自己較你為近；但是我知道你絕不會受損傷，而對我自己能抵拒什麼誘惑卻無法得知。我的希望是在乎你的「至誠無妄，決不容許我受到不能忍受的試探，即使受到試探，也為我留有餘地，使我能定心忍受」②。

因此，我要懺悔我對自身所知的一切，也要懺悔我所不知的種種，因為對我自身而言，我所知的，是由於你的照耀，所不知的，則我的黑暗在你面前尚未轉為中午，仍是無從明徹。

6

主，我的愛你並非猶豫不決的，而是確切意識到的。你用言詞打開了我的心，我愛上了你。但是天、地以及覆載的一切，各方面都教我愛你，而且不斷地教每一人愛你，「以致沒有一人能推諉」③。你對將受哀憐的人更將垂憐，而對於已得你哀憐的人也將加以垂憐，否則天地的歌頌你，等於奏樂於聾瞶。

但我愛你，究竟愛你什麼？不是愛形貌的秀麗，暫時的聲勢，不是愛肉眼所好的光明燦爛，不是愛各種歌曲的優美旋律，不是愛花卉膏沐的芬芳，不是愛甘露乳蜜，不是愛雙手所能擁抱的軀體。我愛我的天主，並非愛以上種種。我愛天主，是愛另一種光明、音樂、芬芳、飲食、擁抱，在我內心的光明、音樂、馨香、飲食、擁抱：他的光明照耀我心靈而不受空間的限制，他的音樂

①見〈哥林多前書〉十三章十二節。
②同上，十章十三節。
③見〈羅馬書〉一章二十節。

不隨時間而消逝，他的芬芳不隨氣息而散失，他的飲食不因吞啖而減少，他的擁抱不因長久而鬆弛。我愛我的天主，就是愛這一切。

這究竟是什麼呢？

我問大地，大地說：「我不是你的天主。」地面上的一切都作同樣的答覆。我問海洋大壑以及波臣鱗介，回答說：「我們不是你的天主，到我們上面去尋找。」我問飄忽的空氣、大氣，以及一切飛禽，回答說：「安那克西美尼斯①說錯了，我不是天主。」我問蒼天、日月星辰，回答說：「我們不是你所追求的天主。」我問身外的一切：「你們不是天主，但請你們談談天主，告訴我有關天主的一些情況。」它們大聲叫喊說：「是他創造了我們。」我靜觀萬有，便是我的諮詢，而萬有的美好即是它們的答覆。

我捫心自問：「你是誰？」我自己答道：「我是人。」有靈魂肉體，聽我驅使，一顯於外、一藏於內。二者之中，我問哪一個是用我肉體、盡我目力之所及，找遍上天下地而追求的天主。當然，藏於形骸之內的我，品位更高；我肉體所作出的一切訪問，和所得自天地萬有的答覆：「我們不是天主」，「是他創造我們」，必須向內在的我回報，聽他定奪。人的心靈是通過形體的動作而認識到以上種種；我，內在的我，我的靈魂，通過形體的知覺認識這一切。關於我的天主，我問遍了整個宇宙。答覆是：「不是我，是他創造了我。」

是否一切具有完全的官覺的都能看出萬有的美好呢？爲何萬有不對一切說同樣的話呢？大小

①公元前第六世紀的希臘哲學家，以空氣為萬物之原。

動物看見了，但不能詢問，因爲缺乏主宰官覺的理性。人能夠發問，「對無聲無形的天主，能從他所造的萬物而心識目睹之」①，但因貪戀萬物，爲萬物所蔽而成爲萬物的附庸，便不能辨別判斷了。萬物只會答覆具有判斷能力的人，而且不能變換言語，不能變換色相，不能對見而不問的人顯示一種面目，對見而發生疑問的人又顯示另一副面目；萬物對默不作聲或不恥下問的兩類人，顯示同樣的面目，甚至作同樣的談話，惟有能以外來的言語與內在的眞理相印證的人始能了解；因爲眞理對我說：「天地和一切物質都不能是你天主。」自然也這樣說。睜開眼睛便能看到：物質的部分都小於整體。我的靈魂，我告訴你，你是高出一籌，你給肉體生命，使肉體生活，而沒有一種物質能對另一種物質起這種作用；但天主卻是你生命的生命。

7

我愛天主，究竟愛些什麼呢？這位在我靈魂頭上的天主究竟是什麼？我要憑藉我的靈魂攀登到他身邊。我要超越我那一股契合神形、以生氣貫徹全身的力量。要尋獲我的天主，我不能憑藉那股力量，否則無知的騾馬也靠這股力量而生活，也能尋獲天主了。

我身上另有一股力量，這力量不僅使我生長，而且使我感覺到天主所創造而賦與我的肉體，使雙目不聽而視，雙耳不視而聽，使其他器官各得其所，各盡其職；通過這些官能我做出各種活動，同時又維持著精神的一統。但我也要超越這股力量，因爲在這方面，我和騾馬相同，騾馬也

①見〈羅馬書〉一章二十節。

通過肢體而有感覺。

8

我要超越我本性的力量，拾級而上，趨向創造我的天主。我到達了記憶的領域、記憶的殿廷，那裡是官覺對一切事物所感受而進獻的無數影像的府庫。凡官覺所能感受的，經過思想的增、損、潤飾後，未被遺忘所吸收掩埋的，都庋藏在其中，作爲儲備。

我置身其間，可以隨意徵調各式影像，有些一呼即至，有些姍姍來遲，好像從隱秘的洞穴中抽拔出來，有些正當我找尋其他時，成羣結隊，挺身而出，好像毛遂自薦地問道：「可能是我們嗎？」這時我揮著心靈的雙手把它們從記憶面前趕走，讓我所要的從躲藏之處出現。有些是聽從呼喚，爽快地、秩序井然地魚貫而至，依次進退，一經呼喚便重新前來。在我敘述回憶時，上述種種便如此進行著。

在那裡，一切感覺都分門別類、一絲不亂地儲藏著，而且各有門戶：如光明、顏色以及各項物像則屬於雙目，聲音屬耳，香臭屬鼻，軟硬、冷熱、光滑粗糙、輕重，不論身內身外的，都屬全身的感覺。記憶把這一切全都納之於龐大的府庫，保藏在不知哪一個幽深屈曲的處所，以備需要時取用。一切都各依門類而進，分儲其中。但所感覺的事物本身並不入內，庫藏的僅是事物的影像，供思想回憶時應用。

誰都知道這些影像怎樣被官覺攝取，藏在身內。但影像怎樣形成的呢？沒有人能說明。因爲即使我置身於黑暗寂靜之中，我能隨意回憶顏色，分清黑白或其他色彩之間的差別，聲音決不會出來干擾雙目所汲取的影像，二者同時存在，但似乎分別儲藏著。我隨意呼召，它們便應聲而至；我即使箝口結舌，也能隨意歌唱；當我回憶其他官感所收集的庫藏時，顏色的影像雖則在側，卻並不干涉破壞；雖則我並不嗅聞花朵，但憑仗記憶也自能辨別玉簪與紫羅蘭的香氣；雖則不飲不食，僅靠記憶，我知道愛蜜過於酒，愛甜而不愛苦澀。

這一切都在我身內、在記憶的大廈中進行的。那裡，除了遺忘之外，天地海洋與宇宙之間所能感覺的一切都聽我指揮。那裡，我和我自己對晤，回憶我過去某時某地的所作所爲以及當時的心情。那裡，可以複查我親身經歷或他人轉告的一切；從同一庫藏中，我把親身體驗到的或根據體驗而推定的事物形象，加以組合，或和過去聯繫，或計劃將來的行動、遭遇和希望，而且不論瞻前顧後，都和在目前一樣。我在滿儲著細大不捐的各式影像的窈深繚曲的心靈中，自己對自己說：「我要做這事，做那事」，「假使碰到這種或那種情況……」，「希望天主保佑，這事或那事不要來……」我在心中這麼說，同時，我說到的各式影像便從記憶的府庫中應聲而至，如果沒有這些影像，我將無法說話。

我的天主，記憶的力量眞偉大，太偉大了！眞是一所廣大無邊的庭宇！誰曾進入堂奧？但這不過是我與性俱生的精神能力之一，而對於整個的我更無從捉摸了。那麼，我心靈的居處是否太狹隘呢？不能收容的部分將安插到哪裡去？是否不容於身內，便安插在身外？身內爲何不能容納？關於這方面的問題，眞使我望洋興嘆，使我驚愕！

人們讚賞山岳的崇高，海水的洶湧，河流的浩蕩，海岸的逶迤，星辰的運行，卻把自身置於腦後；我能談論我並未親見的東西，而我目睹的山岳、波濤、河流、星辰和僅僅得自傳聞的大洋，如果在我記憶中不具有廣大無比的天地和身外看到的一樣，我也無從談論，人們對此卻絕不驚奇。而且我雙目看到的東西，並不被我收納在我身內；在我身內的，不是這些東西本身，而是它們的影像，對於每一個影像我都知道是由哪一種器官得來的。

9

但記憶的遼廓天地不僅容納上述那些影像。那裡還有未曾遺忘的學術方面的知識，這些知識好像藏在更深邃的府庫中，其實並非什麼府庫；而且收藏的不是影像，而是知識本身。無論文學、論辯學，以及各種問題，凡我所知道的，都藏在記憶之中。這不是將事物本身留在身外僅取得其影像，也不是轉瞬即逝的聲音，僅通過雙耳而留遺影像，回憶時即使聲息全無，仍似餘韻在耳；也不像隨風消失的香氣，刺激嗅覺，在記憶中留下影像，回憶時如聞香澤；也不比腹中食物，已經不辨滋味，但回憶時仍有餘味；也不以肉體所接觸的其他東西，即使已和我們隔離，但回憶時似乎尚可捉摸。這一類事物，並不納入記憶，僅僅以奇妙的速度攝取了它們的形影，似被分儲在奇妙的倉庫中，回憶時又奇妙地提取出來。

10

有人提出，對每一事物有三類問題，即：是否存在？是什麼？是怎樣？當我聽到這一連串聲音時，雖則這些聲音已在空間中消散，但我已記取了它們的影像。至於這些聲音所表達的意義，並非肉體的官感所能體味，除了我心靈外，別處都看不到。我記憶所收藏的，不是意義的影像，而是意義本身。

這些思想怎樣進入我身的呢？如果它們能說話，請它們答覆。我敲遍了肉體的每一門戶，沒有找到它們的入口處。因爲眼睛說：「如果它們有顏色的話，我自會報告的。」耳朵說：「如果它們有聲音，我們自會指示的。」鼻子說：「如果有香氣，必然通過我。」味覺說：「如果沒有滋味，不必問我。」觸覺說：「如果不是物體，我無法捉摸，捉摸不到，便無法指點。」

那麼，它們來自何處，怎樣進入我的身內呢？我不清楚。我的獲知，不來自別人傳授，而係得之於自身，我對此深信不疑，我囑咐我自身妥爲保管，以便隨意取用。但在我未知之前，它們在哪裡？它們尚未進入我記憶之中。那麼它們究竟在哪裡？我何以聽人一說，會肯定地說：「的確如此，果然如此。」可見我記憶的領域中原已有它們存在著，不過藏匿於邃密的洞穴，假使無人提醒，可能我決不會想起它們。

11

於此可見，這一類的概念，不是憑藉感覺而攝取的虛影，而是不通過印象，即在我們身內得見概念的眞面目；這些概念的獲致，是把記憶所收藏的零亂混雜的部分，通過思考加以收集，再用注意力好似把概念引置於記憶的手頭，這樣原來因分散、因疏略而躲藏著的，已和我們的思想相稔，很容易呈現在我們思想之中。

我們已經獲致的，上文所謂在我們手頭的概念，我們的記憶中不知藏有多少，人們名之爲學問、知識。這些概念，如果霎時不想它們，便立即引退，好像潛隱到最幽遠的地方，必須重新想到它們時，再把它們從那裡——因爲它們並無其他藏身之處——抽調出來，重新加以集合，才會認識，換言之，是由分散而合併，因此拉丁文的思考："Cogitare"，源於"Cogere"（集合），一如"agitare"的源於"agere"，"factitare"的源於"facere"①。但"cogitare"一字爲理智所擅有，專指內心的集合工作。

12

記憶還容納著數字、衡量的關係與無數法則。這都不是感覺所鐫刻在我們心中的，因爲都是無色、無聲、無臭、無味、無從捉摸的。人們談論這些關係法則時，我聽到代表數字衡量的聲音，但字音與意義是兩回事。字音方面有希臘語、拉丁語，意義卻沒有希臘、拉丁或其他語言的差別。我看見工人劃一條細如蜘絲的線，但線的概念並非我肉眼所見的線的形象。任何人知道何謂「直線」，即使不聯繫到任何物質，也知道直線是什麼。通過肉體的每一官能，我感覺到一、二、三、四的數字，但計數的數字，卻又是一回事，並非前者的印象，而是絕對存在的。由於肉眼看不到，可能有人訕笑我的話，我對他們的訕笑只能表示惋惜。

13

以上種種，我用記憶牢記著，我還記得我是怎樣得來的。我又聽到反對者的許多謬論，我也

① agitare，義為搖動，agere 義為行動，factitare 義為習於……，facere 義為作為。

牢記著，儘管是謬論，而我的牢記不忘卻並不虛假。我又記得我怎樣分別是非，我現在更看出分別是非是一回事，回想過去怎樣經過熟思而分別是非又是一回事。這樣，我記憶屢次理解過，而對於目前的理解分析我又銘刻在記憶之中，以便今後能記起我現在理解過。因此我現在記得我從前曾經記憶過，而將來能想起我現在的記憶。這完全憑藉記憶的力量。

14

記憶又擁有我內心的情感，但方式是依照記憶的性質，和心靈受情感行動時迥乎不同。我現在並不快樂，卻能回想過去的快樂；我現在並不憂愁，卻能回想過去的憂愁；現在無所恐懼、無所覬覦，而能回想過去的恐懼、過去的願望。有時甚至能高興地回想過去的憂患，或憂傷地回想以往的快樂。

對於肉體的感覺，不足為奇，因為肉體是肉體，靈魂是靈魂。譬如我愉快地回想肉體過去的疼痛，這是很尋常的。奇怪的是記憶就是心靈本身。因為我們命一人記住某事時，對他說：「留心些，記在心裡」；如果我們忘掉某事，便說：「心裡想不起來了」，或說：「從心裡丟掉了」；稱記憶為「心」。

既然如此，那麼當我愉快地回憶過去的憂愁時，怎會心靈感到愉快而記憶緬懷憂愁？我心靈愉快，因為快樂存在心中，但為何憂愁在記憶之中，而記憶不感到憂愁？那麼記憶是否不屬於心靈了？這誰也不敢如此說的。

那麼記憶好似心靈之腹，快樂或憂愁一如甜的或苦的食物，記憶記住一事，猶如食物進入腹中，存放腹中，感覺不到食物的滋味了。

設想這個比喻，當然很可笑，但二者並非絕無相似之處。

又如我根據記憶，說心靈的感情分：願望、快樂、恐懼、憂愁四種，我對每一種再分門類，加上定義；所有論列，都得之於記憶，取之於記憶，但我回想這些情感時，內心絕不感受情緒的衝動。這些情感，在我回憶之前，已經在我心中，因此我能憑藉回憶而取出應用。

可能影像是通過回憶，從記憶中提出來，猶如食物的反芻，自胃返回口中。但為何談論者或回憶者在思想的口腔中感覺不到快樂的甜味或憂愁的苦味？是否二者並不完全相仿，這一點正是二者的差別？如果一提憂愁或恐懼，就會感到憂懼，那麼誰再肯談論這些事呢？另一方面，如果在記憶中除了符合感覺所留影像的字音外，找不到情感的概念，我們也不可能談論。這些概念，並不從肉體的門戶進入我心，而是心靈本身體驗這些情感後，交給記憶，或由記憶自動記錄下來。

15

是否通過影像呢？這很難講。

我說：「石頭」，「太陽」；面前並沒有岩石、太陽，但記憶中有二者的影像，供我使喚。我說身上的「疼痛」，我既然覺不到疼痛，疼痛當然不在場，但如果記憶中沒有疼痛的影像，便不知道指什麼，也不知道和舒服有什麼區別。我說身體的「健康」，我的確無病無痛，因此健康就在身上，但如果健康的影像不存在我的記憶中，我絕對不可能想起健康二字的含義；病人聽到健康二字，如果記憶中沒有健康的影像，雖則他身上正缺乏健康，但也不會知道健康是什麼。

我說計數的「數字」，呈現在我記憶中的，不是數字的影像，而是數字本身。我說「太陽的影像」，這影像在我記憶之中，我想見的，不是影像的影像，而是太陽的影像，是隨我呼召，供我使喚的影像。我說「記憶」，我知道說的是什麼，但除了在記憶之中，我哪裡去認識記憶呢？那麼呈現在記憶之中的，是記憶的影像呢，還是記憶本身？

16

我說「遺忘」，我知道說的是什麼；可是不靠記憶，我怎能知道？我說的不是遺忘二字的聲音，而是指聲音所表達的事物，如果我忘卻事物本身，便無從知道聲音的含義。因此在我回想記憶時，是記憶聽記憶的使喚；我回想遺忘時，藉以回想的記憶和回想到的遺忘同在我前。但遺忘是什麼？只是缺乏記憶。既然遺忘，便不能記憶，那麼遺忘怎會在我心中使我能想見它呢？我們憑記憶來記住事物，如果我們不記住遺忘，那麼聽到遺忘二字，便不能知道二字的意義，因此記憶記著遺忘。這樣遺忘一定在場，否則我們便會忘掉，但有遺忘在場，我們便不能記憶了。

那麼，能否作下面的結論：遺忘並非親身，而以它的影像存在記憶中，如果親自出場，則不是使記憶記住，而是使記憶忘記！

誰能揭開這疑案？誰能了解眞相？

主，我正在探索，在我身內探索：我自身成爲我辛勤耕耘的田地。現在我們不是在探索寥廓的天空，計算星辰的運行，研究大地的平衡；是在探索我自己，探索具有記憶的我，我的心靈。一切非我的事物和我相隔，不足爲奇。但有什麼東西比我自身更和我接近呢？而我對於記憶的力量便不明了，但如果沒有這記憶力，我將連我自己的姓名都說不出來！我又能記得我的遺忘，這是確無可疑的事實。這怎樣講呢？是否能說我記起的東西並不在我記憶之中？或是說遺忘在我記憶之中，是爲了使記憶不遺忘。這兩說都講不通。

對第三種解釋有什麼看法？我能否說我回憶遺忘時，記憶所占有的不是遺忘本身，而是遺忘的影像？我如此說有什麼根據？事物的影像刻在記憶中之前，必須事物先在場，然後能把影像刻下。譬如我記得迦太基或我所到過的其他地方，我記得我所遇見的人物，或其他感覺所介紹的東西，如記得身體的健康或病痛：事物先在場，記憶然後擷取它們的影像，使我能想見它們，如在目前，以後事物即使不在，我仍能在心中回想起來。

因此，如果記憶保留了遺忘的影像，而不是遺忘本身，那麼遺忘必先在場，然後能攝取影像，如果遺忘在場，怎能把影像留在記憶之中？因爲遺忘一出場，便勾銷了所認識的一切。但不論如何深奧難明，一點是確無可疑的，便是我記得這個破壞記憶的遺忘。

17

我的天主，記憶的力量眞偉大，它的深邃，它的千變萬化，眞使人望而生畏；但這就是我的心靈，就是我自己！我的天主，我究竟是什麼？我的本性究竟是怎樣的？眞是一個變化多端、形形色色、浩無涯際的生命！

瞧，我記憶的無數園地洞穴中充塞著各式各類的數不清的事物，有的是事物的影像，如物質的一類；有的是眞身，如文學藝術的一類；有的則是不知用什麼概念標識著的，如內心的情感——

即使內心已經不受情感的衝動，記憶卻牢記著，因爲內心的一切都留在記憶之中——我在其中馳騁飛翔，隨你如何深入，總無止境；在一個法定死亡的活人身上，記憶的力量、生命的力量眞是多麼偉大！

我的天主，我眞正的生命，我該做什麼？我將超越我本身名爲記憶的這股力量，我將超越它而飛向你、溫柔的光明。你有什麼吩咐？你高高在上照臨著我，我將憑藉我的心神，上升到你身邊，我將超越我身上名爲記憶的這股力量，願意從你可接觸的一面到達你左右，願意從你可攀附的一面投入你的懷抱。飛禽走獸也有記憶，否則牠們找不到巢穴，做不出習慣的動作，因爲沒有記憶，便沒有習慣。我將超越記憶而達到你天主，達到使我不同於走獸，使我比飛禽更聰明的天主那裡。我將超越記憶而尋獲你。但在哪裡尋獲你，眞正的美善、可靠的甘飴，我將在哪裡尋獲你？如果在記憶之外尋獲你，那麼我已忘掉了你。如果我忘掉你，那麼我怎能尋獲你呢？

18

一個婦人丟了一文錢，便點了燈四處找尋，如果她記不起這文錢，一定找不到，即使找到，如果記不起，怎能知道是她的錢？我記得我找到許多丟失的東西，找尋時，別人問我：「是否這個？是否那個？」在未獲我所遺失的東西之前，我只能回答：「不是。」假如我記不起，即使拿到手中，也認不出，找不到。我們每次找尋並尋獲失去的東西，都是如此。一件物質的可見的東西在我眼前不見，但並不被我的記憶丟失，記憶抓住了這東西的影像，我們憑此找尋，直至重現在我們眼前爲止。東西找到後，根據我們心中的影像，便能認識。假如記不起，便不認識，不認識，便不能說失物已經找到。因此，一樣東西在我眼前遺失，卻仍被記憶保管著。

19

但是，如果記憶本身丟失了什麼東西，譬如我們往往於忘懷之後，盡力追憶，這時哪裡去找尋呢？不是在記憶之中嗎？如果記憶提出另一樣東西，我們拒而不納，直至所找尋的東西前來；它一出現，我們便說：「就是這個。」我們如果不認識，便不會這樣說；如果記不起，便不會認識。可是這東西我們一定已經遺忘過了。

是否這事物並未整個丟失，僅僅保留一部分而找尋另一部分？是否記憶覺得不能如經常地把它整個回想出來，好似殘缺不全，因此要尋覓缺失的部分？

我們看見或想到一個熟悉的人而記不起他的姓名，就是這種情況。這時想到其他姓名，都不會和這人聯繫起來，我們一概加以排斥，因爲過去思想中從不把這些姓名和那人相連，直到出現那個姓名和我們過去對那人的認識完全相符爲止。這個姓名從哪裡找來的呢？當然來自記憶。即使經別人的提醒而想起，也一樣得自記憶。因爲不是別人告訴我們一個新的東西，我們聽信接受，而是我們回憶起來，認爲別人說的確然如此。如果這姓名已經完全忘懷，那麼即使有人提醒，我們也想不起來的。因此記得自己忘掉什麼，正說明沒有完全忘懷。一件丟失的東西，如果完全忘掉，便不會去找尋的。

20

主啊，我怎樣尋求你呢？我尋求你天主時，是在尋求幸福的生命。我將尋求你，使我的靈魂生活，因爲我的肉體靠靈魂生活，而靈魂是靠你生活。我怎樣尋求幸福生活呢？在我尚未說，在我不得不說：「夠了，幸福在此」之前，我還沒有得到幸福。爲此，我怎樣尋求幸福生活呢？是否通過記憶，似乎已經忘懷，但還能想起過去的遺忘？是否通過求知欲，像追求未知的事物，或追求已經忘懷而且已經記不起曾經遺忘的事物？不是人人希望幸福，沒有一人不想幸福嗎？人們抱有這個希望之前，先從哪裡知道的呢？人們愛上幸福之前，先在哪裡見過幸福？的確，我們有這幸福；但用什麼方式占有的？那我不知道了。一種方式是享受了幸福生活而幸福，一種是擁有幸福的希望而幸福。後者的擁有幸福希望當然不如前者的實際享受幸福，但比了既不享受到也不抱希望的人高出一籌；他們的願意享福是確無可疑的，因此他們也多少擁有這幸福，否則不會願意享福的。他們怎樣認識的呢？我不知道，他們不知怎樣會意識到幸福。我正在探索這問題。這意識是否在記憶中？如果在記憶中，那麼過去我們曾經享受過這幸福。是否人人如此，或僅僅是首先犯罪的那一個人，「我們都在他身上死亡」①，因此生於困苦之中？現在我不討論這個問題。我僅僅問：幸福生活是否存在記憶之中？如果我們不認識，便不會愛。我們一聽到這名詞，都承認自己嚮往幸福生活，而不是這名詞的聲音吸引我們，希臘人聽了拉丁語便無動於衷，因爲不懂

①見〈哥林多前書〉十五章二十二節，按指亞當。

拉丁語；如果我們聽到了，或希臘人聽到希臘語，便心嚮往之，原因是幸福本身不分拉丁希臘，不論拉丁人、希臘人或其他語言的人都想望幸福本身。於此可見，人人知道幸福，如果能用一種共同的語言問他們是否願意幸福，每一人都毫不猶豫地回答說：「願意。」假如這名詞所代表的事物本身不存在他們的記憶之中，便不可能有這種情況。

21

這種回憶是否和見過迦太基的人回憶迦太基一樣？不是，因爲幸福生活不是物質，不是肉眼所能看見。

是否如我們回憶數字那樣？不是，對於數字，我們僅有概念，並不追求，而幸福的概念使我們愛幸福，使我們希望獲得幸福，享受幸福。

是否如我們回憶辯論的規則那樣？不是，雖則我們一聽到雄辯學這名詞就聯想到事物本身，而且許多不嫻於詞令的人都希望能擅長此道——這也證明先已存在於我們意識之中——但這是通過感覺而注意、欣賞別人的詞令，從而產生這種願望。當然，欣賞必然通過內在的認識，能欣賞然後有願望。幸福生活卻絕不能憑肉體的感覺從別人身上體驗而得。

是否如我們回憶過去的快樂呢？可能如此，因爲即使我們現在憂悶，卻能回憶快樂，一如我們在苦難之中能回憶幸福生活。我的快樂不能用肉體的官覺去視、聽、嗅、聞，體味捉摸，我歡樂時僅在內心領略到，快樂的意識便膠著在記憶之中，以後隨著不同的環境回想過去的快樂或感到不屑，或表示嚮往。譬如過去對於一些可恥的事物感到快樂，現在回憶起來，覺得厭惡痛恨；有時懷念著一些正經好事，可能目前辦不到，因此帶著惋惜的心情回想過去的樂趣。

至於幸福生活，過去我在何時何地體驗過，以致現在懷念不忘、愛好想望呢？這不僅我個人或少數人如此，我們每一人都願享幸福。如果對它沒有明確的概念，我們不會有如此肯定的願望。但這怎麼說呢？如果問兩人是否願意從軍，可能一人答是，一人答否；但問兩人是否願意享受幸福，兩人決不猶豫，立即回答說：希望如此；而這人的願意從軍，那人的不願從軍，都是為了自己的幸福。是否這人以此為樂，那人以彼為樂？但兩人願得幸福是一致的。同樣，如果問兩人願否快樂，答覆也是一致的，他們稱快樂為幸福。即使這人走這條路，那人走那條路，兩人追求的目的只有一個：快樂。沒有一個說自己從未體驗過快樂，因此一聽到幸福二字，便在記憶中回想到。

22

主，在向你懺悔的僕人心中，決不存有以任何快樂為幸福的觀念。因為有一種快樂不是邪惡者所能得到的，只屬於那些為愛你而敬事你、以你本身為快樂的人們。幸福生活就是在你左右、對於你、為了你而快樂；這才是幸福，此外沒有其他幸福生活。誰認為別有幸福，另求快樂，都不是真正的快樂。可是這些人的意志始終拋不開快樂的影像。

23

那麼：人人願意幸福，這句話不確切了？因爲只有你是眞正的幸福，誰不願以你爲樂，也就是不要幸福。是否雖則人人願意幸福，但「由於肉體與精神相爭，精神與肉體相爭，以致不能做願意做的事」①，遂退而求其次，滿足於力所能及的；對於力所不能的，他們的意志不夠堅強，不足以化不可能爲可能？

我問不論哪一人：寧願以眞理爲樂，還是以虛僞爲樂？誰也毫不遲疑地說：寧願眞理，和承認自己希望幸福一樣。幸福就是來自眞理的快樂，也就是以你爲快樂，因爲你「天主即是眞理」②，是「我的光明，我生命的保障，我的天主」③。於此可見，誰也希望幸福，誰也希望唯一的眞正幸福，誰也希望來自眞理的快樂。

我見到許多人歡喜欺騙別人，但誰也不願受人欺騙。他們在哪裡認識幸福生活的呢？當然在認識眞理的同時。他們愛眞理，因爲他們不願受欺騙。他們既然愛幸福，而幸福只是來自眞理的快樂，因此也愛眞理，因此在記憶中一定有眞理的某種概念，否則不會愛的。

但爲何他們不以眞理爲快樂呢？爲何他們沒有幸福呢？原因是利令智昏，他們被那些只能給人憂患的事物所控制，對於導致幸福的事物僅僅保留著輕淡的記憶。人間「尚有一線光明」；前

①見《新約．加拉太書》五章十七節。
②見〈約翰福音〉十四章六節。
③見〈詩篇〉二十六首一節，四十一首十二節。

進吧，前進吧，「不要被黑暗所籠罩」①。

既然人人愛幸福，而幸福即是來自眞理的快樂，爲何「眞理產生仇恨」②？爲何一人用你的名義宣傳眞理，人們便視之爲仇敵呢？原因是人們的愛眞理，是要把所愛的其他事物作爲眞理，進而因其他事物而仇恨眞理了。他們愛眞理的光輝，卻不愛眞理的譴責。他們不願受欺騙，卻想欺騙別人，因此眞理顯示自身時，他們愛眞理，而眞理揭露他們本身時，便仇恨眞理。結果是：即使他們不願眞理揭露他們，眞理不管他們願不願，依舊揭露他們，而眞理自身卻不顯示給他們看了。

確然如是，人心確然如是：人心眞的是如此盲目偷惰，卑鄙無恥，只想把自己掩藏起來，卻不願有什麼東西蒙蔽自己的耳目。結果適得其反，自身瞞不過眞理，眞理卻瞞著他。同時，他們雖則如此可憐，卻又歡喜眞實，不愛虛僞。假如他對一切眞理之源的唯一眞理能坦坦蕩蕩，不置任何障礙，便能享受幸福了。

24

主啊！我走遍了記憶的天涯地角找尋你，在記憶之外沒有找到你。從我知道要認識你時開始，凡我找到有關你的東西，都不出乎我的記憶的範圍，因爲從那時起，我從未忘掉你。哪裡我找到了眞理，便找到眞理之源、我的天主；哪一天我認識了眞理，便沒有忘掉眞理。從你認識我時，你就常駐在我的記憶之中，我在記憶中想起你，在你懷中歡欣鼓舞，找到了你。這是我精神的樂

①見〈約翰福音〉十二章三十五節。
②拉丁詩人戴倫西烏斯（公元前一九四——一五九）的詩句。

趣，也是你哀憐我的貧困而賜與的。

25

主啊，你駐在我記憶之中，究竟駐在哪裡？你在其中建築了怎樣的屋宇，興造了哪一種聖堂？你不嫌我記憶的卑陋，惠然肯來，但我要問的是究竟駐在記憶的哪一部分？在我回憶你的時候，我超越了和禽獸相同的部分，因爲那裡在物質事物的影像中找不到你；我到達了心靈庋藏情感的部分，但也沒有找到你。我進入了記憶爲心靈而設的專室——因爲心靈也回憶自身——你也不在那裡，因爲你既不是物質的影像，也不是生人的情感，如憂、樂、願望、恐懼、回憶、遺忘或類似的東西，又不是我的心靈：你是我心靈的主宰，以上一切都自你而來，你永不變易地鑒臨這一切；自我認識你時起，你便惠然降駐於我記憶之中。

那麼我怎能探問你的居處，好像我記憶中有樓閣庭宇似的？你一定駐在其中，既然從我認識你時起我就想著你；而且我想起你時，一定在記憶中找到你。

26

但我想認識你時，哪裡去找你呢？因爲在我認識你之前，你尚未到我記憶之中。那麼要認識你，該到哪裡找你？只能在你裡面，在我上面。你我之間本無間隔，不論我們趨就你或離開你，中間並無空隙。你是無往而不在的眞理，處處有你在傾聽一切就教的人，同時也答覆著一切問題。你的答覆非常清楚，但不是人人能聽清楚。人人能隨意提出問題，但不是時常聽到所希望的答覆。

一人不管你的答覆是否符合他的願望，只要聽你說什麼便願意什麼，這人便是你最好的僕人。

27

我愛你已經太晚了，你是萬古常新的美善，我愛你已經太晚了！你在我身內，我馳騖於身外。我在身外找尋你；醜惡不堪的我，奔向著你所創造的炫目的事物。你和我在一起，我卻不和你相偕。這些事物如不在你裡面便不能存在，但它們抓住我使我遠離你。你呼我喚我，你的聲音振醒我的聾聵，你發光驅除我的幽暗，你散發著芬芳，我聞到了，我向你呼吸，我嘗到你的滋味，我感到飢渴，你撫摩我，我懷著熾熱的神火想望你的和平。

28

我以整個的我投入你的懷抱後，便感覺不到任何憂苦艱辛了；我的生命充滿了你，才是生氣勃勃。一人越充滿你，越覺得輕快；由於我尚未充滿你，我依舊是我本身的負擔。我理應慟哭的快樂和理應歡喜的憂苦，還在相持不下，勝利屬於哪一方，我尚不得而知。

主啊，求你垂憐這可憐的我。我的罪惡的憂苦和良好的喜樂正在交綏，我不知勝負誰屬。主啊，求你垂憐這可憐的我。我並不隱藏我的創傷，你是良醫，我患著病；你是無量慈悲，我是眞堪憐憫。「人生豈不是一個考驗」嗎①？誰願擔受艱難？你命我們忍受，不命我們喜愛。一人能

①見《舊約・約伯記》七章一節。

歡喜地忍受，但誰也不會喜愛所忍受的。即使因忍受而快樂，但能不需忍受則更好。在逆境中希望順利，在順境中擔心厄逆。兩者之間能有中間嗎？能有不受考驗的人生嗎？世間使人躊躇滿志的事是眞可詛咒的；由於患得患失，由於宴安鴆毒，更該受雙重的詛咒。世間的逆境也應受詛咒，由於貪戀順境，由於逆境的艱苦，由於耐心所受的磨難，應受三重詛咒。人的一生眞是處於連續不斷的考驗中！

29

我的全部希望在於你至慈極愛之中。把你所命的賜與我，依你所願的命令我。你命我們清心寡欲。古人說：「我知道，除非天主恩賜，無人能以貞白自守的；而且能知此恩何自而來，也就是智慧。」①清心寡欲可以收束我們的意馬心猿，使之凝神於一。假使有人在愛你之外，同時爲外物所誘，便不算充分愛你。我的天主，你是永燃不熄的愛，請你燃燒我。你命我清心寡欲，便請將所命的賜與我，並依照你的所願而命令我。

30

你肯定命令我謹戒「淫欲、聲色、榮華富貴」②。

①見〈智慧書〉八章二十一節。
②見《新約・約翰一書》二章十六節。

你禁止男女的苟合而不廢婚姻，但又指出優於有家有室的生活方式。由於你的賜與，在我成為你的「聖事」的施行者之前，已經選擇了這一種生活方式。但上面所述的種種前塵影事仍未免出沒隱見於我記憶中，這是我的根深柢固的結習。當我清醒的時候，這些影像隱隱約約地現於心目，但一入夢境，它們不僅贏得我的歡悅，甚至博得我的同意，彷彿使我躬行實踐。幻像對我的靈魂和肉體，還起著如此作用：我醒時所不為的事情，在夢中卻被幻象所顛倒。主、我的天主，是否這時的我是另一個我？為何在我入夢到醒覺的須臾之間，使我判若兩人？我醒時抵拒這一類的想像，甚至在事物真身進攻前所持堅定的理智，夢時到哪裡去了？是否和雙目一起緊閉了？是否和肉體的感覺一起沈睡了？又為何往往在夢中也會抵抗，也能記起我們的決心而堅持不釋，對這一類的誘惑決不順從呢？但這二者有很大的差別：譬如夢中意志動搖，醒時仍覺問心無愧，則由於二者的界線分明，我們感覺到剛才在我們身上無端出現的、我們所痛恨的事情並非我們自身的行為。

全能的天主，是否你的能力不足以治癒我所有的痼疾，還需要你賦界更充裕的恩寵才能消滅我夢中的綺障？主啊，請你不斷增加你的恩賜，使我的靈魂擺脫情欲的粘染，隨我到你身邊，不再自相矛盾，即使在夢寐之中，非但不惑溺於穢影的沾惹，造成肉體的衝動，而且能拒而遠之。全能的天主，「你能成全我們，超過我們的意想」①，要使我不但在此一生，而且在血氣方剛的年齡，不受這一類的誘惑，甚至清心寡欲者夢寐之中有絲毫意志即能予以壓制的微弱誘惑也不再

---

①見〈以弗所書〉三章二十節。

感受，在你並非什麼難事。我已經對我的好天主訴說過，我目前還處於這一類的憂患之中，對你的恩賜，我是既喜且懼，對自身的缺陷，悲痛流淚，希望你在我身上完成你慈愛的工程，到達完全的和平，等到「死亡被滅沒於凱旋之中」①，此身內外一切將和你一起享受和平。

31

每天還有一種負擔，希望這負擔夠我一天受用！我們需要飲食來補充身體每天的消耗，直到有一天，你止息了我飲啖的機能，用神妙的饜飫來斬斷我口腹之欲，使朽壞的軀殼化爲永久不朽。可是目前，這需要爲我是一種樂事，爲了不被這樂趣俘虜，我和它作鬥爭，每天用齋戒作戰，鞭韃我的軀體，使它馴服；但我的痛楚被樂趣所驅除。因爲飢渴是一種痛苦，如無飲食的救濟，則和寒熱病一般，飢火中燒，致人於死。由於你的賜賚照顧，天地水土爲我們脆弱的肉軀供應救藥，災難因此成爲樂事了。

你教誨我們取用飲食應該作爲藥物。但當我從飢餓進入飽飫的階段時，口腹之欲便乘隙而入，向我撒下羅網，因爲這個過渡階段就是一種樂趣，而充腸果腹若非通過這個階段，別無途徑。本來爲維持生命而飲食，但危險的樂趣追隨不離，而且往往爭先著，以致我聲明或願意爲了維持生命而做的，轉而爲它做了。

二者的方式並不一樣：爲維持生命本已足夠的，爲了口腹之樂卻嫌不夠，往往很難確定是否

①見〈哥林多前書〉十五章五十四節。

爲了身體的需要而進食，還是受饕餮的引誘而大嚼。我們這個不幸的靈魂對於這種疑團卻是正中下懷，樂於看不清什麼是維持健康的節制，乘機找尋藉口，以養生的美名來掩蓋口腹之欲。我每天努力抵抗這一類的誘惑，並且懇求你的幫助。由於我對這點尚未有明確的觀念，我把我的疑慮上陳，聽候你的指示。

我聽到我的天主的命令：「你們的心不要沈湎於酒食。」①我決不酗酒，我求你憐憫，終不要讓我嗜酒。但你的僕人有時不免於饕餮，更求你憐憫，使我深惡痛絕。沒有你的恩賜，一人決不能清心寡欲。你傾聽我們的祈禱，賜賚有加；即使在祈禱前，我們所蒙受的恩澤來自你，而以後所以能認識你的恩賜也來自你。我從未沈湎於酒，但我認識有些酒徒被你感化成爲有節制的人。因此，一人能不染過去未有的惡習，另一人能改絃易轍，先後不同，都是你的工程，而兩人能意識到所以然的原因，也是你的工程。

我又聽到你另一道命令：「不要隨從你的欲情，應抑制你的欲望。」②由於你的恩賜，我又聽到這樣一句使我拳拳服膺的話：「我們吃也無損，不吃也無益。」③意思是：前者並不使我富裕，後者並不使我匱乏。還有一句名言：「無論什麼境況，我都能知足，我知道如何處寬裕，我也知道如何處貧困。我依靠加給我力量的天主，所以能應付一切。」④這眞是天朝戰士的氣魄，

①見〈路加福音〉二十一章三十四節。
②見〈德訓篇〉十八章三十節。
③見〈哥林多前書〉七十八章八節。
④見〈腓立比書〉四章十一——十四節。

決非身爲塵埃的我們所能企及的。但是主啊，請你顧念我們都是灰土，你用灰土造了人類，並且失而復得。使徒保羅所以能如此，並非依靠自身，因爲他本身也是灰土，他是在你啓發之下道出了我所服膺的至言：「我依靠加給我力量的天主，能應付一切。」求你加給我力量，使我有這樣的能力；把你所命的賜給我，然後依照你所願而命令我。保羅承認自己一切得自你：「誰要誇耀，誇耀應歸於主。」①我又聽到另一位要求你說：「請你解除我口腹之欲。」②於此可見，我的聖善的天主啊，凡依照你的命令而實踐的，都是出於你的賜賚。

我的慈父，你又教誨我：「自處潔淨的人，一切都是潔淨；但如有人因飲食而使人失足，就有罪了；天主所造的都是好的，沒有一物可以拋棄的，但領受時應感謝天主；食物並不使我們見悅於天主；不要使人以飲食來批判我們；吃的人不可輕看不吃的人，不吃的人不可批判吃的人。」③

這是我所聆的教訓，我感謝你，讚美你，我的天主，振我聾聵、照我心田的良師。求你救我於一切誘惑。我不怕食物的不潔，只怕嗜好的不潔。我知道你容許挪亞吃一切禽獸的肉④；以利亞食肉後恢復了體力⑤；約翰驚人的苦行，也以蝗蟲爲食，並不因食肉而受帶累⑥；但我

①見〈哥林多前書〉一章三十一節。
②見〈德訓篇〉二十三章六節。
③見《新約・提多書》一章十五節；〈羅馬書〉十四章二十節；〈提摩太前書〉四章四節；〈哥林多前書〉八章八節；〈歌羅西書〉二章十六節；〈羅馬書〉十四章三節。
④事見〈創世紀〉二十五章三十六節。
⑤事見《舊約・列王紀上》十七章六節。
⑥事見〈馬太福音〉三章四節。

也知道以掃因貪一盆扁豆而受欺①;大衛以渴求飲水而自責②;而我們的君王耶穌所受試探,不是酒肉,而是麵包③;人民在曠野中所以受到懲罰,不是因爲想吃肉,而是爲想吃肉而抱怨天主④。

我被圍於誘惑之中,每天和口腹之欲交戰;這種食欲和淫欲不同,不能拿定主意和它毅然決絕,如我對於絕欲的辦法;必須執住口腔的羈勒,駕御控縱。主啊,哪一人能絲毫不越出需要的界限?如果有這樣的人,眞是偉大,請他讚美你的聖名。我呢,我是一個罪人,我決不能如此。但我也讚美你的聖名。希望戰勝世界的耶穌,爲我的罪惡代求,希望他把我列爲全身殘弱的肢體之一,因爲「你的雙目洞燭它的缺陷,人人都記錄在你的表册上」⑤。

32

芬芳的誘惑對我影響不大;聞不到,並不追求;嗅到了,也不屏絕;但我準備終身不聞芬芳。至於我有此打算,可能估計錯誤。因爲我內心一片黑暗,使我看不出我本身能做什麼,以致捫心自問我有什麼能力時,我也輕易不敢自信,除了經驗已經證明外,我內心一切往往最難測度。人

①事見〈創世紀〉二十五章三十——三十四節。
②事見《舊約·撒母耳記下》二十三章十五——十七節。
③見〈馬太福音〉四章三節。
④事見《舊約·民數記》十一章四節。
⑤見〈詩篇〉一三八首十四節。

的一生既是連續不斷的考驗，對於生活誰也不能有恃無恐，一人能改惡從善，也能變好爲壞。唯一的希望，唯一的依賴，唯一可靠的保證是你的慈愛。

33

聲音之娛本來緊緊包圍著我，控制著我，你解救了我。現在對於配合著你的言語的歌曲，以優美嫻熟的聲音唱詠而出，我承認我還是很愛聽的，但不至於流連不捨。這些歌曲是以你的言語爲靈魂，本應在我心中占比較特殊的席位，但我往往不能給它們適當的位置。有時好像給它們過高的光榮：聽到這些神聖的歌詞，通過樂曲唱出，比了不用歌曲更能在我心中燃起虔誠的火焰，我們內心的各式情感，在抑揚起伏的歌聲中找到了適合自己的音調，似被一種難以形容的和諧而蕩漾。這種快感本不應使神魂顚倒，但往往欺弄我：人身的感覺本該伴著理智，馴順地隨從理智，僅因理智的領導而被接納，這時居然要反客爲主地超過理智而自爲領導。在這方面，我不知不覺地犯了錯誤，但事後也就發覺的。

有時我過分防範受騙，犯了過於嚴厲的錯誤，有幾次我不願聽，甚至不要在聖殿中唱配合大衛〈詩篇〉的經常唱的歌曲，我認爲採用相傳亞歷山大里亞城主教阿塔那西烏斯所採用的方式比較妥善，用這種方式詠唱詩篇，聲調極少變化，不像歌唱，更近乎朗誦。

但回想我恢復信仰的初期，怎樣聽到聖堂中的歌聲而感動得流淚，又覺得現在聽了清澈和諧的歌曲，激動我的不是曲調，而是歌詞，便重新認識到這種制度的巨大作用。

我在快感的危險和具有良好後果的經驗之間眞是不知如何取捨，我雖則不作定論，但更傾向於贊成教會的歌唱習慣，使人聽了悅耳的音樂，但使軟弱的心靈發出虔誠的情感。但如遇音樂的感動我心過於歌曲的內容時，我承認我在犯罪、應受懲罰，這時我是寧願不聽歌曲的。

這是我目前的情況。凡內心有良好意願而能實踐的人，請他們和我一起痛哭，為我痛哭；因為內心不作打算的人，對這一切是無動於衷的。主、我的天主，求你俯聽、垂視我、惻然醫治我；在你眼中，我為我自己是一個不解之謎，這正是我的病根。

34

最後我將懺悔我雙目的享受，希望身為天主的聖殿的人們以友誼的雙耳誠聽我的懺悔。有關肉情的誘惑，將至此告一段落，這種種誘惑至今正在襲擊著「呻吟不輟、渴望得庇於天上的安宅，猶如衣服蔽體」①的我。我的眼睛喜歡看美麗的形象、鮮豔的色彩。希望我的靈魂不要為這種種所俘虜，而完全為天主所占有；這一切美好是天主所創造的，我的至寶是天主，不是它們。每天，只要我醒著，它們便挑逗我，不讓我有片刻的安寧，不似悅耳的聲音有時入於萬籟俱寂之中；使我能享受暫時的恬靜。白天，不論我在哪裡，彩色之王、光華燦爛浸潤我們所睹的一切，即使我另有所思，也不斷用各種形色向我傾注而撫摩著我。它具有極大的滲透力，如果突然消失，我便渴望追求，如果長期絕跡，我的心靈便感到悒悒不樂。

光明啊雙目失明的多比雅看見了你，他以生活之道教誨兒子，以仁愛的實踐自為先導，從未

①見〈哥林多後書〉五章二節。

走入歧途①；龍鍾而蒙瞀的以撒也看見了你，他能用祝福來辨識二子，而不是先認清兒子後給予祝福②；年邁而失明的雅各也看見了你，他以內心的光芒照明了代表民族前途的諸子，對自己的孫子、約瑟的二子，不照約瑟根據長幼而排列的次序，卻憑了心靈的辨別，交叉了雙手祝福他們③。這才是眞光的照耀，是唯一的光明，使見到此光而油然生愛的人與此光融而爲一。

爲那些醉心於世俗的瞎子，我所說的物質的光明給生活撒上了逗人的、危險的甜味。但誰能因這種光明而讚頌你天主、讚頌萬有的創造者，則已在對你的歌頌中吸取光明，而不是在醉生夢死中被光明所吸取。我也願意如此。我拒絕了眸子的誘惑，不讓它們阻礙我的雙足走你的道路；我向你睜開了無形的眼睛，盼望你把我雙足從羅網中解脫出來。我雙足不斷蹈入羅網，你是不斷地把它們提攜起來。遍地是羅網，我經常失足，你不斷拯救我，因爲你是「以色列的保護者，你是無休無止的清醒著」④。

人們對衣、履、器物以及圖像等類，用各種技巧修飾得百般工妙，只求悅目，卻遠遠越出了樸素而實用的範圍，更違反了虔肅的意義；他們勞神外物，鑽研自己的製作，心靈中卻拋棄了自身的創造者，摧毀了創造者在自己身上的工程。

①事見《舊約．多比雅書》四章二節。譯者按：〈多比雅書〉見於天主教本《舊約》，基督教新教斥為「次經」，不錄。
②事見《舊約．創世紀》二十七章。
③事見〈創世紀〉二十八、二十九章。
④見〈詩篇〉一二〇首四節。

我的天主，我的光榮，就在這一方面我也要歌頌你，向爲我而自作犧牲的祭獻者獻上歌頌之祭，因爲藝術家得心應手製成的尤物，無非來自那個超越我們靈魂、爲我們的靈魂所日夜想望的至美。創造或追求外界的美，是從這至美取得審美的法則，但沒有採納了利用美的法則。這法則就在至美之中，但他們視而不見，否則他們不會捨近求遠，一定能爲你保留自己的力量，不會消耗力量於疲精勞神的樂趣。

我雖則談論分析了以上種種，而我自己卻蹈入了美麗的羅網，但是你挽救了我，主啊，你挽救了我，因爲你的慈愛常常在我眼前。我可憐地自投羅網，你慈愛地挽救我，有時我搖搖欲墜，你在我不知不覺之際拯拔我；有時我深入陷阱，你便使我忍痛割愛。

35

除了上述之外另有一種誘惑具有更複雜危險的形式。肉體之欲在於一切官感的享受，誰服從肉欲，便遠離你而自趨滅亡，但我們的心靈中尚有另一種掛著知識學問的美名而實爲玄虛的好奇欲，這種欲望雖則通過肉體的感覺，但以肉體爲工具，目的不在肉體的快感。這種欲望本質上是追求知識，而求知的工具在器官中主要是眼睛，因此聖經上稱之爲「目欲」①。

「看」，本是眼睛的專職，但對於其他器官，如我們要認識什麼，也同樣用「看」字。我們不說：「聽聽這東西怎樣發光」，「嗅嗅這東西多麼光亮」，「嘗嘗這東西多麼漂亮」，「摸摸

①見《新約・約翰一書》二章十六節。

這東西多麼耀眼」。但這一切都能通用「看」字。我們不僅能說：「看看什麼在發光」，這僅有眼睛能看到；但也能說：「去看看什麼在響」，「看看什麼在發出香味」，「看看這有什麼滋味」，「看看這東西硬不硬」。

因此，從器官得來的一般感覺都名爲「目欲」，看的職務主要屬於眼睛，其他器官要探索或需認識一樣東西時，因性質類似，所以也襲用「看」的一字。

我們於此能更明顯地確定快感與好奇通過感覺有些什麼作用：快感追求美麗、和諧、芬芳、可口、柔和，而好奇則在追求相反的感覺作爲嘗試，不是爲了自尋煩惱，而是爲了試驗，爲了認識。觀看血淋淋的死屍有什麼快感呢？可是那裡躺著一具屍體，人們便趨之若鶩，看得不寒而慄，覺得淒慘。人們害怕夢見死屍，一似醒時有人強迫他們去看，或聽到似有什麼好看的情狀才被吸引著去看。

對於其他感覺也是如此，不能一一論列。由於好奇的毛病，舞台上便演出種種離奇怪誕的戲劇。好奇心驅使我們追究外界的秘密，這些秘密知道了一無用處，而人們不過爲好奇而想知道，別無其他目的。好奇使人們爲了同樣的虛妄知識，從事巫術。好奇甚至使人們在宗教中試探神明，不爲人的幸福，僅僅爲了長見識而要求靈跡。

在這個密布著陷阱危險的大森林中，我已經斬斷了許多禍根，把它們從我心中鏟除出去，這是你天主、我的救援，賜與我如此做的。但在我日常生活的周圍喧闐著形形色色的事物，什麼時候我才敢說沒有一樣東西能吸引我的注意，攫取我虛妄的好奇心？

的確，戲劇已經勾引過我，我也不再醉心於星辰的運行了，我從未向鬼魅有所卜祝，我痛恨荒誕的迷信。主、我的天主，我本該謹敬質樸地奉事你，但人類的死敵用多少陰謀詭計挑動我的幻想，唆使我向你要求靈跡！通過我們的君王耶穌，通過我們的天鄉、純潔淳樸的耶路撒冷，我懇求你，使我現在如此深惡痛絕，更使我永久如此，且能再接再厲。但我為別人的生死禍福向你祈禱時，那麼我仰求你的意志便迥乎不同於此了；你現在賞賜我，將來也樂於賞賜我完全遵照著你的意志與措施。

每天還有許多微不足道的瑣事來考驗我們的好奇心。誰能計算我們失足的次數！多少次我們最初是礙於情面不要使人難堪，勉強聽著無聊的閒談，逐漸卻聽得津津有味了。我不再去競技場看狗逐兔子，但偶然經過田野，發現走狗獵兔，可能全打斷我的沈思，雖則不至於使我的坐騎改換方向，但心神已追隨不捨。如果不是立即發覺我的弱點，重新收斂思想，上升到你左右，不再妄行盼視，或是想到這事的無謂，不再停留，那麼我會出神地呆在那裡。

我在家中閑坐時，壁虎抓蒼蠅，蛛網纏飛蟲不是往往會吸引我的注意嗎？是否因為這些都是蕞爾小蟲，情況便不一樣？我能從此出發，讚頌你創造亭毒萬有的奇妙，可是我的注意往往並不從此開始。迅速站立起來是一回事，從不跌倒是另一回事。

我的生活中滿是這種情形。我唯一的、最大的希望是你的慈愛。我的心收藏了如是一大堆的虛幻，因此我們的祈禱也往往受騷擾而中斷；在你鑒臨之下，我們的心向你呼號時，不知從哪裡來的空洞凌亂的思潮洶湧而至，打斷了這一項重要功夫。

36

我們是否能把這些缺點認爲不足掛齒呢？什麼能爲我們帶來希望呢？只有你的慈愛，我們所熟悉的慈愛，因爲你已經開始變化我們。變化的過程，你是最清楚的。你先治療我歡喜報仇的積習，從此「你赦免了我其他一切罪過，醫治我一切病症，救我的生命脫離死亡，用仁惠和慈愛作爲我的冠冕，以美好滿足我的欲望」①，你制服我的驕傲，使我的脖子好受你的軛。現在我負著此軛，覺得很輕鬆，一如你所許諾而實踐的。其實本來是輕鬆的，但那時我不知道，因爲我害怕承受羈勒。

主，惟有你統治一切而不驕矜，你是唯一的、眞正的主宰，你自己沒有其他主宰。是否第三類誘惑已經在我身上絕跡，或我有生之日是否可能絕跡？這誘惑是要人們畏而愛之，別無其他目的，只是求逞自己的私意，其實這並無什麼樂趣。人生眞是可憐，而它的妄自尊大實是醜惡！人們所以不能愛你、敬畏你，主要原因在乎此。爲此，你拒絕驕傲的人，賜恩寵於謙遜的人，你對世間的名利榮華，大聲呵斥，山基也爲之震撼！

由於人類社會的某些義務，我們必須得到別人的敬愛畏懼，敵人不甘心我們享受眞正幸福，便在各處撒下羅網，喝采叫好，要使我們在貪婪地收拾這種誘餌時，不知不覺地爲所擒獲，使我們的快樂和你的眞理隔絕，歡喜別人的敬愛畏懼，不是爲了你，而是替代了你；這樣，他使我們

①見〈詩篇〉一〇三首三節。

和他相似，占有了我們，不是爲了團結於仁愛之中，而是和他同受極刑；他高坐在北方，教我們在黑暗寒冷之中，伺候這個狡獪陰險地模仿你的死敵。

主啊，我們是你一批弱小的羊羣，請你保有我們。請展開你的雙翅，讓我們避到你的翼下。希望你成爲我們的光榮，希望我們能爲了你而受人的敬畏，爲了有你的聖「道」在我們身上而受人敬畏。凡是不管你的譴責而謀求別人的褒獎的人，在受你審判的時候，將得不到別人的辯護，也逃不脫你的懲罰。即使不是「惡人稱心如意，受到讚美，也不是作惡的受到祝福」①，而是一人由於你的恩賜而受讚美，這人如果更歡喜自身受讚美，過於所受於你的恩賜，這也是不管你的譴責而受人讚美，這樣，讚美他的人優於受讚美的人。因爲前者欣幸天主加給別人的恩賜，後者卻更欣幸別人給他的恩賜，過於所受於天主的恩賜。

37

我們天天受這些誘惑的試探，我們在連續不斷地受試探。人們的舌頭是每天鍛鍊我們的洪爐。在這一方面你也命令我們節制自己。你知道對這方面我的心如何向你哀號，我的眼睛如何涕零如雨。因爲我很難確定我是否已完全免於這一種疫癘。我非常害怕我的隱慝，這些隱慝，你雖則明鑒，我卻無從看出。對於其他誘惑我已有了一些辨識的能力，對於這種誘惑，我還是一無所知。對於肉體的情欲和空虛的好奇心，只消我的意志不受影響，或它們不出現，我就能看出我有多少

①見〈詩篇〉九首二十四節。

力量控制我的心靈，因爲我能盤問我自己，不受這種誘惑時是否或多或少感到不痛快。

對於財帛，人們追求錢財是爲了滿足上述三種私欲之一二，或同時爲三者；如果一人自疑雖已擁有、能否輕視，則可以棄置，作爲考驗。

對於所受的榮譽，爲了避免榮譽，爲了考驗我們的能耐，是否必須趨向敗壞、墮落、放恣的生活，使認識我們的人都唾棄我們？還有什麼比這種論調、這種見解更荒謬呢？別人的讚美往往跟隨著，而且應該跟隨著良好的生活和良好的行動，二者都不能棄置。惟有事物不在目前，才能看出對這事物能否放下或有所繫戀。

主，對於這一類誘惑我向你懺悔什麼？當然我歡喜聽人家的讚美。但我愛慕眞理，過於讚美。因爲如果有人向我提示：瘋狂謬亂而受到普世的稱揚，堅持眞理而受到普世的呵責，我於二者之間知道選擇什麼。我所不願的是：因我做了一些好事，便把別人的褒獎增加我的快樂。但很可惜，我坦白承認，事實上未免增加我的快樂，猶如受到別人的譴責會減少我的興致。

我對於這種弱點感到不安時，種種藉口便乘隙而入，結果如何，天主啊，你完全明瞭，因爲這情形使我舉棋不定。你不僅命令我們操持謹嚴，對某些事物控制我們的愛情，同時又命令我們服膺於指示我們愛情的正確方向的正義，你不僅要我們愛你，也要我們愛人，爲此我聽了中肯的讚美而感到欣然，或聽到不虞之譽、求全之毀時，我覺得我往往爲了別人的進步與希望而高興，爲了另一人的乖舛而嘆息。

有時別人的讚美也使我悒悒不樂，原因是別人所稱許我的優點恰是我所不取的，或別人對我微薄的優點給予過高的評價。但我又要自問：我怎能確定我的所以不快，不是由於我不願讚美我的人對我的看法和我不合，我的激動不是為了這人的利益，而是因為我本身的優長已使我沾沾自喜，如果得到別人的讚賞，則更使我快心？的確，如果別人不同意我對我自己的評價，或讚賞我所不屑的，或言過其實，在某種程度上，我自覺並未受到讚美。因此在這一方面，我對我自己不是還捉摸不定嗎？

但是，眞理啊，我在你身上認識到對待別人的讚美，應該著眼於別人的利益，不應從自身出發。我是否如此呢？我不知道。在這一方面我對於你，比了對我自身了解得更清楚。我的天主，我哀求你，請你把我的眞面目完全揭露給我看，使我能向那些為我代求的弟兄們懺悔我所能發現的創傷。請你促使我更細致地檢查自己。假使我眞的為了別人的利益而欣然於別人的讚美，那麼為何對於別人的無過受毀所感到的憤慨不如自身所遭受的一般呢？為何我自身所受的侮辱，比了別人在我面前受到同樣的侮辱更使我憤慨不平呢？這一點我眞的意識不到嗎？總之，是否我在欺騙自己？是否在你面前，我的心靈口舌都不在服膺眞理？主啊！使我遠離著這種憒亂悖謬的境界，不要使「我的口舌成為罪惡的膏油傅在我頭上」①！

38

「我眞是一個貧困無告的人」②，僅僅在我獨自呻吟，自恨自怨，追求你的慈愛的時候比較

①見〈詩篇〉一四〇首五節。
②見〈詩篇〉一〇八首二十二節。

好一些，我將追求你的慈愛，一直到補滿我的缺陷，進入驕傲自滿所看不到的和平的純全境界。出自脣吻的言語和有目共睹的行動帶著極危險的誘惑，使我們沽名釣譽，乞求別人的賞識，希望能出人頭地，這誘惑就在我拊心自責的時候，就在我批判它的時候，正在試探我；往往人們以更大的虛榮心誇耀自己輕視虛榮，這樣實際並非在誇耀自己輕視虛榮，因爲既然誇耀，則並不輕視虛榮。

39

在我們內心、在內心深處，尙有同一類型的另一種誘惑，這誘惑使人自滿自足，雖則別人並不歡喜他，甚至討厭他，他也不想使人滿意。這種自滿自足的人最使你討厭，他們不僅以壞爲好，而且以你的好處占爲己有，或以你的恩賜歸功於本身，即使承認你的恩賜，但也不能與人同樂，反而要掠奪他人之所有。在這一類的危險中，你看到我的心是多麼戰慄恐懼，我不敢希望避免創傷，只希望在受傷後即得到你的治療。

40

眞理啊，哪裡你不是和我在一起，指示我行藏取捨？我則盡我所能地向你陳述我淺陋的見解，請你教導。

我盡力之所及用感覺周遊了世界，我又觀察了肉體賴以生活的生命以及感覺本身。從此我又進入了我的記憶深處，進入充滿著千奇萬妙無數事物的高樓大廈，我參觀後驚愕不止；沒有你，我可能什麼也分辨不出；我發現其中一切都不是你。

我周覽以後，用心分析，對每一事物給予適當的評價；通過感覺的傳達，我接納了一部分，加以盤詰；我又親身感覺到和我緊緊相聯的一部分；接著我一一分析了傳達的器官，最後又檢查了記憶的豐富蘊藏，或捨或取。這一切不是我自己能夠發現的，我在進行這工作時，或更可說我賴以進行這工作的能力也不是你。因為你是常燃不熄的光明，對於一切事物的存在、性質和價值，我都請示於你，聽從你的教誨和命令。我經常如此做，感到很大樂趣；每逢必要的工作一有空暇，我便躲入這樂趣中。我遵照你的指示，周歷已遍，可是除了在你懷中我為我的靈魂不能找到一個安穩的境地：只有在你懷中，我能收攝放失的我，使我絲毫不離開你。有時你帶領我進入異乎尋常的心境，使我心靈體味到一種無可形容的溫柔，如果這種境界在我身內圓融通徹，則將使我超出塵凡。可惜我仍墮入困難重重的塵網中，又被結習所纏擾，我被束縛著，我痛哭流淚，可是我緊緊地被束縛著，習慣的包袱是多麼沈重啊！我欲罷不能，欲行不可，真覺進退兩難！

41

為此，我從三種貪欲中檢查我罪惡的病根，並求你伸手挽救我。因為即使用我受傷的心靈，我也看到了你的光輝，我頭暈目眩地說：誰能造就到這種境界？「我曾被拋在你視線之外」①，你是統攝萬有的真理。我呢，由於我的鄙吝，我不願失去你，但我有了你同時又不肯屏絕虛偽，

①見〈詩篇〉三十首二十九節。

猶如一人既要說謊，又要知道眞實。為此我失落了你，因為你不屑與虛偽並存。

42

我能找誰斡旋使我與你言歸於好？是否該請教天使們？說什麼話求他們？用什麼儀式？許多人力圖重返你跟前，自覺氣餒，據我所聽到的，他們作了種種嘗試，墮落到乞靈於荒誕離奇的幻夢，結果受到欺騙。

他們傲慢地找尋你，衒露著滿腹學問，而不是拊心自訟，因此引來了和他們志同道合的、同樣驕傲的「空中妖魔」①，受到妖術邪法的欺騙。他們找尋一位中間人來為自己澡雪，可是沒有找到，以致「魔鬼冒充了光明的天使」②，魔鬼沒有肉體，所以對於驕傲的肉軀特別有吸引力。

他們都是注定死亡的罪人，他們傲慢地找尋你天主，想和永生不死的、潔淨無瑕的你和好。作為神人之間的中間者，必須具有和神相似的一面，又有和人相似的一面，假如兩方面都同於人，則與神距離太遠，假如兩方面都同於神，則又與人距離太遠，都不能擔任中間者。那個偽裝的中間者，由於你的神妙不測的擺布，捉弄那些驕傲的人，他有一點和人相似，便是罪惡；因為他沒有肉體，便擺出神明的模樣，要人奉他為神；但「罪孽的果報是死亡」③，他和人受到共同的果報，和人同受死亡的懲罰。

①見《新約・以弗所書》二章二節。
②見〈哥林多後書〉十一章十四章。
③見〈羅馬書〉六章二十三節。

43

由於你神妙不測的慈愛，你向人類顯示並派遣了一位眞正的中間者，使人們通過他的榜樣，學習謙遜。「這位天主與人類的中間者，即是降生爲人的耶穌基督」①，他站在死亡的罪人與永生至義的天主之間，他死亡同於衆生，正義同於天主，正義的賞報既是生命與和平，他以正義與天主融合，而又甘心與罪人同受死亡，藉以消除復皈正義的罪人的永死之罰；他被預示於古代聖賢，使他們信仰他將來所受的苦難而得救，一如我們信仰他已受苦難而得救。他以人的身分擔任中間者，若以天主的「道」而論，則不能是中間者，因爲他與天主相等，是天主懷中的天主，同時是唯一的天主。

我的慈父，你眞是多麼愛我們，甚至「不惜以你的聖子爲我們交付於惡人手中」②。你眞是多麼愛我們，甚至使「聖子與天主相等而不自居，甘心降爲僕人，死於十字架上」③，惟有他在「死亡的人類中不爲死亡所拘束」④，「有權捨棄生命，也有權再取回生命」⑤；他爲了我們，在你面前，是勝利者而又是犧牲，因爲自作犧牲，所以成爲勝利者；他爲了我們，在你面前，是

①見《新約・提摩太前書》二章五節。
②見〈羅馬書〉八章三十二節。
③見〈腓立比書〉二章六節。
④見〈詩篇〉八十七首六節。
⑤見〈約翰福音〉十章十八節。

祭司而亦是祭品，因爲自充祭品，所以他是祭司；他本是你所生，卻成爲我們的僕人，使我們由奴隸而成爲你的子女。因此我有理由把堅定不移的希望放在他身上，你將通過這位「坐在你右面，爲我們代求」①的他治療我的一切疾病，否則我絕無希望。我的病症既多且重，但你的救藥自有更大的效力。你的「道」如果不「降世爲人，居住在我們中間」②，我們可能想他和人類距離太遠，不能和他聯繫而失望。

想起我的罪惡，使我恐懼不安，我在憂患的重重壓迫之下徬徨轉側，想遁入曠野，但你阻止我，堅定我的心，對我說：「基督的所以爲罪人受死，是爲使人們不再爲自己生活，而爲代其受死者生活。」③主啊，爲此「我把我的顧慮都卸給你」，「我將欽仰你法律的奧蘊」④。你認識我的愚弱，請你教導我，治療我，你的獨子，「一切智慧的府庫」⑤，用自己的血救贖了我們。驕傲的人們不必再來誣衊我了，我想到救贖我的代價，我飲食他的血肉，我分施他的血肉，貧窮的我願意因此飽飫，也希望別人分享而同獲飽飫：「凡追求天主的人，都將讚美天主！」⑥

①見〈羅馬書〉八章三十四節。
②見〈約翰福音〉一章十四節。
③見〈哥林多後書〉五章十五節。
④見〈詩篇〉五十四首二十三節；一一八首十八節。
⑤見〈歌羅西書〉二章三節。
⑥見〈詩篇〉二十一首二十七節。

卷十一

1

主啊，永恒既屬於你有，你豈有不預知我對你所說的話嗎？你豈隨時間而才看到時間中發生的事情？那麼我何必向你訴說這麼一大堆瑣事？當然這不是爲了使你因我而知道這些事，而是爲了激發我和讀我書的人們的熱情，使我們都說：「主，你是偉大的，你應受一切讚美。」①我已經說過，我還要說：我是由於喜愛你的愛所以才如此做。我們也祈禱，而眞理說：「你們求你們的父親之前，他已知道你們的需要。」②因此，向你訴說我們的憂患和你對待我們的慈愛，是爲了向你披露我們的衷情，求你徹底解救我們——因爲你已開始解救我們——使我們擺脫自身的煩惱，在你身上找到幸福，因爲你已號召我們應該：安貧、溫良、哀痛、飢渴慕義、慈惠待人、純潔、和平③。

①見〈詩篇〉九十五首四節。
②見〈馬太福音〉六章八節。
③按即〈馬太福音〉五章三——九節所列的「真福八端」。

我竭我的能力和意志，向你陳述許多事情，這是由於你首先願意我稱頌你，我的主，我的天主，稱頌「你是美善的，你的慈愛永永不匱」①。

2

我的筆舌怎能縷述你對我作出的一切教誨、警誡、撫慰和安排，如何引導我向你的子民傳布你的聖訓、分發你的「聖事」？如果我能具述這一切經過，那麼一點一滴的時間爲我也是寶貴的。

我久已渴望能鑽研你的法律，向你承認我的所知與所不知，敘述你照耀我的曙光，直至我的昏懦被你的神力所攝取。除了爲恢復體力的必要休息和我的研究工作，以及我分內或自願爲別人服務的工作外，所餘下的空閑時間，我不願再消磨在其他事務上了。

主、我的天主，請你俯聽我的祈禱，懇求你的慈愛聽取我的志願，我熱烈的蘄望並非爲我個人，也想爲弟兄們的友愛有所貢獻；你知道我的衷心的確如此。使我奉獻我的思想與言語爲你服務，請你賜給我祭獻的儀物，因爲我是困苦貧寒，「凡求你的，都享受你的宏恩厚澤」②，你一無憂慮，卻盡心照顧我們。請斬斷我身內、身外和我唇舌的一切魯莽、一切作僞，使你的聖經成爲我純淨的好尙，使我不至於曲解聖經，自誤誤人。主啊，請你俯聽我、憐憫我；主、我的天主，瞽者的光明，弱者的力量，但同時也是明者的光明，強者的力量，請你垂視我的靈魂，請你傾聽

①見〈詩篇〉一一七首一節。
②見〈羅馬書〉十章十二節。

它「發自幽谷的呼號」①；如果你不聽到幽深之處，那我們將往何處，將向何處呼號？

「白天是你的，黑夜也是你的」②，光陰隨你驅使而流轉。請你給我深思的時間，使我鑽研你的法律的奧蘊，不要對敲門者閉而不納。你願意寫成如許閎深奧衍的篇帙，並非徒然的，這些森林中不是有麋鹿棲伏、漫步、飲食、憩息、反芻於其間嗎？主啊，請你成全我，把書中奧旨啓示我。你的聲音是我的歡樂，你的聲音超越一切歡樂。你賜給我所喜愛的；而我正喜愛這些書，這眞是你的恩賜。不要放棄你所給我的恩賜，不要輕視你這一莖飢渴的草。在你的書中我如有所心得，都將向你稱謝：「使我聽到稱謝你的聲音」③，使我深深領略你，「瞻仰你一切奇妙的作爲」④，從你創造天地的開始，直至和你共生於你的聖城、永遠的神國。

主啊，請你憐憫我，聽從我的志願；我認爲我的志願不在乎塵世的金、銀、寶石、華服、榮譽、權勢，或肉體的快樂，也不在乎羈旅生涯中此身必需之物，「這一切自會加於追求天國與你的義德的人們」⑤。

主啊，請看我的願望是如此。「不義的人們向我講述他們的樂事，但是，主，這和你的法律不同。」⑥這便是我願望的眞源。聖父，請你看，請你垂視；請你看，請你俞允；希望在你慈愛

---

①見〈詩篇〉一二九首一節。
②同上，七十三首十六節。
③同上，二十五首七節。
④同上，一一八首十八節。
⑤見〈馬太福音〉六章三十三節。
⑥見〈詩篇〉一一八首八十五節。

的鑒臨下，我能得到你的歡心，在我敲門時能敞開你言語的樞奧。通過我的主、耶穌基督、你的聖子，「坐在你右邊的、你所堅固的人子」①，你與我們之間的中間者，你用他來找尋那些不追求你的人，你找尋我們使我們追求你，通過你用以創造萬物——我是其中之一——的「道」，通過你的獨子，你用他來召喚信仰的人民成爲你的義子——我也是其中之一——通過他我懇求你，他是「坐在你右邊，爲我們代求」②，是「一切智慧的府庫」；我在你的聖經中探求的便是他。摩西所寫的是關於他：這是他自己說的，也即是眞理說的。

3

使我聽受、使我懂得你怎樣「在元始創造了天地」③。摩西寫了這句話。摩西寫後，從此世、從你所在的地方到達了你身邊，現在摩西已不在我面前了。如果在的話，我一定要拖住他，向他請教，用你的名義請他爲我解釋，我定要傾聽他口中吐出的話。可是如果他說希伯來語，那麼他的話徒然地敲我的耳鼓，絲毫不能進入我的思想，如果說拉丁語，我能懂得他說什麼。但我怎能知道他所說的是眞是假呢？即使知道，是否從他那裡知道的呢？不，這是在我身內，在我思想的居處，並不用希伯來語、希臘語、拉丁語或蠻邦鴃舌之音，也不通過唇舌的動作，也沒有聲音的震盪，眞理說：「他說得對」，我立即完全信任他，肯定地說：「你說得對。」

①見〈詩篇〉七十九首十八節。
②見〈歌羅西書〉三章一節。
③見〈創世紀〉一章一節。天主教以〈創世紀〉為摩西的著作。

但是我不可能詢問摩西，我只能求你眞理——摩西因爲擁有滿腹眞理，才能道出眞理——我只能求你，我的天主，求你寬赦我的罪過，你既然使你的僕人摩西說出這些話，也使我理解這些話。

4

天地存在著，天地高呼說它們是受造的，因爲它們在變化。凡不是受造而自有，則在他身上不能有先無而後有的東西，不能有變化的東西。

天地也高喊著它們不是自造的：「我們的所以有，是受造而有；在未有之前，我們並不存在，也不能自己創造自己。」它們所說的話即是有目共睹的事實。

因此，是你，主，創造了天地；你是美，因爲它們是美麗的；你是善，因爲它們是好的；你實在，因爲它們存在，但它們的美、善、存在，並不和創造者一樣；相形之下，它們並不美，並不善，並不存在。

感謝你，這一切我們知道，但我們的知識和你的知識相較，還不過是無知。

5

你怎樣創造天地的呢？你用哪一架機器來進行如此偉大的工程？你不像人間的工匠，工匠是以一個物體形成另一個物體，隨他靈魂的意願，能以想像所得的各種形式加於物體——靈魂如不是你創造，哪會有這種能力？——以形式加於已存在的泥土、木石、金銀或其他物質。這一切如果不是你創造，從哪裡來呢？你給工匠一個肉軀，一個指揮肢體的靈魂，你供給他所需的材料，你賦給他掌握技術的才能，使能從心所欲地從事製作，你賦給他肉體的官感，通過官感而把想像所得施之於物質，再把製成品加以評鑒，使他能在內心諮詢主宰自身的眞理，決定製作的好壞。

這一切都歌頌你是萬有的創造者。但你怎樣創造萬有的呢？天主，你怎樣創造了天地？當然，你創造天地，不是在天上，也不在地上，不在空中，也不在水中，因爲這些都在六合之中；你也不在宇宙之中創造宇宙，因爲在造成宇宙之前，還沒有創造宇宙的場所。你也不是手中拿著什麼工具來創造天地，因爲這種不由你創造而你藉以創造其他的工具又從哪裡得來的呢？哪一樣存在的東西，不是憑藉你的實在而存在。

因此你一言而萬物肇始，你是用你的「道」——言語——創造萬有。

6

但你怎樣說話呢？是否如「有聲來自雲際說：這是我鍾愛的兒子」①一樣？這聲音有起有訖，有始有終，字音接二連三地遞傳，至最後一音而歸於沉寂，這顯然是一種受造物體的振動，暫時的振動，爲你的永恒意志服務，傳達你的永恒意志。肉體的耳朵聽到這一句轉瞬即逝的言語，傳達給理智，理智的內在耳朵傾聽你永恒的言語。理智把這一句暫時有聲響的言語和你永恒的、無聲的言語：「道」比較，便說：「二者迥乎不同，前者遠不如我，甚至並不存在，因爲是轉瞬即

①見〈馬太福音〉三章十七節，十七章十五節。

逝的，而我的天主的言語是在我之上，永恒不滅的。」①

如果你創造天地，是用一響即逝的言語說話，如果你眞的如此創造了天地，那麼在天地之前，已存在物質的受造物，這受造物暫時振動，暫時傳播了這些話。可是在天地之前，並沒有任何物體，即使有，也不是用飛馳的聲音創造的，而是利用它來傳播飛馳的聲音，藉以創造天地。形成聲音的物體，不論是怎樣，如果不是你創造，也決不存在。那麼要使形成聲音的物體出現，你究竟用什麼言語呢？

7

你召喚我們，教我們領會你的言語：「道」，這「道」是「和你天主同在」②的天主，是永永不寂的言語，常自表達一切，無起無訖，無先無後，永久而同時表達一切，否則便有時間，有變化，便不是眞正的永恒，眞正的不朽不滅。

我的天主，我認識這一點，並向你致謝。主啊，我承認我認識這一點，凡不辜負確切的眞理的人，也和我一起認識這一點，並且讚頌你。我們知道，主啊，我們知道死和生，即是先有而後無，或先無而後有。因此你的「道」既然常生常在，永永無極，則無所謂逝，亦無所謂繼。你用了和你永恒同在的「道」，永永地說著你要說的一切，而命令造成的東西便造成了，你惟有用言

①見《舊約・以賽亞書》四十章八節。
②見〈約翰福音〉一章一節。

語創造，別無其他方式；但你用言語創造的東西，既不是全部同時造成，也不是永遠存在。

8

主，我的天主，請問原因在哪裡？我捉摸到一些，但只意會而不能言傳：一切開始存在或停止存在的東西，僅僅在你無始無終的永恒思想中認爲應開始或應停止時才開始存在或停止存在，這思想即是你的「道」，這「道」也是「元始，因爲他向我們講了話」①，他在福音中通過肉體而說話，他的聲音自外進入人們的耳朶，教人們信從，教人們在內心追求他，在這位獨一無二的良師所教誨門弟子的永恒眞理中獲致他。

主啊，在那裡我聽到你的聲音對我說：「凡訓導我們的，才是對我們說話；凡不訓導我們，即使說話，也等於不對我們說。」除了不變的眞理外，誰訓導我們？即使我們在變易的受造物之前受到教益，也是爲引導我們走向不變的眞理，我們立而恭聽，庶幾眞受其益，所謂「聽到新郎的聲音而喜樂」②，因爲使我們歸向本原。他的所以是「元始」，因爲他若非常在，則我們將徬徨而無所歸宿。我們的所以能放棄錯誤，當然是認識之後才能迷途知返，而我們的所以能認識，是由於他教導我們，因爲他是「元始」，並且向我們說了話。

---

①見〈約翰福音〉八章二十五節。

②同上，三章二十九節。

9

天主，你在「元始」之中，在你的「道」之中，在你的聖子之中，在你的德能、智慧、眞理之中，奇妙地說話，並奇妙地工作。誰能領會其中奧旨？誰能闡述？誰能不斷照耀我、敲擊我的心而不使受損傷？我既恐懼，又熱愛；恐懼，因爲我和他有不同之處；熱愛，因爲我和他有相同之處。智慧，是智慧照耀我，撥開我的烏雲，但當我在憂患的陰霾重重壓迫下支持不住時，這烏雲又從而籠罩我，「我的力量因貧困而損耗」①，以致不能承擔我的富裕，直到你、主，「赦免了我一切罪過，醫治了我一切病症，救我的性命脫離死亡，以慈惠仁愛作爲我的冠冕，以恩物滿足我的願望，使我返老還童，矯健如鷹」②。「我們的得救，賴於希望，並用堅忍的信心等待你的諾言」③。讓每人依照自己的能力，在心靈中聽取你潛在的言語吧，我是信賴你的話，我要高喊說：「主啊，你所造的多麼偉大，你用智慧造成了萬有。」④這智慧便是「元始」，而你在這「元始」之中造成了天地。

①見〈詩篇〉三十首十一節。
②同上，一〇三首三——五節。
③見〈羅馬書〉八章二十四節。
④見〈詩篇〉一〇三首四節。

10

有些人滿懷充塞著成見，向我們詰問：「天主在創造天地之前做些什麼？如果閑著無所事事，何不常無所爲，猶如他以後停止工作一樣？如果天主爲了創造從未創造過的東西，有新的行動、新的意願，那麼怎能說是眞正的永恒？前所未有的意願又從何處發生？天主的意願不由受造而來，而是在乎造物之前，因爲創造一物之前，創造者先有意願。所以天主的意願屬於天主的本體。天主的本體中如產生一些前所未有的東西，則天主的本體不能說是眞正的永恒；既然天主創造的意願是永遠的，那麼受造爲何不也是永遠的呢？」

11

說這些話的人還沒有了解你，天主的智慧、一切思想的光明。他們還沒有懂得在你之中所由你創造的東西是怎樣造成的，他們力求領略永恒的意義，他們的心卻沉浮於事物過去和未來的波浪之中，依然無所著落。

誰能遏止這種思想，而凝神佇立，稍一攬取卓然不移的永恒的光輝，和川流不息的時間作一比較，可知二者絕對不能比擬，時間不論如何悠久，也不過是流光的相續，不能同時伸展延留，永恒卻沒有過去，整個只有現在，而時間不能整個是現在，他們可以看到一切過去都被將來所驅除，一切將來又隨過去而過去，而一切過去和將來卻出自永遠的現在。誰能把定人的思想，使它駐足諦觀無古往無今來的永恒怎樣屹立著調遣將來和過去的時間？

我的手能不能呢？我的口舌的手能不能通過言語作出這樣的奇蹟呢？

12

對於提出：「天主創造天地前在做什麼？」這樣的問題的人，我如此答覆。

我不採用那種打趣式的答語來解決這嚴重問題，說：「天主正在爲放言高論者準備地獄。」看清楚是一回事，打趣是另一回事。我不作這樣的答覆。我對不知道的事寧願回答說：「不知道」，不願嘲笑探賾索隱的人或讚許解答乖誤的人。

但是，我的天主，我說你是萬有的創造者，如果天地二字指一切受造之物，我敢大膽地說：天主在創造天地之前，不造一物。因爲如果造，那麼除了創造受造之物外，能造什麼？巴不得我能知道我所願知道而且知之有益的一切，猶如我知道在一切受造之物造成之前，別無受造之物。

13

思想膚淺的人徘徊於過去時代的印象中，覺得非常詫異，以爲化成一切和掌握一切的全能天主、天地的創造者，在進行如許工程之前，虛度著無量數的世紀而無所事事；我希望他甦醒過來，認識他的詫異是錯誤的。

你既然是一切時間的創造者，在你未造時間之前，怎能有無量數的世紀過去？能有不經你建定的時間嗎？既不存在，何謂過去？

既然你是一切時間的創造者，假定在你創造天地之前，有時間存在，怎能說你無所事事呢？

這時間即是你創造的，在你創造時間之前，沒有分秒時間能過去。如果在天地之前沒有時間，爲何要問在「那時候」你做什麼？沒有時間，便沒有「那時候」。

你也不在時間上超越時間：否則你不能超越一切時間了。你是在永永現在的永恒高峰上超越一切過去，也超越一切將來，因爲將來的，來到後即成過去；「你永不改變，你的歲月沒有窮盡。」①你的歲月無往無來，我們的歲月往過來續，來者都來。你的歲月全部屹立著決不過去，不爲將來者推排而去，而我們的歲月過去便了。你是「千年如一日」②，你的日子，沒有每天，只有今天，因爲你的今天既不遞嬗與明天，也不繼承著昨天。你的今天即是永恒。你生了同屬永恒的一位，你對他說：「我今日生你。」③④你創造了一切時間，你在一切時間之前，而不是在某一時間中沒有時間。

14

於此可見，你絲毫沒有無爲的時間，因爲時間即是你創造的。沒有分秒時間能和你同屬永恒，因爲你常在不變，而時間如果常在便不是時間了。

時間究竟是什麼？誰能輕易概括地說明它？誰對此有明確的概念，能用言語表達出來？可是

①見〈詩篇〉一〇一首二十八節。
②見《新約・彼得後書》三章八節。
③按指天主第二位聖子。
④見〈詩篇〉二首七節；《新約・希伯來書》五章五節。

在談話之中，有什麼比時間更常見，更熟悉呢？我們談到時間，當然了解，聽別人談到時間，我們也領會。

那麼時間究竟是什麼？沒有人問我，我倒清楚，有人問我，我想說明，便茫然不解了。但我敢自信地說，我知道如果沒有過去的事物，則沒有過去的時間；沒有來到的事物，也沒有將來的時間，並且如果什麼也不存在，則也沒有現在的時間。

既然過去已經不在，將來尚未來到，則過去和將來這兩個時間怎樣存在呢？現在如果永久是現在，便沒有時間，而是永恒。現在的所以成爲時間，由於走向過去；那麼我們怎能說現在存在呢？現在所以在的原因是即將不在；因此，除非時間走向不存在，否則我便不能正確地說時間不存在。

15

我們說時間長短，只能對過去或將來而言。長的過去，譬如我們說百年之前，長的將來，譬如說百年之後；短的過去，譬如說十天之前，短的將來，譬如說十天之後。但不存在的時間怎能有長短呢？因爲過去已經不存在，而將來尚未存在。爲此，我們不要說：時間是長的；對於過去的時間，只能說：曾是長的；對將來的時間，只能說：將是長的。

我的天主，我的光明，這裡你是否又要笑世人了？過去的時間，長在已經過去，還是長在尚未過去之時？一樣東西能有長短，才能是長是短。既然過去，已不存在，既不存在，何有長短？因此，我們不要說：過去的時間曾是長的；因爲一過去，即不存在，我們便找不到有長度的東西了；那麼我們更好說：這個現在的時間曾是長的。因爲時間的長短在乎現在：旣然尙未過去，尙未不存在，因此能有長短，過去後就入於無何有之鄉，也就沒有長短可言了。

我的靈魂，你該追究一下，現在的時間能不能是長的，因爲你有辨別快慢、衡量快慢的能力。你將怎樣答覆我呢？

現在的一百年是不是長的時間？先研究一下，一百年能否全部是現在？如果當前是第一年，則第一年屬於現在，而九十九年屬於將來，尙未存在；如果當前是第二年，則第一年已成過去，第二年屬於現在，其餘屬於將來。一百年中不論把哪一年置於現在，在這一年之前的便屬於過去，以後的屬於將來。爲此一百年不能同時都是現在的。

再看當前的一年是否現在呢？如果當前是正月，則其餘十一月都屬將來；如果當前是二月，則正月已成過去，其餘十個月尙未來到。因此，即使當前的一年也並非全部屬於現在，旣非全部現在，則這一年也不是現在的。因爲一年十二個月，當前不論是哪一個月，僅僅這一個月是現在，其餘十一個月或已成過去，或屬於將來。況且當前的一個月也不能說是現在，只有一天，如是第一天，則其餘都屬將來，如是末一天，則其餘都是過去，如是中間一天，則介乎過去和將來之間。

現在的時間，我們認爲僅有可以稱爲長的時間，已經勉強收縮到一天。我們再研究一下，就是這麼一天也不是整個是現在的。日夜二十四小時，對第一小時而言，其餘都屬將來，對最後一小時而言，則其餘已成過去，中間的任何一小時，則前有過去，後有將來。而這一小時，也由奔走遁逃的分子所組成，凡飛馳而去的，便是過去，留下的則是將來。設想一個小得不能再分割的時間，僅僅這一點能稱爲現在，但也迅速地從將來飛向過去，沒有瞬息伸展。一有伸展，便分出了過去和將來：現在是沒有絲毫長度的。

那麼我們能稱為長的時間在哪裡呢？是否將來的時間？對於將來我們不能說它是長的，因為可以名為長的時間尚未存在。那麼我們只能說：將是長的。但對當前而言，既然屬於將來，不能是長的，因為還不可能有長短。假如說從尚未存在的將來，開始存在，即將成為現在，能有長的屬性，這時間才是長的，則我們上面已經聽到，現在的時間正在高喊說它不可能是長的。

16

但是，主，我們覺察到時間的距離，能把它們相互比較，說哪一個比較長，哪一個比較短。我們還度量這一段時間比那一段長短多少，我們說長一倍、兩倍，或二者相等。但我們通過感覺來度量時間，只能趁時間在目前經過時加以度量；已經不存在的過去，或尚未存在的將來又何從加以度量？誰敢說不存在的東西也能度量？時間在通過之時，我們能覺察度量，過去後，既不存在，便不能覺察度量了。

17

我的慈父，我是在探索，我並不作肯定。我的天主，請你支持我，領導我。

我們從小就有人教我們，時間分現在、過去和將來，我們也如此教兒童。誰會對我說時間並無這三類，僅有現在，過去和將來都不存在？是否過去和將來也都存在？將來成為現在時，是否從某一個隱秘的處所脫身而出；現在成為過去時，是否又進入了隱秘的處所？將來既未存在，預言將來的人從何處看到將來？不存在的東西，誰也看不到。講述往事的人如果心中沒有看到，所講述的不會眞實；如果過去不留一些蹤跡，便絕不能看到。據此而言，過去和將來都存在。

18

主啊，我的希望，請容許我進一步探索下去，使我的思想不受任何干擾。

如果過去和將來都存在，我願意知道它們在哪裡。假如目前爲我還不可能，那麼我至少知道它們不論在哪裡，決不是過去和將來，而是現在。因爲如作爲將來而在那裡，則尚未存在，如作爲過去，則已不存在。爲此，它們不論在哪裡，不論是怎樣，只能是現在。我們講述眞實的往事，並非從記憶中取出已經過去的事實，而是根據事實的印象而構成言語，這些印象彷彿是事實在消逝途中通過感覺而遺留在我們心中的蹤跡。譬如我的童年已不存在，屬於不存在的過去時間；而童年的影像，在我講述之時，浮現於我現在的回憶中，因爲還存在我記憶之中。

至於預言將來，是否也有同樣情況呢？是否事物雖則尚未存在，而它們的影像已經存在而呈現出來？我的天主，我承認我不知道。我知道一點：我們往往預先計劃將來的行動，計畫屬於現在，計畫的行動既是將來，尚未存在；我們著手時，開始進行我所計劃的行動，這時行動出現，不是將來，而是現在了。

對將來的神妙預覺，不管它是怎樣，必須存在，才能看見。但既然存在，則不是將來，而是現在。人們所謂預見將來，不是指尚未存在的將來事物，可能是看到已經存在的原因或徵兆。因此對看見的人而言，是現在而不是將來，看見後心中有了概念，才預言將來。這些概念已經存在，預言者所看到的是目前存在的概念。

在許多事物中，我舉一個例子談談。

我看見黎明，我預言太陽將升。我看見的是現在，而預言的是將來；我不是預言已經存在的太陽，而是預言尚未存在的日出，但如我心中沒有日出的影像，和我現在談日出時一樣，我也不能預言。我仰觀天空的黎明，雖則是日出的先導，但並非日出，而我心中所形成的影像也不是日出。二者都是現在看到，然後能預言將來。

爲此，將來尚未存在，尚未存在即是不存在；既不存在，便決不能看見；但能根據已經存在而能看見的預言將來。

19

你是一切受造的主宰，你究竟用什麼方式把將來啓示於人們？你曾啓示先知們。爲你並沒有將來，但你怎樣啓示將來呢？或更好說，你怎樣啓示將來事物的現在？因爲不存在的事物，不能啓示。你啓示的方式遠遠超越我的理解力；它是太高深了！憑我本身，決不能到達，但依靠你可能到達，只要你賜與我，「你是柔和的光明，照耀我昏蒙的雙目」①。

①見〈詩篇〉三十七首十一節。

20

有一點已經非常明顯，即：將來和過去並不存在。說時間分過去、現在和將來三類是不確當的。或許說：時間分過去的現在、現在的現在和將來的現在三類，比較確當。這三類存在我們心中，別處找不到；過去事物的現在便是記憶，現在事物的現在便是直接感覺，將來事物的現在便是期望。如果可以這樣說，那麼我是看到三類時間，我也承認時間分三類。

人們依舊可以說：時間分過去、現在、將來三類；既然習慣以訛傳訛，就這樣說吧！這我不管，我也不反對、不排斥，只要認識到所說的將來尚未存在，所說的過去也不存在。我們談話中，確當的話很少，許多話是不確切的，但人們會理解我們所要說的是什麼。

21

我上面說過：我們能度量經過的時間，我們能說這一段時間和另一段時間是一與二之比，或二者相等；我們度量時間的時候對每一段時間能作各種比較。

我也說過，我們是在時間經過時度量時間。如果有人問，你怎樣知道的呢？我將回答說：我知道，因為我是在度量時間；不存在的東西，我們不能度量，而過去和將來都不存在。但現在的時間沒有體積，我們怎樣度量呢？在它經過之時我們進行度量，過去後便不能度量了，因為沒有度量的可能。

我們度量時間時，時間從哪裡來，經過哪裡，往哪裡去呢？從哪裡來？來自將來。經過哪裡？

經過現在。往哪裡去?只能走向過去。從尚未存在的將來出現，通過沒有體積的現在，進入不再存在的過去。

可是度量時間，應在一定的空間中度量?我們說一倍、兩倍、相等，或作類似的比例，都是指時間的長度。我們在哪一種空間中度量目前經過的時間呢?是否在它所自來的將來中?但將來尚未存在，無從度量。是否在它經過的現在?現在沒有長度，亦無從度量。是否在它所趨向的過去?過去已不存在，也無從度量。

22

我的心渴望能揭穿這個糾纏不清的謎!主、我的天主、我的慈父，請不要堵塞，我通過基督懇求你，請你對我的志願不要堵塞通往這些經常遇到的奧妙問題的途徑，許我進入其中，用你慈愛的光輝照明這些問題。對於這些問題，我能向誰請教呢?除了向你外，我能向誰承認我的愚昧無知而更取得進益?只有你不會討厭我熱烈鑽研你的聖經。把我所喜愛的賜與我，因為我有此愛好。這愛好也是你的恩賜。我在天之父，你是眞正「知道拿好東西給你的兒女們的」①，請你賜給我，因為我正在鑽研，擺在我面前的是一項艱難的工作，我要堅持下去，直到你使我豁然開朗。我通過基督，用聖中之聖的名義懇求你，使任何人不來阻撓我。「我相信，因此我說話」②。我

①見〈馬太福音〉七章十一節。
②見〈詩篇〉一一五首一節。

的希望便是「瞻仰主的榮華」①，我為此而生活。「你使我的時日消逝」②，時日正在過去，怎樣過去的呢？我不知道。

我們說時間、時間，許多時間：「多少時間前，這人說了這話」；「那人做這事花了多少時間」；「已有多少時間我沒有見過這東西」；「這一個音節比那一個短音節時間長一倍」。我們這麼說，這麼聽；別人懂我的話，我也懂別人的話。這是最明白、最尋常的事。但就是這些字句含有深邃莫測的意義，而研究發明是一樁新奇的事。

23

我曾聽見一位學者說時間不過是日月星辰的運行。我不敢贊同。為何不更好說是一切物體的運行呢？如果星辰停止運行，而陶人執鈞製作陶器，便沒有時間來計算旋轉之數嗎？便不能說每一轉速度相等，或這幾轉快一些，那幾轉慢一些，這幾轉時間長一些，那幾轉時間短一些嗎？或是我說這些話，不是在時間中說的嗎？我們言語的語音不是有長有短，聲響也不是有長有短嗎？

天主，請你使人們能通過一個小小的例子而理解大小事物的共同概念。天空有星辰和「光體」作為標識，分別日子、季節和年代。事實是如此。我並不說木輪子一轉即是一日，但我也不說輪子的旋轉不代表時間。

①見〈詩篇〉二十六首四節。
②同上，三十八首六節。

我願知道的是：我們賴以度量物體運動的時間，譬如說這一運動比那一運動時間長一倍，這時間具有什麼性質和能力。人們所謂一天，不僅指太陽在大地上空而區分的白天和黑夜，也指太陽自東徂西的整個圓周，爲此我們說：「過去了多少日子」，這裡日子也包括黑夜，並不把黑夜除外。既然一天的完成在乎太陽的運行，在乎太陽自東至西的圓周，我問：是否這運行即是時間，或運動的持續是時間？或包括二者？

假定前者是時間，則太陽即使僅僅用一小時完成這運動，也是一天。假定後者是時間，如果太陽一次升起至另一次升起僅僅相隔一小時，則必須太陽環繞二十四次，才成爲一天。如果包括二者，則即使太陽以一小時環繞一圈，不能名爲一天；即使太陽停止運行，經過了相當於太陽自早晨至另一早晨運行一圈經常花去的時間，也不能名爲一天。

現在我並不問所謂一天是什麼，而是問藉以度量太陽環行的時間是什麼。譬如我們說，如果太陽環繞一周的時間是十二小時，即僅爲尋常運行時間的一半，我們把二者一比較，說是一與二之比，即使太陽東西運行的時間有時是一半，有時是一倍。

爲此，誰也不要再對我說：時間是天體的運行，因爲聖經記載有人祝禱太陽停止，使戰爭勝利結束，太陽果然停止不動①，但時間仍在過去，戰爭在他所需要的時間中進行而結束。

因此，我看出時間是一種延伸。但我真的看清楚嗎？是否我自以爲看清楚？真理、光明，只有你能指點我。

---

①《舊約·約書亞記》十章十二節，載以色列人和亞摩利人交戰，約書亞禱告天主，使太陽停止不動。

24

是否你命令我贊同時間爲物體運動的主張？不，你並未有這樣的命令。我聽說物體只能在時間之中運動。這是你說的。至於說物體運動即是時間，我沒有聽見你說過。物體運動時，我用時間來度量物體從開始運動至停止共歷多少時間。如果運動持續不輟，我沒有看見運動的開始，也看不到它的停止，我便不能度量，只能估計我從看見到看不見所歷的時間。如果我看見的時間很久，也只能說時間很長。因爲要確定多少時間，必須作出比較，譬如說：彼此一樣，彼此相差一倍，或類似的話。如果我們能在空間中確定一個物體的運動自哪裡開始到達哪裡，或者物體在自轉，則確定這一部分至那一部分的脫離，那麼我們能說物質，或它的某一部分從這裡到那裡經過多少時間。

既然物體的運動是一件事，估計運動歷時多少是另一件事，那麼誰會看不出二者之中哪一樣應名爲時間？各種物體有時活動，有時靜止，我們不僅估計活動的時間，也估計靜止的時間，我們說：「靜止和活動的時間相等」，或「靜止的時間爲活動時間的一倍或兩倍」，或作其他定斷，或作所謂近似的估計。

所以時間並非物體的運動。

25

主啊，我向你承認，我依舊不明瞭時間是什麼。但同時我承認我知道是在時間之中說這些話，並且花了很長時間討論時間，而這「很長時間」，如果不是經過一段時間，不能名爲「很長」。既然我不知道時間是什麼，怎能知道以上幾點呢？是否我不知道怎樣表達我所知道的東西？我眞愚蠢，甚至不知道我究竟不知道什麼東西！我的天主，你看出我並不說謊：我的心怎樣想，我便怎麼說。「你將使我的燈發光，主、我的天主，你將照明我的黑暗。」①

26

我的靈魂向你承認我在度量時間，我所承認的是否符合事實呢？主、我的天主，我在度量時間時，眞的不知道度量什麼嗎？我用時間來度量物體的運動，是否我也同時在度量時間？是否我要度量物體運動自始至終所歷的時間，必須度量物體在其中運動的時間本身？

我用什麼來度量時間本身呢？是否以較短的時間來度量較長的時間，猶如用一肘之長來量一柱之長？我們用短音來量長音的時間，說長音是短音的一倍；我們用詩句的多少來量一首詩的長短，用音節的數目來量詩句的長短，用字音的數目來量音節的長短，用短音來量長音；度量的方式，不在紙上——如在紙上，則和度量空間的長短一樣，不是在度量時間的長短了——而在我們所發出的聲音經過時，我們說：「這首詩有多少句，是長詩；這一句有多少音節，是長句；這一音節有多少音，是長音節，這一音是短音的兩倍，所以是長音。」

即使如此，依舊得不到時間的準確長度：一句短詩讀得慢一些，可能比一句迅速讀過的長詩

①見〈詩篇〉十七首二十九節。

時間長。一首詩，一個音節，一個音都能如此。

根據以上種種，我以爲時間不過是伸展，但是什麼東西的伸展呢？我不知道。但如不是思想的伸展，則更奇怪了。我的天主，我問你：假如我大約估計說：「這一段時間比那一段長」；或正確地說：「這一段時間是那一段的一倍」；我在度量什麼？當然在度量時間，這一點我知道；但我不量將來，因爲將來尚未存在；我不量現在，因爲現在沒有長短；也不量過去，因爲過去已不存在。那麼我量什麼？是否量正在經過的時間，不是量過去的時間？這一點我上面已經說過。

27

我的靈魂，你再堅持一下，努力集中你的注意力。「天主是我們的幫助」，「是他造了我們，不是我們自己造自己的」①。瞧，眞理的黎明在發白了！

譬如一個聲音開始響了，響著……繼續響著……停止了，靜默了，聲音已成過去，已沒有聲息了。在未響之前，沒有聲音，不能度量，因爲並不存在。而現在聲音已經不存在，也不可能度量。在響的時候可以度量，因爲具有度量的條件。可是在當時聲音並非停留不動的，它是在疾馳而過。是否它的可能度量在乎此？因爲它在經過時，伸展到一定距離的時間，使它可能度量，而當前則沒有絲毫長度。

假定在當時可以度量，則設想另一個聲音開始響了，這聲音連續不斷地響著。在聲音響的時

①見〈詩篇〉六十一首九節，九十九首三節。

候，我們度量它，因爲一停止，將成爲過去，不可能度量了。我們仔細地量著，說它有多長。但聲音還在響著：要度量，必須從它開始響量到終止。我們是量始終之間的距離。爲此一個聲音沒有停止，便不能度量，不能說它有多少長，不能說它等於另一聲音或爲另一聲音的一倍等等……但聲音一停，便不存在。這樣我們又何從量起呢？我們是在度量時間，但所量的不是尚未存在的時間，不是已經不存在的時間，不是絕無長度的時間，也不是沒有終止的時間。所以我們不量過去、現在、將來，或正在過去的時間，但我們總是在度量時間。

"Deus creator omnium"：①這一句詩共有長短相間八個音，第一、三、五、七，四個短音，對二、四、六、八，四個長音而言是單音，每一個長音對每一短音而言是有一倍的時間。我讀後便加以肯定，而且感覺也清楚覺察到確實如此。照我的感覺所能清楚覺察到的，我用短音來度量長音，我覺察到長音是短音的一倍。但字音是先後相繼讀出的，前一個是短音，後一個是長音，在短音停止後長音才開始作聲，我怎樣抓住短音去度量長音，說長音是短音的一倍？至於長音，是否我乘它現在而加以度量？可是如果它不結束，我不可能進行度量，而它一結束，卻又成爲過去。

那麼我量的究竟是什麼？我憑什麼來量短音？當我度量時，長音在哪裡？長短兩音響後即飛馳而去，都已不存在。而我卻度量二者，非常自信地說：前者是一，後者是二，當然指時間的長短而言。而且只有在它們過去結束後，我們才能如此說。因此我所度量的不是已經不存在的字音

①引安布羅西烏斯的一句詩，意思是：「天主，萬有的創造者。」

本身，而是固定在記憶中的印象。

我的心靈啊，我是在你裡面度量時間。不要否定我的話，事實是如此。也不要在印象的波浪之中否定你自己。我再說一次，我是在你裡面度量時間。事物經過時，在你裡面留下印象，事物過去而印象留著，我是度量現在的印象而不是度量促起印象而已經過去的實質；我度量時間的時候，是在度量印象。爲此，或印象即是時間，或我所度量的並非時間。

我們還度量靜默，說這一段靜默的時間相當於那聲音的時間；這怎麼說呢？是否我們的思想是著重聲音的長度，好像聲音還在響著，然後才能斷定靜默歷時多少？因爲我們不作聲，不動唇舌，心中默誦詩歌文章時，也能確定動作的長短與相互之間的比例，和高聲朗誦時一樣。一人願意發出一個比較長的聲音，思想中預先決定多少長，在靜默中推算好多少時間，把計畫交給記憶，便開始發出聲音，這聲音將延續到預先規定的界限。聲音響了，將繼續響下去：響過的聲音，已經過去，而延續未完的聲音還將響下去一直到結束。當前的意志把將來帶向過去，將來逐漸減少，過去不斷增加，直到將來消耗淨盡，全部成爲過去。

28

但將來尚未存在，怎樣會減少消耗呢？過去已經不存在，怎樣會增加呢？這是由於人的思想工作有三個階段，即：期望、注意與記憶。所期望的東西，通過注意，進入記憶。誰否定將來尚未存在？但對將來的期望已經存在心中。誰否定過去已不存在？但過去的記憶還存在心中。誰否定現在沒有長度，只是疾馳而去的點滴？但注意能持續下去，將來通過注意走向過去。因此，並非將來時間長，將來尚未存在，所謂將來長是對將來的長期等待；並非過去時間長，過去已不存在，所謂過去長是對過去的長期回憶。

我要唱一支我所嫻熟的歌曲，在開始前，我的期望集中於整個歌曲；開始唱後，凡我從期望拋進過去的，記憶都加以接受，因此我的活動向兩面展開：對已經唱出的來講是屬於記憶，對未唱的來講是屬於期望；當前則有我的注意力，通過注意把將來引入過去。這活動越在進行，則期望越是縮短，記憶越是延長，直至活動完畢，期望結束，全部轉入記憶之中。整個歌曲是如此，每一闋、每一音也都如此；這支歌曲可能是一部戲曲的一部分，則全部戲曲亦然如此；人們的活動不過是人生的一部分，那麼對整個人生也是如此；人生不過是人類整個歷史的一部分，則整個人類史又何嘗不如此。

29

「你的慈愛比生命更好」①。我的生命不過是揮霍。「你的右手收納我」②，置我於恩主、人子、介乎至一的你和芸芸衆生之間的中間者——各個方面和各種方式的中間者——耶穌基督之中，使「他把握我，我也把握他」③，使我擺脫舊時一切，束身皈向至一的你，使我忘卻過去種種，不爲將來而將逝的一切所束縛，只著眼於目前種種，不馳騖於外物，而「專心致志，追隨上

①見〈詩篇〉六十二首四節。
②同上，十七首三十六節。
③見《新約・腓立比書》三章十二節。

天召我的恩命」①，那時我將「聽到稱頌之聲」②，瞻仰你無未來無過去的快樂。

現在，「我的歲月消耗在呻吟之中」③。主，我的安慰，我的慈父，你是永恒的，而我卻消磨在莫名其究竟的時間之中；我的思想、我心靈的臟腑爲煩囂的動盪所撕裂，直至一天爲你的愛火所洗煉，我整個將投入你懷抱之中。

30

我將堅定地站立在你天主之中，在我的範疇、你的眞理之中；我將不再遇到人們所提出的無聊的問題，這些人染上了懲罰性的病症，感覺到超過他們本能的飢渴，因此要問：「天主在造天地之前，做些什麼？」或：「既然以前從來不做什麼，怎會想起創造些東西？」

主啊，使他們好好考慮自己的問題，使他們認識到既然不存在時間，便談不到「從來」二字。說一人從來不做什麼，不等於說這人沒有一時做過事嗎？希望他們認識到沒有受造之物，就沒有時間，不要再這樣胡說。更希望他們「專心致志於目前種種」④，懂得你是在一切時間之前，是一切時間的永恒創造者；任何時間，任何受造之物，即使能超越時間，也不能和你同屬永恒。

①見《新約・腓立比書》三章十四節。
②見〈詩篇〉二十五首七節。
③同上，三十首十一節。
④見〈腓立比書〉三章十三節。

31

主、我的天主，你的秘蘊眞是多麼高深屈曲，我的罪惡的結果把我遠遠抛向外面，請你治療我的眼睛使我能享受你的光明而喜悅。當然，一人如具備如此卓識遠見，能知一切過去未來，和我所最熟悉的歌曲一樣，這樣的識見太驚人了，眞使人恐怖；因爲過去一切和將來種種都瞞不過他，和我熟悉一支歌曲一樣，已唱幾節，餘下幾節，都了然於心。但我絕不能說你、萬有的創造者、靈魂肉體的創造者，你是這樣認識將來和過去。你的見識是無邊的深奇奧妙。我們自己唱，或聽別人唱一支熟悉的歌曲，一面等待著聲音的來，一面記住了聲音的去，情緒跟著變化，感覺也隨之遷轉。對於不變的永恒，對於眞正永恒的精神創造者，決無此種情形。一如你在元始洞悉天地，但你的知識一無增減，同樣你在元始創造天地，而你的行動一無變更。誰能領會的，請他歌頌你，誰不領會，也請他歌頌你。你是多麼崇高，而虛懷若谷的人卻是你的居處！你「扶起跌倒的人」①，你所提舉的人不會傾跌。

①見〈詩篇〉一四五首八節。

卷十二

1

主啊，在我貧困的生活中，當你聖經的言語敲擊我的心門時，便覺得意緒紛然。人類淺陋的理智往往歡喜多費唇舌，都因爲蒐尋較發現更易饒舌，請求較獲致更耗時間，雙手摸索較掌握更費勤勞。但我們已把定了你的諾言，誰能從中破壞？「如果天主幫助我們，誰能阻撓？」①「你們祈求，就給你們；尋找，就尋見；叩門，就給你們開門。因爲凡祈求的，就得著；尋找的，就尋見；叩門的，就給他開啓。」②

這就是你的諾言；眞理所允許的，誰會擔心受騙？

2

我笨拙的口舌向高深莫測的你懺悔，承認你創造了天地，創造了我所目睹的蒼天，創造了我

①見〈羅馬書〉八章三十一節。
②見〈馬太福音〉七章七、八節。

所踐履的地，我一身泥土所自來的大地。是你創造了這一切。

但〈詩篇〉所稱：「天外之天屬於主，至於大地，他賜給人的子孫」①，這天外之天在哪裡？這天外天，我們的肉眼看不見，而我們所見的一切與此相比不過是塵土，這天究竟在哪裡？整個物質世界雖則不是處處完美，但即使以我們的大地爲基礎的最差的部分也有其美麗之處，可是我們地上之天，與那個天外之天相比，也不過是下土。的確，我們這個龐大的天地，比起那個屬於天主而不屬於人的子孫的莫可名狀的天，統名爲「地」，這確有理由的。

3

「地是混沌空虛」②，是一個莫測的「深淵」，深淵上面沒有光，因爲沒有任何形色。爲此你命作者寫道：「深淵上面是一片黑暗」③，所謂黑暗，不就是沒有光嗎？假如有光，光在哪裡？只能在上面照耀。假如光尙未存在，則說一片黑暗，等於說沒有光。上面是一片黑暗，因爲上面沒有光，猶如沒有聲音，就是靜寂。說一片靜寂，不是等於說沒有聲音嗎？

主啊，你不是早已如此教誨這個向你懺悔的靈魂嗎？你不是已經告訴我，在你賦予這原始物質形相、把它區分之前，它是什麼也沒有，沒有顏色、沒有形狀、沒有肢體、沒有思想？但不是絕無的空虛，而是一種不具任何形象的東西。

---

①見〈詩篇〉一一三首十六節。
②見〈創世紀〉一章二節。
③同上。

4

這物質，稱它什麼呢？除了用一些通俗的字句外，怎樣向遲鈍的人解釋？世界形形色色之中，能找到什麼比「地」、「深淵」更接近於這個渾然無形的物質？二者處於最下層，不如天上一切燦爛發光的東西美觀。那麼我怎會又同意你把所創造的未具形象的物質，爲了便於向人們說明，名爲「空虛混沌的地」？

5

我們的思想追究一下，我們的感覺怎樣接觸這物質？思想將對自己說：「它既是物質，則不像生命、正義等屬於理智的範圍，但同時又是『空虛混沌』，尙無可以目睹、可以捉摸的條件，也不能憑感覺去辨別。」人類的思想如此說時，只能力求達到不懂而似懂，似懂而又不懂。

6

主啊，如果我要用唇舌筆墨向你陳述你關於這個物質方面所教給我的一切，我首先承認我以前聽到這名稱時是莫名其妙，而向我談論的人也是一竅不通；我的思想用各種形狀去模擬它，而實際上還是無從模擬；我心中設想一片混沌之中各種醜惡可怖的形象，但依舊是形象，而我名之爲「不具形象」，不是因爲缺乏形象，其實是具有如此罕見奇特的形象，以致我的感覺忍受不了，我怯弱的心靈因此惶惶不安。

實際我所想像的東西，並非沒有任何形象，僅僅是和比較美觀的東西相形之下，未免恍然失色。眞正的理智教我如果要想像一個絕無形象的東西，必須擺脫一切形象，可是我做不到，因爲我很快就會想不具任何形象的東西即是空虛，我無法想像形象與空虛之間一種既無形象又非空虛、近乎空虛而未顯形象的東西。

我的理智便停止詢問我那充滿著物質影像並隨意變化影像的想像力了；我注視物體本身，並深一層探究物體的可變性，由於這可變性，物體從過去的那樣，成爲現在的這樣；我猜測到物體從這一種形象進入另一種形象的過程不是通過絕對的空虛，而是通過某一種未具形象的原質。

但我所要的是認識，不是猜測。現在如果我的唇舌筆墨向你陳述你在這一問題上所給我的一切啓發，哪一位肯堅持不懈的思索領會呢？但我的心並不因我不能闡述這一切而不讚揚你、不歌頌你。

一切能變化的事物，所以能接受各種形象，因而能形成各種事物，是由於它們的可變性。但這可變性究竟是什麼？是精神，還是物質，抑是精神或物質的一種狀態？假使能夠說：「非虛無的虛無」，或「存在的虛無」，則我將這樣說了；但無論如何，它總是有此存在，才能取得可見的和複雜的形象。

7

任何存在都來自你，因爲一切只要存在都來自你。但一樣東西和你差別越大，則和你距離也越遠，當然這不是指空間的距離。

主啊，你不能一會兒如此，一會兒如彼，你是始終如是，是「聖、聖、聖，全能的主、天主」①。你在來自你的「元始」中，在生自你本體的智慧中，自空虛而肇成品類。

你創造天地，並非從你本體中產生天地，因爲如果生自你的本體，則和你的「獨子」相等，從而也和你相等；反之，凡不來自你的本體的，也決不能和你相等。但除了你三位一體、一體三位的天主外，沒有一物可以供你創造天地。因此，你只能從空無所有之中創造天地，一大一小的天地；由於你的全能和全善，你創造了一切美好：龐大的天和渺小的地。除了你存在外，別無一物供你創造天地：一個近乎你的天，一個近乎空虛的地，一個上面只有你，另一個下面什麼也沒有。

8

主啊，「天外之天」是屬於你的，你賜與人的子孫的那個地，可見、可捉摸的地，那時並不像我們現在看到的、接觸到的地，那時是「空虛混沌」，是一個「深淵」，深淵上面沒有光，「深淵上面是一片黑暗」，也就是說黑暗瀰漫於深淵之上。此後肉眼可見的衆水匯注的那個深淵，即使在底層，現在也有一種爲鱗介所能辨別的光線。但在那時，這一切既未賦形，還近乎空虛，不過已具備接受形象的條件。

你從空虛中創造了近乎空虛的、未具形象的物質，又用這物質創造了世界，創造了我們人的子孫們所讚嘆的千奇萬妙。這物質的天眞是奇妙，這是諸水之間的穹蒼，是造了光以後第二日，

①《舊約·以賽亞書》六章三節。

你說「有」，就這樣出現的①。這穹蒼，你名之爲「天」，是第三日你以形象賦與最先創造的原始物質而造成「地」和「海」②上面的天。而你在有日辰之前所造的天，是「天外之天」，也即是你「在元始創造了天地」的天。至於你所創造的那個「地」，不過是無形象的物質，因爲「是混沌空虛，而深淵上面是一片黑暗」；從那個混沌空虛的地，從那個不具形象的地，近乎空虛的東西，你創造了這個變化不定的世界所賴以存在而又不眞實存在的萬物；在這個變化不定的世界中，表現出萬物的可變性，我們便從而能覺察時間和度量時間，因爲時間的形成是由於事物的變化，形象的遷轉，而形象所依附的物質即是上述「混沌空虛的地」。

9

你的僕人的導師、「聖神」，在敘述你元始創造天地時，不提時間，不言日子，因爲你元始創造的「天外之天」，是一種具有理智的受造物，雖則不能和三位一體的你同屬永恒，但能分享你的永恒，由於諦視你而感受的歡愉幸福，壓制了本身的可變性，從受造之時起，就依附於你決不傾墮，超越了時間的變遷。

至於那個無形的物質，混沌空虛的地，也不列入日子之中，因爲既無形象，沒有組織，便無所來，亦無所往，既無來往，便也沒有日子與時間的交替。

①見〈創世紀〉一章六節。
②同上，十節。

10

眞理，我心的光明，希望不是我內心的黑暗在對我講話！我向著黑暗漂流，爲黑暗所籠罩，但在黑暗之中，即使在黑暗之中，我也熱愛你。「我迷失了路，你想起我」①，我聽到你的聲音在我後面叫喊，教我回來，但由於情欲的蠢動喧擾，我幾乎辨不出你的聲音。現在我汗流滿面，喘息著回到你的泉水旁邊。希望沒有一人來阻撓我，我要暢飲，我要生活。希望我不再是我自己的生命。我憑我自身，過著敗壞的生活，爲我只有淪於死亡。我在你之中復活了。請你對我說話，叮囑我。我相信你的聖經，可是聖經中的話太深奧了。

11

主啊，你已用有力的聲音在我心靈的耳邊對我說過，你是永恒的，只有你是不朽的，因爲你沒有形態動作的變化，你的意志也不隨時間而轉移，因爲意志如此如彼，便不成爲不朽的意志了。在你面前，我已清楚地看到了，希望能越來越清楚地看出，希望在你的雙翼覆庇之下，我能小心翼翼地堅定於這啓示之中。

主啊，同樣你用有力的聲音，在我心靈的耳邊對我說：是你創造了一切自然與實體，它們雖則不和你一樣存在，但終究也是存在；不來自你的，惟有虛無，惟有意志離棄你最高存在而趨向

①見〈詩篇〉一一九首六十七節。

次一級存在的行動，因爲這種行動是罪惡；任何人的罪惡不能損害你，也不能攪亂你所主宰的秩序，不論秩序的尊卑高下。在你面前，我已清楚看到，我求你使我能越來越清楚地看出，使我在你雙翼覆庇之下小心翼翼地堅定在這啓示之中。

你用有力的聲音在我心靈耳邊還告訴我說，即使是那一種受造物僅僅以你爲它的歡樂，用始終不變的純潔享有你，絕不暴露它的可變性，你永久在它面前，它也全心向著你，既不期望未來，也不回憶過去，沒有變遷，也不伸展於時間之中，即使是這樣一種受造物，也不能和你同屬永恒。

如果存在這樣的受造物，依附於你的幸福，永久作爲你的「居處」，永久受你的照耀，眞是幸福！你的這樣一所居處，瞻仰著你的悅樂，沒有任何缺陷會把它帶走，這樣一個純粹的理性和我們蒼天之上的、你的天都的子民們、聖潔的神靈們以和平的聯繫緊密結合的理性，稱之爲「屬於天主的天外天」，我認爲再恰當沒有了。

從此，每一個羈旅於塵世的靈魂，如果它已經渴望你，如果已經「以眼淚爲飲食，同時每天有人在詰問它：你的天主在哪裡？」①如果已經向你僅僅要求「一生無日不住在你的聖殿裡」②——它的生命即是你，而你的日子即是永恒：「你的年歲沒有終極，因爲你是始終如一的」③，——如果可能的話，希望這樣的靈魂懂得你的永恒超越一切時間，而你的「居處」④從未離開你而遠

①見〈詩篇〉四十一首三節。
②同上，二十六首四節。
③同上，一〇一首二十六節。
④按「居處」即指上文所謂「天外之天」，純粹的理性。

遊，雖則不是和你同屬永恒，但始終不渝地依附著你，不受任何時間變遷的影響。

在你面前，我清楚看出這一點，我求你，使我越來越清楚地看出，並且在你雙翼的覆庇之下，能小心翼翼地堅定在這啓示之中。

在那些最卑微的受造物的變化中，自有一種未顯形象的東西。但除了那些沉溺於幻想之中、爲幻想所顚倒而喪心病狂的人們外，誰會對我說：「一切形象消除淨盡後，僅僅剩下無形的物質，事物改換形象所憑藉的物質能帶來時間的變遷。」這是絕對不可能的，因爲沒有活動變化，便沒有時間；而沒有形象便沒有變化。

12

根據上面所論列的——我的天主，當然這是出於你的恩賜，也由於你催促我叩門，在我叩門後又爲我開啓——我在你所造萬有中，看到兩種東西沒有時間，但二者都不能和你同屬永恒：一種是如此純全，以致不會脫離仰止你的境界，沒有瞬息的變化；雖則本身可能改變，但因享受你的永恒性與不變性，便不會有任何變化；另一種是如此混沌無形，不能從一個形象變化到另一種或動或靜的形象，因此不具備受時間限制的條件，但並不讓它停留在無形象的階段中。你在一切時日之前，「在元始創造天地」，即是我所說的兩種工程。「地是混沌空虛，深淵上面是一片黑暗」，這句話是爲了逐步把無形原質的概念灌輸給不能想像絕無形象而又不是空虛的人們。從這個未具形象的地，又形成了另一個天、另一個可目睹的、有組織的地、清澈的水以及聖經所載創世的幾天中所創造的一切。這一切由於活動與形象的有規則的演變，都受時間的支配。

13

我的天主啊，你的聖經上說：「在元始天主創造天地，地還混沌空虛，深淵上面是一片黑暗」，並不提到你那一天創造天地，我的理解是：天指那一個「天外之天」、理智的天，那裡理智能認識全面，不是「僅見部分，得其彷彿，如鏡中觀物」，而是洞悉無遺，「如面面相對」①；不是先認識這一點，後認識那一點，而是如上面所說的，認識全面，沒有時間的先後；我也理解到地是指那一個混沌空虛的原質，沒有一時如此、一時如彼的時間變遷，因爲既然沒有形象，便談不到如此如彼。

這兩種受造物，前者開始時即純粹完美，後者則完全沒有形象；天是天外之天，地是混沌空虛的地，照我的領會，聖經上不提日子，說：「在元始天主創造天地」，便是指這二者。因此接著便說明地是那樣的地。至於下文敘述第二日造成「穹蒼，名爲天」②，暗示出上文所說沒有日子的天是指另一種天。

14

你的話眞是多麼深奇奧妙！這些話好像體貼我們的幼稚，僅把極膚淺的意義透露給我們，但

①見〈哥林多前書〉十三章十二節。
②見〈創世紀〉一章七節。

已是多麼深奇奧妙，我的天主，多麼深奇奧妙！接觸之下，眞使人驚怖，但這是恪謹的驚懼，愛的恐怖。我眞痛恨那些反對聖經的人們，爲何你不用「雙刃的利劍」①刺死他們，使他們不再敵視聖經。我眞祝望他們爲自己而死亡，俾能爲你而生活。

但還有些人，不是排斥而是讚揚〈創世紀〉，他們說：「天主聖神通過摩西而寫出這些話，意義並非如此。」這些話的意義並非如你所說的，而是我們說的。

我們共同欽崇的天主，我是這樣答覆他們，並聽候你的裁奪。

15

眞理以有力的聲音在我心靈耳邊對我說的有關創世者的眞正永恒性，他的本體的絕對不變性，以及他的意志與本體的同一性，你們能斥爲錯誤嗎？因此，創世者不能這時願意這樣，那時願意那樣，而是一下子地、同時地、永久地願意所願意的一切，他的意志沒有反覆，不能這時願意這麼，那時願意那麼，不能願意先前所不願的，也不能先前不願而後來願意，因爲這樣的意志是有變化，而一有變化即不成爲永恒；而「我們的天主是永恒的」②。

眞理在我心靈的耳邊對我說：對未來事物的期望，在事物來到後便成爲直接的諦視，等事物過去後又成爲回憶，思想如此變遷，是由於它的可變性，一切可變的都不是永恒，而我們的天主

①見〈詩篇〉一四九首六節。
②同上，四十七首十五節。

是永恒的。我把這些眞理集合起來，聯繫起來，便認識到我的天主、永恒的天主不是用一個新的意願創造世界，他的理智也不受暫時事物的影響。

反對我的人們，你們能說什麼？是否這些都是錯誤？他們回答說：「否。」那麼說一切具有形象的東西和能接受形象的物質所以能存在，都來自「至善」，因爲至善也是最高存在，這也是錯誤的嗎？他們說：「我們並不否定這一點。」那麼你們是不是否定存在著一種卓越的受造物，這種受造物用純潔的愛依附於眞正的、眞正永恒的天主，雖則不和天主同屬永恒，但決不會脫離天主而墮落到變遷的時間之中，它仰望著唯一眞理而得到安息，因爲你天主把自己顯示給一個遵守你的命令而熱愛你的受造物後，這受造物便不會脫離你而轉向自身。所謂「天主的居處」，不是塵世的宮殿，也不是天上的物質建築，而是精神的，它分享你的永恒，因爲它永永不受玷污。「你立定他，直到永世，你所命定的，永遠不能踰越。」①但它不是和你同屬永恒，因爲它有開始；它是受造的。

「智慧受造於萬物之前」②：雖則在此以前找不到時間，但這智慧並非和你天主完全平等、同是永恒的智慧，你通過永恒的智慧創造萬物，即是「在元始之中創造了天地」。這裡所說的智慧是受造的智慧，是有理性的受造物；它仰望你的光明，自身也成爲光明，因此雖是受造，也名爲智慧。但猶如光明有照耀與被照耀之分，同樣智慧也分爲創造的智慧與受造的智慧，同樣正義

①見〈詩篇〉一四八首六節。
②見〈德訓篇〉一章四節。

也分爲使人成爲義人的正義與一人獲得義德後所具有的正義，即你的僕人使徒保羅所說的：「使我們成爲天主的正義。」①你在造其他萬物之前，先造了某一種智慧，它是受造的智慧，具有理性和思想，它是屬於你的聖城、我們的慈母、自由而永恒的天都，——這天，不就是歌頌你的諸天之天、「屬於天主的天外之天嗎？」——在此之前找不到時間，因爲它是在創造時間之前；在它以前，是創世者的永恒，它的來自創世者，不在時間方面，因爲時間尚未存在，而是由於本身的受造。

它是來自你，我們的天主，但和你截然不同，它不是常在的本體：可是在它之前，在它身上找不到時間，因爲它能永永仰望你的聖容，不會瞬息離開你，所以它不會有任何變化。但它仍具有可變性，假如沒有那種偉大的愛和你聯繫，依靠你永遠維持著中午的光明和熱力，也可能暗，也可能冷。

你是多麼光明燦爛的宮殿！「我喜愛你的華麗，你是創造你並占有你的天主尊顯榮貴的住所。」②在我覊旅塵世之時，我向你嘆息，我乞求你的創造者也占有我，使我也托居在你屋中，因爲我也是他創造的。「我飄零著如迷途的羔羊」③，但我希望能背在我的牧人、你的創造者的肩頭，帶回到你的宇下。

反對我的人們，我對你們說了這些話，你們有何意見？你們也相信摩西是天主的忠僕，摩西

①見〈哥林多後書〉五章二十一節。
②見〈詩篇〉二十五首八節。
③同上，一一八首一七六節。

的著作即是「聖神」的言論。那麼有沒有這樣一所天主的居處？它雖則不能和天主同屬永恒，但它在天上具有另一種永恒，在它身上你們找不到時間的變化，因爲它超越一切空間時間，他的幸福在乎依附於天主。他們回答說：「有的。」那麼我的心靈向我的天主呼號時，聽到至尊天主的聲音，你們怎能斥爲虛妄呢？你們是否反對我關於無形物質的見解？這物質沒有形象，便沒有組織；沒有組織，便沒有時間的變遷；雖不是完全空虛，但近乎空虛，不論它怎樣存在，怎樣來自萬有之原的天主。他們說：這一點，我們也不反對。

16

我的天主，凡承認你的眞理在我心靈中所說的話都是確實可信的，我願意在你面前和他們一談。至於否定這一切的人們，任憑他們去狂吠吧，他們只會鬧得使自己糊塗；我要努力去勸說他們平心靜氣，向你的「道」敞開心門。假如他們不願而拒絕我，那麼我懇求你、我的天主，「不要對我緘口不語」①。請你在我心中據實說，因爲只有你能如此說。我將聽憑這些人吹噓塵土來蒙蔽自己的眼睛，我將由心靈深處向你唱出愛情之歌，發出我羈旅生涯中無法形容的呻吟，我是念念不忘耶路撒冷，一心嚮往著耶路撒冷、我的故鄉、我的母親耶路撒冷，也嚮往著你、耶路撒冷的君王、它的照耀者、它的父親、它的保護人、它的所天、它的純潔而熾盛的幸福、它的可靠的快樂、它的不可名狀的至寶、它的一切，因爲你是唯一的、眞正的至善；我決不再捨棄你，直

①見〈詩篇〉二十七首一節。

至你、我的天主、我的慈愛，收斂整個支離放失的我，改變醜惡不堪的我，永遠堅定我於這位最可愛的母親的和平之中，那裡有我精神的鮮果，那裡是我的信念的來源。

有些人對以上的眞理，不斥爲錯誤而全部接受，對你的聖經、通過摩西而寫成的聖經，也表示尊重，和我們一起承認聖經是理應遵從的最高權威，但對於某些問題反對我們；對於這些人我這樣答覆：「我們的天主，請你擔任我的懺悔與他們責難之間的裁判者。」

17

他們說：「這一切是眞的，但摩西在聖神的啓示下說：『在元始天主創造天地』，不是指你所理解的天地，所說的天並非指一種精神的、有理智的、永永仰望著天主聖容的受造物，所說的地，也不指無形象的物質。」那麼指什麼呢？他們說：「我們所說的，即是摩西的本意，也即是摩西用這些話所要表達的意義。」究竟指什麼呢？他們說：「摩西用天地二字先籠統概括地說明整個有形世界，然後按照日子的次序，把『聖神』所要說的一切，一條一條分別敘述。摩西談話的對象是一個粗魯而只知關心肉體的民族，摩西認爲只能把天主化工中有形可見的東西介紹給他們。」

他們也同意凡我們所熟悉的、有形可見的一切，都是以後幾天中由「混沌虛空的地」和「黑暗的深淵」形成而布置的；他們也認爲這「地」和「深淵」理解爲無形象的原質並非不恰當。

那麼有人要說：「天地兩字最先就是給我們物質的無形象與混沌的概念，這個有形可見的世界以及世界中所呈現的萬類，往往也名爲天地，即是從那個物質化育而成的。」

那麼，另一人要說：「不論有形無形之物，統名爲天地，是很恰當的；甚至天主在智慧中，即在『元始』中創造的一切，也可以用這兩字包括起來。但既然一切不是從天主的本體，而是從空無所有中創造，和天主不同，則一切都有某種可變性，但有的是存在而不變，如『天主永遠的居處』，有的是不斷變化，如人的靈魂和肉體；所謂『混沌空虛的地』和『深淵上面的黑暗』是指一切可見不可見之物的共同原質，這原質未具形象而能接受形象，從此形成了天地，即一切有形無形的、已具形象的受造物；二者的區別是：『混沌空虛的地』是指未顯形象的物質本原，而『深淵上面的黑暗』則指飄忽不定、未受約束、未受智慧照耀的精神原素。」

還可能有人說：「讀到『在元始天主創造天地』，天地二字並不指完善成形的可見與不可見之物，而是指萬物尚未成形的胚胎，是指能接受一切形象、能用以製造一切的原質，雖未有清楚的特性與形象，但已粗具端倪，依照性質區分之後，天是指精神的受造物，地是物質的受造物。」

18

聽取並研究了以上各種解釋，我不願「作文字上的爭辯，因爲一無好處，徒亂人意」。「法律是有利於我們的進修，只要引用合理，因爲法律的目的是愛，這愛出自光明純潔的心地和無邪的信仰。」①而我們的導師已把全部法律與先知總括在兩項命令中②。我的天主，我雙目在黑暗

①見《新約・提摩太後書》一章八，五節。
②按指耶穌在〈馬太福音〉（二十二章三十七——四十節）上所說的：「全心、全靈、全意愛天主……愛人如己，全部法律和先知繫於這兩條誡命。」

中的光明，只要我眞誠地向你懺悔，那麼聖經上的這些話既然是眞實的，即使是種種解釋，對我有什麼關係？別人認爲一種不同於我的見解是聖經作者的本意，爲我有什麼關係？我們讀聖經時，都力求理會眞義，既然我們相信作者眞實無妄，則我們確知或認爲是錯誤的，我們決不敢想像作者會如此說的。既然我們都力求在聖經中領會作者的眞義，而如果你、一切眞誠無妄者的光明，你啓示我們某一種見解是正確的，即使這並非作者的本意，而作者的本意即使不同，也屬正確，這有什麼不好呢？

19

因爲，主，確無可疑的是：你創造了天地。確無可疑的是：「元始」即是你的智慧，在智慧之中，你創造了一切。確無可疑的是：這有形可見的世界分爲兩部分，用天地二字可以總括你所造的一切。確無可疑的是：在我們意識中，一切可變的東西，是具有形象方面的某種欠缺，因此能夠接受形象，亦能改變形象。確無可疑的是：凡與不變的形象緊密結合的，便不受時間的影響，即使本身可能變化，而事實不會改變。確無可疑的是：未具形象的物質，近乎空虛，也不能有時間的變遷。確無可疑的是：物質造成一樣東西，按照習慣，能用成品的名稱稱原來的物質，因此造成天地的任何無形物質也能稱爲天地。確無可疑的是：在成形的東西中，沒有比「地」和「深淵」更接近於無形象的原質。確無可疑的是：不僅一切已造的和已成形的東西是出於你的創造，甚至可能創造和可能成形的東西，都可能由你創造，因爲一切來自你。確無可疑的是：凡從無形以至成形，一定先是沒有形象，然後接受形象。

20

凡不懷疑以上各項眞理的人，凡蒙受你的恩賜，內心能看到這些眞理的人，凡堅信摩西是遵照眞理之神而說話的人，在這些眞理中選擇了一項說：「在元始天主創造了天地」就是說天主在和他同屬永恒的「道」中，創造了有理智的和可感覺的，或精神和物質的世界。另一人說：「在元始天主創造天地」，就是說天主在和他同屬永恒的「道」中，創造了整個物質世界，包括一切顯而易見的、熟悉的東西。第三人說：「在元始天主創造天地」就是說天主在和他同屬永恒的「道」中，創造了精神和物質世界的未顯形象的原質。第四人說：「在元始天主創造天地」，就是說天主在和他同屬永恒的「道」中，創造了物質世界的無形物質，那時天地還是一片混沌，以後區分而成爲我們感覺到的大塊文章。第五人說：「在元始天主創造天地」，就是說天主在造化工程的開始，創造了粗具天地規模的無形物質，天地由此形成，截然分清，包括所覆載的一切，呈現在我們面前。

對於下一句的解釋也是如此。在各種正確的意義中，有人採用這一點說：「地是混沌空虛，深淵上面是一片黑暗」，是指天主所造物質的東西，是物質世界不具形象、無組織、無光明的原質。另一人說：「地是混沌空虛，深淵上面是一片黑暗」，是指整個名爲天地的東西，是未賦形象、未受光明的物質，從此造成了物質的天地和天地間一切可感覺的東西。另一人說：「地是混沌空虛，深淵上面是一片黑暗」，是指整個名爲天地的東西，是未具形象、未受光明的原質，由此形成了理智的天，也稱「天外之天」，和地，即物質的自然界，這地也包括物質的天，換言之，即從此造成了一切可見或不可見的受造物。另一人說：「地是混沌空虛，深淵上面是一片黑暗」，聖經上所說的天地，不是指無形象的東西，這無形象的東西已經存在：聖經先說明天主造成天地，即精神和物質受造物，然後用「混沌空虛的地和黑暗的深淵」指出從什麼造成天地。還有人說：「地是混沌空虛，深淵上面是一片黑暗」，就是說已經存在一種未顯形象的東西，聖經先說明天主創造天地，然後指出創造天地的原料，而天地則包括整個物質世界，分為兩大部分，一上一下，以及所覆載的和我們經常看見的一切受造物。

21

對最後兩說，有人曾提出這樣的難題：「如果你不願以天地二字指無形象的物質，那麼有非天主所造而天主藉以創造天地的東西了，因為聖經上並未記載天主創造這物質」；為此聖經所云「在元始天主創造天地」，天地二字或單獨「地」字只能指哪個物質。至於下一句「地是混沌空虛」，雖則聖經以此稱無形象的物質，我們不能解釋為首句所稱「天主創造天地」之外的另一種物質。對於這個難題，主張最後兩說的人將答覆說：「我們並不否認這無形物質造自天主，因為一切美好來自天主：我們說凡已經造成，已有定型的東西是更好，我們承認凡可能造的和可能成形的東西比較差，但也是好的。至於聖經未載天主如何創造那些無形物質，則聖經未載的事很多，如「嘡咯帕」、「撒拉弗」①的創造，如使徒保羅所列舉的「爵、位、權、德、諸品天使」②，

①二者都是天使的一種，嘡咯帕屢見於《舊約》各卷，撒拉弗則僅見於〈以賽亞書〉六章二節。
②見《新約・歌羅西書》一章十六節。

這一切顯然都是天主造的。如果「創造天地」包括一切，那麼「天主之神運行於大水之上」①，這水怎樣講呢？如也包括在「地」字之中，則我們所見的水是如此美好，「地」字怎能解爲無形的物質呢？即使作如此解釋，則爲何聖經記載從無形物質「造成穹蒼」，「將穹蒼稱爲天」，卻不載怎樣造成「水」？是否在天主說：「天下的水應匯合在一起」②時，匯合即是成形，水才獲得這樣形狀？但穹蒼上面的水怎樣解釋呢？聖經既不載這水如何形成，這水既然不具形象，怎會占有如此崇高的地位？

於此可見，雖則有些東西，〈創世紀〉不說它們造自天主，但健全的信仰和正確的理智對此不會有所懷疑；任何有分寸的學說不至於因〈創世紀〉提到水而未言什麼時候創造水，便說這些水是和天主一樣永恒。聖經上名爲「空虛的地」和「黑暗的深淵」的無形物質，即使對於它的創造缺而不載，我們爲何不能根據眞理的教訓，肯定它是天主從空虛中創造的，因此不能和天主一樣永恒？

22

聽取了這些言論，用我愚昧的能力加以考慮後，向你、洞悉一切的天主陳述我的見解。一個誠實可靠的人用文字來傳達一件事，我以爲對於這樣的紀錄可能產生兩種分歧：一種是關於事實

①見〈創世紀〉一章七節。
②同上，九節。

的眞假，另一種是關於作者的本意。因此，探討受造物的性質是一件事，研究這位傳達你的信仰的傑出僕人摩西寫出這些文字時希望讀者聽者領會什麼，是另一件事。

關於第一點，凡以錯誤的學說作爲眞理的，請他們離開。關於第二點，凡認爲摩西所述有錯誤的，也請他們離開。但是，凡在你慈愛的領域內以眞理爲飲食的，我願意在天主內和他們團結，和他們一起歡樂。我們將一起研究你的聖經的記載，在這些文字中，探索你通過你的僕人摩西的思想、從他筆下所表達的思想。

23

但研究這些文字時，能有不同的見解，在各種正確的意義中，我輩誰能用這樣的自信肯定摩西的本意是如此，這一段記載的意義是如此，和我們不問摩西的本意如何，能肯定這段是確然可靠一樣？

我的天主啊！我、你的僕人，我願意在這些文字中向你獻上懺悔之祭；我懇求你，使我能依靠你的慈愛，完成我的志願。我肯定地說在你永恒不變的道之中，你創造了一切有形無形之物。但我是否能同樣肯定地說摩西寫「在元始天主創造天地」一語的本意是此而非彼呢？因爲對於第一點，我在你的眞理之中，看出是確無可疑的，但我是否能同樣在摩西的思想中看出他寫這一句的本意是如此呢？

摩西用「在元始」一語，可能說創造的開始，用「天地」二字也可能不指已經成形完善的精神和物質世界，而是草昧之始尚未成形的世界。我看出這些意義都可能，但哪一個是摩西的本意，這很難斷定了。但這位偉人寫這一句時，思想中不論看到第一義或第二義，或上列各種意義之一，他的見解是正確的，而且用恰當的方式記載下來，這一點我自毫無疑問。

24

任何人不要再用這樣的話來和我糾纏：「摩西的本意不是你所說的，而是我指出的。」如果有人問我：「你怎樣知道摩西寫這些話的意思就是你所解釋的？」我將平心靜氣地對待他，可能用上面的話答覆他；如果這人比較固執，可能說得更詳細一些。如果他說：「摩西的本意不是你所說，而是我說的」，但這人並不否認我們彼此的見解都是眞實的，那麼，我的天主，貧困者的生命，在你胸中絕無矛盾存在，請你把息事寧人的雨露灑在我心中，使我能耐心對待這樣的人。他們對我如此說，不是因爲他們有天主的精神，也不是因爲他們看透我的肺腑，而是由於他們的驕傲；他們並不了解摩西的思想，而是歡喜自己的見解，不是因爲這見解正確，而是因爲是他們自己的。否則他們也會歡喜另一種正確的見解；在我一面，只要他們的見解正確，我便歡喜，不是因爲是他們的見解，而是因爲見解的正確。因此，見解如果正確，便不是屬於他們本人了。同樣，如果他們所以歡喜自己的見解，是由於見解的正確，則這一見解不僅屬於他們，也屬於我，已經成爲一切愛好眞理者所共有。

至於他們強調摩西的本意不是我所說的，而是他們所說的，這種態度我不能接受，我討厭，因爲即使確實如是，他們的大言不慚，不是根據學識，而是由於師心自用，不是因爲有先見之明，而是由於傲慢。

主啊，你的審判的可怕正由於此。你的眞理既不是我個人的，也不是某人某人的，是我們全體的；你公開號召我們來分享你的眞理，你還嚴厲地警告我們不要獨占眞理，否則便要被剝奪眞理。誰把你提供我們共同享受的東西占爲己有，以公共的東西作爲私有，勢必因私而廢公，也就是捨眞理而就謊言，因爲「誰說謊，是出於他自己」①。

我的天主啊，你是最好的審判者，你是眞理本體，請你傾聽我，傾聽我怎樣答覆反對者。我是在你面前說話，是在一切符合友愛的目的而合理使用你的法律的弟兄之前說話。請你傾聽我，看我怎樣答覆。

我要用友愛和平的話答覆他：如果我們兩人都看出你所說的是正確的，如果我們兩人都看出我所說的是正確的，請問從哪裡看出的呢？當然，我不是從你身上看到，你也不是從我身上看到。我們兩人都是在超越我們思想的、永永不變的眞理中看到的。我們對於我們的主、天主的光明並不爭論，我們了解別人的思想不如了解眞理那樣明確，那麼爲何對別人的思想要發生爭論呢？即使摩西出現在我們面前，對我們說：「我的本意是如此」，我們並沒有看到摩西的思想，但我們相信他的話。爲此「對於聖經的記載，我們不要自高自大，彼此傾軋」②，我們應該「全心、全靈、全意愛我們的主、天主，並愛人如己」③。假如我們不相信摩西撰述時所有的思想都是著眼於以上兩條命令，認爲摩西並不遵照天主的教訓而別有用心，那麼我們勢必要說天主在騙人。於

①見〈約翰福音〉八章四十四節。
②見〈哥林多前書〉四章六節。
③見〈馬太福音〉二十二章三十七節。

此可見，既然這些文字能有許多非常確切的解釋，那麼強調說摩西只能有其中某一義，進行著無益而有害的爭辯，違反了我們努力闡述摩西著作的唯一目的，這不是太魯莽嗎？

25

我的天主，你是我謙卑的尊光、我勤勞的休息，你傾聽我的懺悔，寬赦我的罪過；既然你命令我愛人如己，我決不能想像我如果生於摩西的時代，用我的心神唇舌替代摩西傳播這些文字，使這些文字能千秋萬歲造福人羣，在全世界享有超越一切錯謬傲謾學說的最高威權，這時我所受自你的恩賜會超過摩西。

如果我是摩西的話——我們全都來自「同一團泥」，「人算什麼，假如不是你顧念他」①——如果我是摩西，奉你的命撰〈創世紀〉，我希望你賦與我這樣一種表達思想和修辭選句的能力，使尚未領會天主如何創造天地的讀者也不能說我的文字超過他們的能力，而具有理解能力的讀者，能在你僕人的寥寥數語中，不放鬆一字，找到通過深思便能發現的各條眞理；如在眞理的照耀下，有人看出另一種意義，則在我的文字中，也能找到這種意義。

26

譬如一股泉水，衍爲許多支流，灌漑了大片土地，泉水在狹窄的泉源中比了散布在各地河流

①見〈羅馬書〉九章二十一節；〈詩篇〉八首五節。

中更加洋溢澎湃，同樣傳達你的言語的人所作的敘述，供後人論辯，從短短幾句話中流出眞理的清泉，每人盡可能地汲取眞理的這一點那一滴，然後再加發揮，演爲鴻篇巨著。

有些人讀到或聽到這些話，設想天主具有人相，或似一個具有無比威力的龐然大物，意念所至，剎那間在身外、在遠處，創造兩個巨大的東西：天和地，一在上，一在下，萬象森列於其中。他們聽到：「天主說：有什麼！便有什麼」，便設想一句有始有終、隨起隨滅的話，一語才畢，立即出現了所命令出現的東西。可能還有其他解釋，但都是庸俗的臆測。

這些見解幼稚的「嬰孩」，被質樸的語句所拘牽，好像匿在母親懷中，但他們仍能樹立起有關他們生死的信仰，他們確認爲天主創造了他們感覺到的、千奇萬妙的一切品物。其中如果有人輕視這種似乎淺陋的文字，由於驕傲的昏蒙，飛離了他在其中成長的窠巢；唉，眞可憐！他墮落了！主啊，請你憐憫他，不要使過路的人踐踏這隻毛羽未豐的雛鳥，請派遣天使，把他送回故巢，讓他生活下去，直到能夠飛翔！

27

爲另一種人，這些話不是一個巢，而是一個綠葉成蔭的樹林，他們看到纍纍的果實，愉快地在其中飛鳴飽啄。

他們讀到或聽到這些話時，便覺一切時間，無論過去未來，都爲你的永恒不變所統攝，沒有一個暫時的受造物不是你創造的；你的意志即是你的本體，不是由於一個前所未有的意願，而是由於你始終不變的意志創造一切；你創造萬有，不是從你的本體、萬有的典型中分出和你相似的東西，而是從空虛中造成了無形象的原質，它雖則和你迥然不同，但能依你的定型，憑藉獨一無二的你，遵照你預先的規定，每一事物各隨自己種類所稟的能力而接受形象，就此現出非常美好的萬物，或環繞於你左右，或和你保持著不同的距離，在時間空間之中或產生或受到種種美妙的變演。

他們在眞理的照顧下，按照他們薄弱的能力，看出以上一切而歡欣踴躍。

有人對於「在元始天主創造天地」，以爲「元始」是指「智慧」，因爲「他向我們說話」①。有人對這一句釋爲創世的開始，「在元始創造」，等於首先創造。

以「元始」指智慧，釋爲「天主在智慧之中創造天地」的人，也有以爲天地二字是指造成天地的原始物質；有以爲天地二字指已經成形而截然不同的東西；有以爲天是指已成形的精神體，地指未定型的物體。以天地二字指未成形的原質，從此造成天地的，意見也不一致，有以爲包括一切超感覺和可感覺的受造物，有以爲由此僅僅造成可感覺的大塊，在它廣大的內部包容著有形的、呈現在我們目前的自然界。

那些認爲天地二字指有組織、有條理的受造物的，有的認爲兼指精神界和物質世界，有的認爲僅指物質世界，即光明的天和幽暗的地以及覆載的一切。

28

至於以「在元始創造天地」釋爲「最先創造天地」的人，只能以天地訓爲天地，即一切超感

①見〈約翰福音〉八章二十五節。

覺與物質世界的原質，否則便不正確。因爲如果訓爲已成形的世界，那麼請問天主最先造了這一切，以後造什麼呢？既然天地包括一切，則無法解答這一問題：「如果以後不造什麼，怎能說最先呢？」

如說最先造無形象的原質，後造定型的世界，便不矛盾，只要恰當地分清有關永恒、時間、優劣、起源的先後：永恒方面，如天主先於萬物；時間方面，如花先於果；優劣方面，如果優於花；起源方面，如發聲先於唱歌。

這四個方面，第一第四極難理解，第二第三則很易領會。主啊！你的不變的永恒，創造了可變的萬物，因此你是先於萬物，只有極少數人，而且極艱難地看出你的永恒性。其次，要領會聲先於歌，也需要敏銳的思想，費卻很大的力量，因爲歌曲是有組織的聲音，一樣沒有組織的東西能夠存在，而不存在的東西卻不能有組織。因此原始物質是先於由此而形成的品物，但所謂先，不是說後者是由原始物質創造，應說後者是由此形成，而且不是指時間方面的先後。我們不是先發出無組織的、不成歌曲的聲音，然後加以調製而成爲一支歌曲，和我們用木材、銀子製成箱盒杯盞一樣，因爲木材銀子等原材料在時間上也先於製成品，但對歌曲並不如此。唱歌時，人們聽到歌聲，不是先有無秩序的聲音，然後有協律的歌曲。聲音一響即逝，已不存在，藝術不能把聲音收回而重新配合。歌曲是由聲音所組合，聲音即是歌曲的原料，同一聲音接受形式，便成爲歌曲。因此我已說過，聲音作爲歌曲的原料是先於已成形式的歌曲，不是說聲音有創作歌曲的能力所以先於歌曲，因爲聲音並非歌曲的製作者，聲音服從發聲的器官，由歌唱者的靈魂製成歌曲。這也不指時間上的先後，因爲聲音是與歌曲同時的。也不指優劣方面的先後，因爲聲音並非優於歌曲，歌曲不僅是聲音，而且是美化的聲音。這是起源上的先後，因爲不是歌曲接受形式後成爲聲音，而是聲音接受形式後成爲歌曲。

希望人們能從這一個比喻懂得爲何說先創造世界的原料，這原料所以名爲天地，因爲從此造成天地；所謂先造，並不指時間的先後，因爲萬物形成乃有時間，這原料沒有形象，只能隨時間的出現而同時呈現於時間之中。但在敘述時，只能作爲它在時間上先有，而在價值方面是最差，因爲定型的東西都優於無形的原料。最後造物者的永恒又凌駕一切之上，因爲孳生萬物的原始物質也是從虛無所有中造成的。

29

只有眞理本身能調和這些正確見解之間的出入。希望我們的天主憐憫我們，使我們能恰當地使用你的法律，能著眼於法律的目標：純潔的愛。

如果有人問我這些見解中哪一個是摩西的本意，那麼我只能向你承認：「我不知道」，否則這裡寫的不是我的懺悔了。除了我已經批判過的那些庸俗的見解外，我認爲其他見解都是正確的。即使接受那些庸俗的看法的人，也是些抱有良好意願的「嬰孩」，你的聖經文字，詞近而旨遠，言簡而意賅，並沒有使他們望而生畏。

我承認我們都在這些文字中認識眞理並闡述眞理，我們理應彼此相愛；同時如果我們渴望的不是空虛而是眞理，便應該愛你，我們的天主、眞理的根源。我們還該表揚你的僕人，充滿著你的精神的僕人，聖經的傳布者；我們深信他筆述你的啓示時，只著眼於其中最能發揚眞理的光輝、最能產生有益果實的部分。

30

因此，如果有人對我說：「摩西和我所見相同」，另一人說：「不，我的見解即是摩西的思想」，我認爲更符合宗教精神的答覆是如此：「如果兩說都正確，爲何摩西不是兼有這兩種見解呢？如果尙有第三、第四或其他正確的見解，爲何不相信摩西都已經看到呢？獨一無二的天主通過摩西，使聖經配合後世許多讀者，並使讀者看出種種不同的、但都正確的解釋。」

至於我一面，我從心坎中敢大膽聲明：「如果我享有最高威權而有所著述，我寧願如此寫，使每人能在我的文字中看到他們每人對事物所具有的正確見解，不願僅僅表達出一種正確意義而排斥其他一切並不錯誤、並不和我牴觸的見解。因此，我的天主，我不願如此冒昧地設想摩西這樣的偉人沒有從你那裡獲得這樣的願望。摩西下筆時，定已想到我們在這些文字中所能發現的、所不能發現的，以及尙未發現而可能發現的眞理。」

31

最後，主，你是天主，不是血肉的人；人所見有限，你在這些文字中願意啓示於後世讀者的一切，即使傳授者只想到一種正確的意義，「你的善神，引導我行走在平地上的善神」①能不知

①見〈詩篇〉一四二首十節。

道嗎？既然如此，他所看到的意義當然高出一切，主啊，請把這意義指示我，或隨你意願，指示我另一種正確的意義。不論你指示我們的意義和指示摩西的相同，或對於同一句話，你指示另一種意義，請你自己來餵我們飲食，不要聽憑錯誤來玩弄我們。

主、我的天主，對寥寥數語，我寫了多少篇幅！依照這種方式，對於全部聖經，我能有足夠的能力，足夠的時間嗎？

請許我比較概括地向你作有關這方面的懺悔；請許我選擇你所啓發我的一種正確、可靠、良好的見解，雖則我能看到多種解釋和多種意義。在我的眞誠的懺悔中，如果我所說的和你的代言者所見相同，則使我能正確而完善地表達出來，——因爲我應該努力做到這一步——如果我不能做到，至少使我能道出你的眞理用這些話所要向我說的一切，因爲你的眞理也向摩西說了所要說的話。

卷十三

1

我的天主，我的慈愛，我向你呼籲；你創造了我，我把你置之腦後，你卻並不忘掉我。我向你呼籲，請你降至我心，準備我的心，使我的心用你所啓發我的願望來接待我。請你不要拋棄正在向你呼籲的我，你在我發出呼籲之前，先已用各種聲音一再督促我，教我遙遙聽著，教我轉向你，教我向正在呼喚我的你發出呼籲。

主，你勾銷了我的全部罪業，使我這雙助我叛逆你的手不受處分；在我一切良好行動之前，你已先事安排，爲了酬報你那創造我的雙手，因我尚未存在之時，你已存在，我並沒有値得使你賦與我存在的理由；我的存在完全出於你的慈祥，在你造我之前，在你所用以創造我的事物之前，你的慈祥已先作布置。你無需於我，我亦並無長處足以有助於你，我的主，我的天主；我奉事你，並非由於你工作疲勞，並非沒有我的效勞，你的能力會有所短少；你並非像一塊田地，需要我耕作，沒有我耕作便成荒蕪。我的奉事你、伺候你，是爲了從你那裡獲致幸福，而我的能享受幸福也出於你的恩賜。

2

受造物的所以存在是出於你的無限美善：任何一種美善，雖則爲你一無所用，決不能和你相比，但既是由你而來，即亦能夠存在。

天地有什麼値得你「在元始」創造它呢？「你在你的智慧中創造的」①精神和物質世界對你有什麼權利，以至無論精神方面和物質方面那些原始的、不具形象的、混沌未鑿的、和你迥乎不同的原質也屬於你的智慧？無形象的精神原質優於成形的物質，無形象的物質優於空虛，假如你的「道」不呼召未形之質走向你的純一性而得以成形，使一切能因你的至一、至上的美善而都成爲「非常美好」，那麼這些未形之質依舊潛留於混沌之中聽候你的吩咐。這未形之質對你有什麼權利呢？因爲雖則不具形象，但所以能存在也由於你。

原始物質有什麼權利能成爲「混沌空虛」呢？因爲如果不是你創造，也不會存在；既然不存在，對你沒有權利獲致存在。

原始的精神受造物本是一片黑暗，漂流不定，猶如深淵，和你迥異，及至你用你的言語把它領回到同一言語之中，照耀它使它脫離幽暗，雖則不能和你同樣光明，至少能彷彿你的肖像，這有什麼權利呢？

一樣東西的存在和美麗不是一件事——否則不可能有醜陋的東西了，——同樣，精神受造物

①見〈詩篇〉一〇三首二十四節。

的生活和明智地生活也不是一件事，否則一切靈性都將始終不渝地生活在你智慧之中了。「親近天主，爲他是有益的」①，他因歸向你而獲致光明，將因背棄你而喪失光明，生活猶如墮入黑暗的深淵。

我們在靈魂一面是精神受造物，我們曾經離開你、我們的光明、我們的生命，我們「一度是黑暗」②；我們至今還忍受著黑暗的遺害，直到在你「獨子」之中，成爲「你的正義」③，「好像天主的高山」：因爲「我們曾是你審判的對象，如無底的深淵」④。

3

至於你在創世之初說的：「有光！」便有了光⑤。我以爲是指精神受造物，我這樣理解並非不恰當，因爲既然能接受你的光明，必已具有某種生命。這精神受造物的具有生命和受你的光照並非有什麼權利，同樣它的具有某種生命，能接受你的光照，也並非對你有什麼權利。如果它不成爲光而停留在無形象的階段中，也不會取悅於你。它的成爲光，不是由於存在，而是由於仰望著照耀萬有的光明、依附於這光明。它的具有某種生命，它的享受幸福的生命，都是由於你的恩

①見〈詩篇〉七十二首二十八節。
②見〈以弗所書〉五章八節。
③見〈哥林多後書〉五章二十一節。
④見〈詩篇〉三十五首七、八節。
⑤見〈創世紀〉一章三節。

賜，它是通過一種有益的變化而轉向著既不會變壞，也不會變好，而是永恒不變的你。惟有你是存在本體，至一的存在；爲你，生命和幸福的生命是二而一的，因爲你的本體即是你的幸福。

4

你是自有的，即使萬物不存在，或停留在無形象的境界中，你的幸福會有什麼欠缺嗎？你的創造，不是出於需要，而是由於你的磅礡的美善，收斂受造物納入形象之中，但你的幸福並不因此有所增益。當然受造物的缺陷不能使純全無瑕的你愜意，因此你玉成它們，使它們取悅於你，但這不是你有所欠缺，因此成全它們使你滿足。你的聖「神」運行在大水之上，並非被水托著，似乎安息於水上。所謂「聖神安息在一人心中」，其實是「聖神」使這人安息在自己懷中。這是你的不朽的、不變的、不匱的意志運行在你所創造的生命上面；爲這些生命，生活與幸福生活是有區別的，因爲它們即使飄零於黑暗之中，卻仍具有生命，它們需要轉向創造者，在生命的泉源中汲取越來越充沛的生機，瞻依於創造者的光輝中，才能進入純全、光明、幸福的境界。

5

這樣，我好像「在鏡中」看見了天主的「三位」，也就是看見了你、我的天主：你「聖父」，在我們的「元始」中，在你所生的、和你相等的，與你同是永恒的智慧中，也就是在你的「聖子」中，創造了天地。上面已經談了許多關於「天外之天」、混沌空虛的地和黑暗的深淵；我也說過這個精神的、漂流不定的元氣必須歸向你、生命之源，受到光照，然後成爲美麗的生命，成爲水與水區分後形成的天地之外的另一重天。

我從天主的名稱找到創造天地的「聖父」，從「元始創造天地」的元始一語找到「聖子」；根據我們信仰所相信的天主三位，我便在聖經中探求，看到「你的神運行在大水之上」。聖父、聖子、聖神，那不是三位一體的天主，萬有的創造者嗎？

6

眞理之光，我把我的心靠近你，我怕它教我沉湎於空虛；請你掃除它的黑暗。請你告訴我，我懇求你，我通過慈祥的母親——教會——懇求你，請你告訴我爲何你在提出天地、混沌空虛的地和深淵上面的黑暗後才提到你的「神」？是否爲了說明「運行」二字，必先說明在什麼上面運行，然後能理解？「聖神」不在聖父、聖子之上、下面沒有什麼，便不能說在上面運行。提到「聖神」，只能說他在什麼上面運行，因此必先說明下面是什麼。但爲何提到「聖神」，只能說他在什麼上面運行呢？

7

從此起，誰能理解的，請他跟隨著使徒保羅。使徒說：「你所賜給我們的聖神把你的愛灌注在我們心中」①，使徒教導我們有關精神方面的事情，指示我們愛的奇妙的道路；他跪在你面前，

①見〈羅馬書〉五章五節。

爲我們代求，使我們認識「基督超越一切的愛」①。

因此，「聖神」自始即「超越一切」，「運行在大水之上」。

可是我將向誰說明，用什麼話來說明：沉重的私欲拉我們墮入幽陰的深淵，而通過你的運行在大水之上的「聖神」，愛使我們上升？我將向誰說明？用什麼話來說明？我們在下沉呢，還是在上升？這不是空間中的沉浮。這比擬既是很相像，又是大不同。我們的情感，我們的愛好，我們精神上的垢污構成了我們重重煩累，使我們下沉，而你的聖善使我們嚮往你的安寧，拯拔我們上升，使我們舉心向上，向著你，到達「你的神在大水上面運行」的境界，我們的靈魂穿過「無質的大水」②，將進入無上安息。

8

天使墮落了，人的靈魂也墮落了，二者說明一切精神受造物的深淵是處於那樣的無底黑暗中，幸而你在開始時就說：「有光！」便有了光；你的天都的一切神靈都服從你，依附你，安息於你的「聖神」、凌駕乎一切可變事物之上而永恒不變的「聖神」之內。否則你的天外之天、本身即是一個黑暗的深淵；而現在卻是「主裡面的光明」③。

墮落的精神受造物被剝去你的光明的衣服，處於可憐的憂患之中，充分說明你把具有理智的

①見〈以弗所書〉三章十九節。
②見〈詩篇〉一二三首五節。
③見《新約・以弗所書》五章八節。

受造物提拔到多麼崇高的地位，說明只有你才能使他們享受到幸福的安息，同時也說明他們不能自己滿足自己。我們的天主啊！你將照明我們的黑暗：我們光明的衣服來自你，「我們的黑夜將如白晝」①。

請把你賜給我，我的天主啊，請把你還給我：我愛你，假如我愛得不夠，請使我更愛你。我不能衡量我的愛，不知道我的愛欠缺多少，該增加多少才算足夠，請促使我的生命投入你的懷抱而不再離開，直到融合於「你神妙的容光之中」②。我僅僅知道這一點：除非在你懷中，否則無論在我身內身外，我只會感到徬徨不安；即使金玉滿堂，只要不是我的天主，為我都是瓦礫。

9

但「聖父」或「聖子」是否不運行於大水之上呢？

如果視為一個物體浮游於空間，則「聖神」也並不如此；如果指超越一切可變事物的不變神性而言，則聖父、聖子、聖神都運行於大水之上。

但為何獨指「聖神」呢？為何僅僅對「聖神」要虛擬一個並不存在的空間呢？因為僅僅稱「聖神」是你的恩寵：在這恩寵之中我們憩息，我們享受你，而我們的憩息即是我們的安宅。

愛把我們送到這安宅之中，你的「聖神」顧念我們的卑賤，把我們從死亡的門戶中挽救出來。

①見〈詩篇〉一三八首十二節。
②同上，三十首二十一節。

我們在良好的意願中享受和平。物體靠本身的重量移向合適的地方。重量不一定向下，而是向合適的地方。火上炎，石下墮。二者各受本身重量的推動，各從其所。水中注油，油自會上浮，油上注水，水必然下沉；各爲本身的重量推動而自得其所。任何事物不得其所，便不得安定，得其所便得安定。我的重量即是我的愛。愛帶我到哪裡，我便到哪裡。你的恩寵燃燒我們，提掖我們上升，我們便發出熱忱冉冉向上。我們的心靈拾級上升時，唱著「升階之歌」①。你的火，你的有益的火燃燒我們，我們在邁進，向著耶路撒冷的和平上升，「聽到我們要到主的聖殿去，我是多麼高興」②！良好的意志把我們安置在哪裡，我們只求永遠定居在哪裡，別無其他願望。

10

一個受造物能不遭遇其他景況，眞是造化！假如它在受造的同時，得不到運行於一切可變事物之上的「恩寵」，沒有你的命令說：「有光！」便有了光，而獲得超拔，則勢必與現在不同。在我們身上，劃分爲兩個時期，先是黑暗，後成光明。對於那一種受造物，聖經僅僅指出它如果不受光照將是如何，說它將是漂流不定、將是黑暗，這是爲了說明它所以不如此而如彼的原因，說明它所以能轉向不息之光、自身也成爲光的原因。誰能領會的，希望他領會，希望他能求你，希望他不要和我糾纏，好像我即是「照耀世人」③之光。

①〈詩篇〉有十五首題為「升階之歌」，據說是古猶太人每年赴耶路撒冷時路上所歌。
②見〈詩篇〉一二一首一節。
③見〈約翰福音〉一章九節。

11

誰能明徹全能的天主的三位呢？可是誰不在談論三位一體？談的眞是三位一體嗎？關於天主的三位，不論談什麼，極少人能知道自己究竟在談什麼。人們在議論、爭辯，但沒有內心的和平，誰也不能得其眞諦。

我願意人們對自身的三個方面思索一下。這三個方面和天主的三位當然大相逕庭，我提出來只是爲了使人們學習、鑽研，能體會出二者的差異。

我所說的三個方面是：存在、認識和意志。我存在，我認識，我願意：我是有意識、有意志；我意識到我存在和我有意志；我也願意我存在和認識。

生命在這三方面是多麼純一而不可分割：一個生命，一個思想，一個本體；不可分割卻又截然分清。誰能領會的，希望他細細體會。希望每人面對著自身，觀察自身，然後答覆我。

即使有人在其中捉摸到一些，能表達出來，也決不可自以爲捉摸到超越一切的不變本體，這不變的本體是永恒不變地存在著，永恒不變地思維著，永恒不變地願意著。是否由於這三方面而有「三位」？是否每一位具有這三方面，是一而又三？是否三位兼有二者，兼有妙不可言的純一性和複雜性，在無限的本體中，在浩無涯際的純一性中，即以自身爲對象，永恒不變地存在著，認識自己，願意自己？誰能輕易領會呢？誰能用什麼方式表達出來呢？誰敢冒失地作出什麼肯定呢？

12

我的信仰，你繼續懺悔吧，向你的天主說：「聖、聖、聖、我的主、天主！」我們是因你父、子、聖神之名領受了「洗禮」，我們因你父、子、聖神之名給人行洗禮，因為天主通過他的基督，也在我們中間創造了一個天地，就是教會的精神部分和肉體部分，我們的「地」在領受你的聖道的範圍之前，也是混沌空虛，被愚昧的黑暗所籠罩，因為你「因人的罪而懲罰他」①，「你的審判猶如一個無底的深淵」②。

但你的「聖神」運行於大水之上，你的慈愛並不漠視我的困苦，你說：「有光！」「你們應該悔改，因為天國近了。」③你們應該悔改；有光！我們內心惶惶不安之時，「從約旦地方」，「從那個和你並高、為我們而自卑的山上」④，我們想起你，我們厭惡我們的黑暗而轉向你，便有了光。為此我們「過去一度黑暗，而現在已是在主裡面的光明」⑤。

①見〈詩篇〉三十八首十二節。
②見《舊約．以賽亞書》三十五章七節。
③見〈馬太福音〉三章二節。
④見〈詩篇〉四十一首七節。
⑤見〈以弗所書〉五章八節。

13

可是我們依舊是「憑藉信仰，而不是憑著目睹」①。「我們是靠希望而得救」②。「希望看見後，已不是希望了」③。「深淵雖則還在向深淵發出呼號，但是在你的瀑布聲中」④。雖則使徒保羅說：「我對你們說話，不能如對精神的人，只能如對肉體的人」⑤，但也自認沒有把握，因此要「忘卻以前種種，努力於當前種種」⑥，他在沉重的負擔下呻吟著，他的靈魂渴望著永生的天主，「如麋鹿渴望溪水」⑦，他喊道：「什麼時候我能到達？」他「深願獲得來自天上的房屋，好像穿上衣服」⑧，他對下面的深淵說：「不要模仿這世界，要變化氣質，重建新心」⑨，「在心志上不要作稚子，在惡事上當作嬰孩，在心志上當爲成人」⑩，「無知的加拉太人，誰迷

①見〈哥林多後書〉五章七節。
②見〈羅馬書〉八章二十四節。
③見〈詩篇〉四十一首七、八節。
④同上，八節。
⑤見〈哥林多前書〉三章一節。
⑥見〈腓立比書〉三章十三節。
⑦見〈詩篇〉四十一首三節。
⑧見〈哥林多後書〉五章二節。
⑨見〈羅馬書〉十二章二節。
⑩見〈哥林多前書〉十四章二十節。

惑了你們」①？這已經不是保羅的聲音，而是你的聲音了；你通過升天的主耶穌，自天派遣了你的「聖神」，疏鑿了你的恩澤的瀑布，使歡樂的急流灌漑你的聖城。

「新郎的朋友」②所太息想望的就是這聖城；他雖已「擁有聖神的鮮果，但心中還在嘆息等待兒子的名分和身體的救贖」③。他向聖城嘆息，因爲他是「新婦」④的肢體；他爲聖城而努力，因爲他是「新郎的朋友」；他是爲聖城而不是爲自己努力，因爲他是用「你的瀑布的聲音」，而不是用自己的聲音，向另一個深淵發出呼號，這深淵是他努力與憂懼的原因，他害怕「人們的心流於邪僻而失去在我們的新郎和你的獨子中的淳樸，和夏娃受詭詐的蛇誘惑一樣」⑤。我們能當面看見他的時候，那種光明將是多麼燦爛！這時別人責問我們：「你們的天主在哪裡？」我們日夜以眼淚爲糧食的時期也將成爲過去了。

14

我也要問：我的天主，你在哪裡？你究竟在哪裡？「每當我向我自己吐露肺腑，發出歡呼讚美之聲，發出節日的歌聲」⑥時，我能暫時在你懷中呼吸。可是我的靈魂依舊悶悶不樂，因爲它

①見〈加拉太書〉三章一節。
②見〈約翰福音〉三章九節。按施洗約翰以新郎喻耶穌，自稱為新郎的朋友，也以比喻耶穌的信徒。
③見〈羅馬書〉八章二十三節。
④按新婦指基督的教會。
⑤見〈哥林多後書〉十一章九節。
⑥見〈詩篇〉四十一首五節。

重新墮落，成為深淵，或更好說，它覺得自己依舊是一個深淵。我的信仰，你在黑暗中燃點在我面前的信仰對它說：「我的靈魂，你為何憂悶，為何擾亂我？你的天主內盼望著。」①「他的道是引導你舉足的明燈。」②希望吧，堅持著，直至萬惡之母的黑夜過去，直至主的義怒過去，我們從前曾是義怒之子，曾是黑暗，我們還把黑暗的殘餘帶到犯罪而死亡的肉體中，直到曙光驅除陰影。在天主內盼望著：早晨我即將站立起來，我將凝神諦觀，我將永久歌頌他。早晨我將站立起來，我將看見我的拯救者、我的天主，他將因居住在我們心中的「聖神」而復活我們的肉體，因為「聖神」慈祥地運行在我們黑暗漂流的心靈之上。為此，我們在羈旅之中已經得到保證，日後將成為光明：我們已經因希望而得救，已是「光明之子，白晝之子，不再是過去的黑夜之子，黑暗之子」③。

在二者之間，在人類變化不定的意識中，只有你能區分，因為你洞悉我們的心，你「稱光為晝，稱暗為夜」④。除了你，誰能鑒別我們？「我們有什麼不受自你的呢？」⑤「從同一團泥，一塊作成貴重的器皿，而另一塊作成卑陋的器皿。」⑥

①見〈詩篇〉四十一首六節。
②同上，一一八首一〇五節。
③見《新約．帖撒羅尼迦前書》五章五節。
④見〈創世紀〉一章五節。
⑤見〈哥林多前書〉四章七節。
⑥見〈羅馬書〉九章二十一節。

15

我的天主，你在我們上空，在你神聖的經典中，又為我們創造了一個權威的穹蒼，除了你誰能如此？「天將被捲起，猶如書卷」①，而現在卻和羊皮一樣在我們上面展開。自從你所委任傳授我們聖經的人死去後，聖經的權威更崇高了。主啊，你知道人類因犯罪而將遭受死亡後怎樣穿上了皮衣②。因此，你如用羊皮一般，展開了你的聖經的天，把你的融合無間的聖訓通過死亡的人遞相傳授，展開於我們上空。這些人雖已去世，而你通過他們傳授的聖訓獲得了更鞏固的威權，更崇高地伸展於它所覆庇的一切事物之上，他們生前尙未能見到聖經如此崇高地開展著，因為你尙未把聖經的天如羊皮一樣展出，尙未把他們身後的聲名傳播於遐邇。

主啊，請許我們瞻仰這一片青天、你手造的工程，請驅散你用以遮蔽我們視線的烏雲。在這天上有你「啓發孩童智慧的指示」③。我的天主，「請你由嬰兒及哺乳者的口裡完成你的光榮」④。我們找不到其他書本能如此摧毀驕傲，擊敗敵人，擊敗那些迴護自己的罪惡而拒絕與你友好的人。主啊，我從未讀過如此純粹的言論，能如此督促我懺悔，如此壓服我的雙肩來接受你的軛，如此勉勵我不計酬報地奉事你。我的慈父，巴不得我能透徹這些言論，請你鑒察我的虛心而賜與

①見《舊約．以賽亞書》三十四章四節。
②事見〈創世紀〉三章二十二節。
③見〈詩篇〉十八首八節。
④同上，八首三節。

我，因爲你的諄諄教誨就是爲虛心受教的人。

在這青天之上，我相信有另一種水，不朽的、不受塵世玷污的水。請這些天上的子民、天使們讚頌你的聖名，他們不需要俯視這青天，不需要通過閱讀而認識你的聖訓。因爲他們永遠瞻仰著你的聖容，不通過時間的文字讀到你永恒意志所願意的一切。他們在閱讀，在體味，在熱愛。他們永遠在閱讀，而他們所閱讀的從不會消逝，他們以體味熱愛來閱讀你的永恒不變的決定。這書册從不會翻沒或捲起來，因爲你就是他們的書，而你是永恒存在的；因爲你安置他們在這個穹蒼之上，使穹蒼覆庇下的凡人矯首仰視，認識你的慈愛如何在時間之中昭示了時間的創造者。主啊，「你的仁慈上凌霄漢，你的眞理達於雲際」①。雲在過去，但天是留著。傳播你的聖訓的人們從此生進入另一生活，而你的聖經將永久覆庇著萬民直至世界末日。但「天地要過去，你的話不會過去」②。因爲羊皮將捲起來，所覆庇的芊眠芳草也將消失，而你的話卻永久常在。你的話不露眞相，僅在雲霧隱現之中，通過蒼天的鏡子顯示於我們，因爲我們雖則已得到你的聖子的愛，但「將來如何尚未顯明」③。聖子通過肉體的網，撫摩我們，燃起我們的熱愛，「我們追隨著他的芬芳」④。「他一朝顯現，我們將和他相似，將看見他的本來面目」⑤。主啊，看見你的本來

①見〈詩篇〉三十五首六節。
②見〈馬太福音〉二十四章三十五節。
③見《新約．約翰一書》三章二節。
④見《舊約．雅歌》一章三節。
⑤見《新約．約翰一書》三章二節。

面目，這是我們尚未享受到的權利。

16

只有你是絕對的存在，同樣只有你才眞正認識：你是不變地存在著，不變地認識著，不變地願意著；你的本體不變地認識、願意著；你的理智不變地存在、願意；你的意志不變地存在、認識著；在你看來，受你光照的可變受造物，要和你一樣認識你不變的光明，這是不合理的。爲此，我的靈魂在你眼中猶如「一片乾旱的土地」①，因爲我的靈魂不能光照自己，也不能澆灌自己，因此只有到你生命之泉邊，同樣也只有在你的光明中能看見光明。

17

誰把苦澀的「水」②匯集在一起？這些苦水有同一的目的，即暫時的、現世的幸福；雖然芸芸衆生隨著紛至疊來的欲望，如波濤起伏，一切都迴旋於這個目標之內。主啊，除了你，誰命令「天下的水匯集在一起」，而湧現企望你的陸地？「海是你的，是你造的；陸地是你的，是你親手造的」③，因爲不是苦澀的意志，而是匯集在一處的水名爲海。你約束了人類的貪欲，定出界限，防止橫流，迫使波浪自相撞擊，這樣依照你統攝萬有的綱紀，你造了海。

①見〈詩篇〉一四二首六節。
②按「水」字即指下文所引創世紀一章九節：「天王說：天下的水匯聚在一處，使陸地出現。」
③見〈詩篇〉九十四首五節。

至於那些渴望你、在你眼前的靈魂，你爲他們另作安排，把他們區分開來不和海接觸，用神秘的、甜蜜的水灌溉他們，使陸地生出果子：我們的靈魂遵照了主、天主的命令，「各從其類」①，結出仁愛的果實：愛護別人，在物質需要上幫助別人；靈魂由於肖似天主的一面，本身包含著愛的種子，從自身的憂患產生了同情心，肯幫助別人的需要，一如我們自己在同樣的困難中也希望得到別人的幫助。這種幫助，不僅在乎輕而易舉的事情上，猶如一棵小草，也包括大力的援助照顧，猶如一株結成果實的樹，即是能加恩於人，用公平正義的有力支援，如樹蔭一般覆庇別人，從強暴者的手中解救被蹂躪的人。

18

主啊，你經常散布快樂與力量，我懇求你，請你使「眞理由地上長出，正義從天下視」②，使「天際出現光體」③。使我們能「把我們的餅分給飢餓的人，將飄泊的窮人接引到我們家中，見赤身的給以蔽體的衣服，不要輕視和我們同類的親人」④。

如果我們土地上長出這些果實，請你垂視，因爲這是良好的。希望我們的光明能及時發射，希望我們所收穫的行動果實能上升而獲得諦觀生命之道的眞趣，能附麗於你的聖經之天，成爲照

①見〈創世紀〉一章十一節。
②見〈詩篇〉八十四首十二節。
③見〈創世紀〉一章十四節。
④見《舊約・以賽亞書》五十八章七、八節。

明世界的「光體」。

在聖經中，你和我們談論，教我們區分屬於理性的事物和屬於感性的事物，如晝夜的不同，教我們區分追求理性事物的人和追求感性事物的人。你在創造穹蒼之前，潛神默化，剖判了光明和黑暗，現在不如此，你的恩寵已昭示於宇宙，你所造的精神體已秩然有序地安置在同一穹蒼之中，照耀著大地，「分別晝夜，指定時節」①，因爲「舊的已經過去，一切變成新的了」②，因爲「我們得救之日比初信之時更近了」，因爲「黑夜已深，白晝將近」③，因爲「你的祝福弁冕於你的年月」④，你已派遣工人收割別人播種的莊稼，你又派工人另播種子，等到世界末日收割。

你接受了義人的志願，祝福了他們的歲月，但「你是始終如此，你的歲月沒有盡期」⑤，正如你爲消逝的歲月所準備的糧倉。

按照你永恒的計畫，你在適當的時間，把天上的恩澤施於大地：「有些人蒙聖神賜他智慧的言語」⑥，作爲「宏大的光體」，猶如皎潔的晨曦，專爲那些愛好眞光的人們；「有些人蒙同一聖神賜他們知識的言語」，好比「小的光體」，其餘則或蒙受信仰，或能醫治疾病，或能行靈異

①見〈創世紀〉一章十四節。
②見〈哥林多後書〉五章十七節。
③見〈羅馬書〉十三章十一、十二節。
④見〈詩篇〉六十四首十二節。
⑤同上，一〇一首二十八節。
⑥見〈哥林多前書〉十二章七——十一節。

或能知未來，或辨別神的邪正，或暢通萬國方言，這一切猶如星光。「而一切都由同一聖神的化工，隨己意而分給各人」，使衆星拱列，爲衆生造福。

「知識的言語」包羅衆妙，隨時代而變化，猶如月魄的有盈有虧；至於上文擬爲星辰的其他恩賜，則和智慧的光華相差甚遠，前者不過是黑夜的開始，後者則是白晝的先導；但這些星辰之光也是需要的，你的非常明智的僕人用此曉喩具有凡骨而不屬於精神的人，而智慧的妙諦則僅傳授給出類拔萃的人。

尋常血肉的人，「在基督中猶如哺乳的嬰孩」①，等他們壯大後，才能正式飲食，然後能受得住太陽的光耀。他們不應自以爲被棄於黑夜之中，應以月亮與星辰之光爲滿足。

天主啊，你在你的聖經中，在你的穹蒼中，非常明智地和我們談論這一切，使我們能在奇妙的諦觀中，辨析一切，雖則我們還受到「記號、時節、日子、年歲」②的限制。

19

但最先「你們要洗濯，要澡雪自己，從你們心中除掉我所見的惡行」，使「陸地出現」；「要學習行善，給孤兒伸寃，爲寡婦辯屈」，使地上長出有用的草和果樹；「主說：你們來，我們彼此辯論」③，使天際出現「光體」，照耀大地。

①見〈哥林多前書〉三章一、二節。
②見〈創世紀〉一章十四節。
③見《舊約．以賽亞書》一章十六——十八節。

那個富人「問良善的老師，該做什麼，才能得永生？」良善的老師，耶穌——那富人只當他是一個凡人，但他確是良善的，因爲他是天主——對他說：「要進入永生，就當遵守誡命」，擺脫罪惡的苦水，「不可殺人，不可奸淫，不可偷盜，不可妄證」，才會出現陸地，結出孝敬父母、愛人如己的果實。那人說：「這一切我都遵守了」，田地肥沃，怎會生出荆棘呢？——去芟除慳吝的榛莽，「變賣你所有的，分施貧乏」，充實你的莊稼，「積財於天上，並且你若願意做一個完全的人，跟隨主」①，加入那些聆聽著認識一切、區分日夜的天主談論智慧的人們中間，這樣你也能認識，這些人將成爲天上的「光體」照耀你；但如你心不在天上，便不可能如此，而你的財產如不在天上，你的心也不會在那裡。這是那位良師的教誨。那塊磽瘠的地聽了悶悶不樂，長出荆棘，蕪沒了天主的道。

但你們是特選的子民，是「世上軟弱的人」②，你們放棄了一切，跟著主走。跟著他走吧，使強壯的人羞愧，用你們清潔的雙足，跟著他走，在天際發出光明，使「諸天頌揚主的榮耀」③，分別純全者——雖則還不像天使——的光明和孩子們——但並非絕無希望的人——的黑暗；你們該照耀大地：旭日當空的晴天將向白晝播告「智慧的言語」。素月流輝的夜晚將向黑暗播告「知識的言語」。月和星照臨著夜色，而黑夜並不能損益它們的光輝，因爲它們是按照黑夜所能接納的程度而發光。這猶如主說了：「天空要有光體！」「忽然有聲來自天上，恍若大風吹過，又有

①見〈馬太福音〉十九章十六——二十二節。
②見〈哥林多前書〉一章二十七節。
③見〈詩篇〉十八首二節。

炎炎如舌的火光分降於每人頭上」①，天空出現了具有生命之道的光體。神聖的火焰，燦爛的火焰，你們到處飛揚吧！你們是世界的光明，不應壓束於斗下；凡接受你們的，受到榮顯，也榮顯你們。你們應到處飛揚，照耀天下萬民！

20

「使水孳生蠕行的生物！」②使海懷孕，產生你的工程！由於水能區別尊卑，便成為天主的喉舌，天主通過它說：水不要孳生地面上的有靈之物，而孳生蠕行的生物和翱翔天空的飛鳥。天主啊，這些蠕行的生物即是你的「聖事」。它們憑藉聖賢們的行動，游於塵世痴迷的波浪中，用你的名義，使人類受到你的「洗禮」的潤澤。

從此出現了種種宏偉的奇蹟，猶如龐然巨鱗，而傳播你的言語的使者則飛翔於上空，在你聖經的穹蒼中，不論他們在哪裡棲息，都有你聖經的威力呵護，因為這「不是無聲無息的言語，他們的喊聲，他們的言語傳遍於天涯地角」③，因為你祝福他們，使他們繁盛。

是否我在哄人？是否我把天上事物的明確概念和穹蒼之下波濤洶湧的海洋中的物質事物混淆不分呢？有些事物的概念是已經確切規定，世世相傳，絕無增損，猶如智慧與知識的光明，但這些概念同時牽連到繁衍的、各式各樣的物質行動，在你天主祝福之下，彼此相生，孳乳繁息：你

①見《新約．使徒行傳》二章二——三節。
②見〈創世紀〉一章二十節。
③見〈詩篇〉十八首四節。

顧念我們感覺的喜新厭舊，因此使唯一的眞理，通過肉體的行動，在我們思想中構成形形色色的想像而表達於外。

水能孳生這一切，但是依恃你的「道」。由於人類遠離了你的永恒眞理，才需要孳生這一切，但也僅僅在你的「福音」之中，因爲這一切雖出於水，但必須憑藉你的道，才能使它們在苦澀凝滯的水中孳生。

萬有是美好的，因爲是你創造的，但你，萬有的創造者，更是無比美好。假如亞當不墮落，那麼從他懷中不會流出海洋的苦水，即懷著深度的好奇心，暴風雨般的傲氣和不能自持的躁妄的人類。也不需要傳播你的聖經的人，在水中，用物質的和可感覺的行動，把你的奧妙的行動和言語表達出來。我是如此解釋「蠕行的生物」和「飛鳥」：人們即使得到這些象徵的潤澤、陶冶，也不能越出他們所隸屬的物質「聖事」的界限，除非他們的靈魂能獲得更上一層的精神生活，在「道」的啓發之後，造詣到純全的境界。

21

爲此，由於你的聖「道」，已不再從海洋深處滋生蠕行的生物和飛鳥，而是從脫離苦水後的陸地上長出「有生命的靈魂」①。

①見〈創世紀〉一章二十四節。按此語原意為「生物」，奧氏據通行拉丁文譯本，譯為「有生命的靈魂」，以此象徵信徒。

這靈魂不再和被水淹沒時一樣，需要外教人所必須的「洗禮」，因爲從你規定了入天國的條件後，別無其他門徑進入天國。這靈魂在信仰方面也不再要求靈異奇蹟了，因爲他已不再是「不睹奇蹟靈異決不相信」①的人了，因爲信徒的陸地和不信者的苦海已經分清，而「通曉萬國方言不是爲信徒，而是爲警告不信的人」②。你在水上建立的陸地，也不再需要海水遵照你的道而孳生飛鳥了。請你派遣使者向大地傳布你的「道」。我們僅能傳達他們的事業，惟有你才能在他們身上行動，創造有生命的靈魂。

陸地產生靈魂，因爲陸地是這些工作所以能創造靈魂的因素，猶如海是產生「蠕行生物和天空飛鳥」的因素。地已經不需要這些動物了，雖則在「你爲信徒所準備的筵席」③上還供著捕自水中的魚；因此水中捕魚不過爲了供養陸地！飛鳥是海的產物，但在陸地上繁殖。最先傳布福音的原因是由於人們不信宗教，但信徒也每天從福音中獲得各式教訓和祝福。至於有生命的靈魂則生自大地，因爲捐棄塵世的浮華，僅僅爲信徒有用，使他們爲你而生活；靈魂如果生活在逸樂之中，生活在宴安鴆毒之中，是雖生猶死，因爲你才是使心地純潔者獲得充沛生氣的逸樂。

使你的工作人員不要再像在不信的海水中布道時通過靈奇、通過神秘隱語來轟動愚昧，因靈異的威懾而產生敬仰——這是亞當逃避你的聖容，子孫成爲深淵後，走向信仰的途徑——希望他們猶如在和深淵截然分清的地面工作，在信徒前生活，成爲信徒的模範，促使信徒取法。

①見〈約翰福音〉四章四十八節。
②見〈哥林多前書〉十四章二十二節。
③見〈詩篇〉二十二首五節。

這樣信徒不僅聞其所聞，而且也躬行實踐：「尋求天主吧，你們的靈魂將生活著」①，使大地生長有生命的靈魂。「不要取法世俗」②，應防止受世俗沾染。你們的靈魂因追求世俗而死亡，惟有逃避世俗才能生活。你們該防止殘酷橫逆的驕傲，喪人神志的快樂，自欺欺人的學問，使它們成爲降伏的野獸，馴服的家畜，無毒的長蟲。這些都象徵靈魂的趣向：妄自尊大，縱情佚樂和好奇的鴆毒，都是靈魂死亡後的行徑，因爲靈魂雖說死亡，但仍不能冥然不動：靈魂離開生命之泉而死，被消逝的世俗所收拾，也就亦步亦趨跟著世俗。

天主啊，你的「道」是永生的泉源，不會消逝，因此不容許我們離開你的聖「道」。你的「道」對我們說：「不要取法這個世俗，使大地在生命的泉源中生長有生命的靈魂」，一個純潔的靈魂，能在你的道中，憑藉福音的作者們，仿效那些仿效你的基督的人。這便是「各從其類」③一語的意義。因爲朋友之間才能彼此相效，所以使徒保羅說：「你們要像我，因爲我也像你們。」④

這樣，在有生命的靈魂上，有馴良的仁獸，因爲你命令過：「進行工作時應當謙和，你就爲人所喜愛」⑤；有良好的家畜：「不吃無損，吃也無傷」⑥；有良好的、不會毒害人的蛇，牠們

①見〈詩篇〉六十八首三十七節。
②見《新約・羅馬書》十二章二節。
③見〈創世紀〉一章二十一節。
④見〈加拉太書〉四章十二節。
⑤見〈德訓篇〉三章十九節。
⑥見〈哥林多前書〉八章八節。

能機警地防範著，牠們享用自然，僅僅爲了使人從受造之物進而辨別永恒、認識永恒。這些動物出離了死亡的道路，成爲良好的動物，爲理智服務。

22

主，我們的天主，我們的創造者，我們的情感一朝擺脫了促使我們趨向敗亡的耽玩世俗之心，我們的靈魂才度著良好生活而開始眞正的生命，這樣實踐了你通過使徒而告誡我們的話：「不要隨從世俗」，因此也實踐了你接著說的：「要變化氣質，重建新心。」①你不教我們「變化」「各從其類」，不教我們仿效前人或仿效生活比較良好的人。因爲你不說：「造人，各從其類」，卻說：「我們要照我們的肖像造人」②，使我們能從此體味出你的聖意。

爲此，傳授你的言語的人，通過福音而生育兒女，不願始終如乳母的乳育嬰孩，所以說：「你們要變化氣質，重建新心，爲了體驗天主盡善盡美的聖意。」③爲此，你不說：「造人」，而說：「我們要造」；不說：「各從其類」，卻說：「依照我們的肖像。」④一人的心刷新後，能辨別、能認識你的眞理，不需要別人的指引，便不需要「各從其類」了；他得到你的指示，自己能體驗你的盡善盡美的聖意；他受你的教導，已能領略三位而一體、一體而三位的天主。爲此，你先用

①見〈羅馬書〉十二章二節。
②見〈創世紀〉一章二十六節。
③見〈羅馬書〉十二章二節。
④見〈創世紀〉一章二十六節。

複數說：「我們要造人」；後用單數說：「天主造了人」；你先用複數說：「照我們的肖像」，接著用單數說：「照天主的肖像。」①於此可見，一人的刷新是爲了認識天主，依照造物主的肖像，這樣精神化以後，他「裁判一切應受裁判的事物，而他自身則不受裁判」②。

23

「裁判一切」，就是「管理海中的魚，空中的飛鳥、牲畜和大地，以及地上所有的蠕行昆蟲」③。此項權力的行使是通過理智，理智使他「領會聖神的妙理」④。但「人在尊榮之中而不悟，則是自淪於無知的畜類，變成和畜類一樣」⑤。

我們的天主，在你的教會中，按照你所賜的恩寵——因爲「我們是你締造的，是屬於你的良好的工程」⑥——不僅有憑藉聖神而統治的人，也有憑藉聖神而被統治的人，因爲你在你聖神的恩寵之中「造了男人和女人」⑦，而在恩寵中，以性別論，「沒有男女之分，也不分猶太人、希臘人，奴隸或自由人」⑧。因此凡「屬於精神的人」，不論是統治者或被統治者，都能憑藉聖神

①見〈創世紀〉一章二十六——二十七節。
②見〈哥林多前書〉二章十五節。
③見〈創世紀〉一章二十六節。
④見〈哥林多前書〉二章十四節。
⑤見〈詩篇〉四十八首二十一節。
⑥見〈以弗所書〉二章十節。
⑦見〈創世紀〉一章二十七節。
⑧見〈歌羅西書〉三章十節。

而裁判。但他們不能裁判照耀穹蒼的精神思想，因爲他們不能裁判如此崇高的權力；——也不能裁判你的聖經，雖則聖經中有艱深難解的文字；對此我們的理智只能服從，即使我們不能了解，但知道所說的一定眞實不虛，我們只有堅信不疑，因此一人即使屬於聖神，已重建新心，依照造物主的肖像認識了天主，但仍是法律的執行者，而不是裁判者；——也無權判別哪些人屬於聖神，哪些人屬於肉體，只有你洞悉二者的區別；如果他們行動中絲毫無所顯示，則我們不能從「果實」來認識他們，但他們完全暴露在你，我們的天主的眼中，你早已認識他們，你在創造穹蒼之前，在冥冥亭毒之中，已經加以分別召喚。一人即使屬於聖神，也不能裁判塵世的衆生，因爲「外界之人用不到他裁判」①，因爲他不知衆生之中哪些人將享受你的甘飴的恩澤，哪些人將永久沉淪於不信的苦海。

因此，依照你的肖像而造的人，對於「天上的光體」，對於奧妙的天，對於創造穹蒼前的晝夜，對於匯合在一處的水，都沒有權力。但他有權「管理海中的魚，天空的飛鳥、牲畜和大地，以及地上所有的蠕行昆蟲」。

他能裁判的——亦即正確的可以贊同，不正確則加排斥的——是有關你的慈愛從水中拯拔出來的人們領受聖事的條例，有關供給信仰的大地享食的、捕自水中的「魚」②的禮儀，有關一切服從你的聖經權威的言論，亦即一切從口中發出的驚嘆、闡述、辯析、稱揚、呼號你的聲音，以

①見〈哥林多前書〉五章十二節。

②按希臘文：「耶穌、基督、天主、子、救主」，五名詞的起首字，合為「魚」字，故古代基督教以魚象徵基督，此處指「領聖體」或「聖餐禮」。

及信徒答應的「阿們」①，如天空的飛鳥；這些言論，從物質的聲音方向，起源於塵世的深淵與盲目的肉體，肉體不能看見思想，必須用聲音來敲擊耳鼓，因此飛鳥即使在陸地上繁殖，但亦源出於水。

屬於精神的人所能裁判的——亦即正確的加以贊同、不正確則加以排斥的——是有關信徒的行動、習尙和他們救濟貧困的功夫，這猶如大地所結的果實。他還能裁判「有生命的靈魂」，這些靈魂的情欲以及通過感覺所得到的一切已被純潔、齋戒、誠意所馴服。總之，凡他有權糾正的，便有權裁判。

24

主，你祝福了人類，教人類「生育繁殖，布滿大地」②。這究竟指什麼？有什麼奧妙在內？是否在這件事上，你並無其他用意，要我們有所領會？爲何你稱「光」爲「晝」時，未嘗祝福光，也未嘗祝福穹蒼、日月星辰和大地海洋？天主啊，如果你不祝福水族大魚，教牠們「孳生繁殖，充滿海洋」③，我眞想說你是依照你的肖像造了人，所以單把祝福之恩賜給人類；如果你也祝福樹木花草牲畜，我便要說這祝福是專爲那些能孕育蕃息的東西。但你沒有對花草樹木牲畜蛇蟲說：「孳生繁殖吧」，雖則它們也和游魚飛鳥人類一樣，孳生繁殖，綿延牠們的種類。

---

①「阿們」為基督教禱告經文的結束語，義為心願如是。
②見〈創世紀〉一章二十八節。
③同上，二十二節。

我有什麼可說呢？我的光明，我的眞理！這句話不是毫無意義嗎？不是廢話嗎？當然不是，慈愛的父親啊，你的「聖道」的僕人決不敢如此說的。即使我不懂這一語的意義，我希望有比我更好、比我更聰明的人，按照你賦畀每一人的理解力，能更好地領略其中意義。

主啊，請你至少接受我在你面前的懺悔，我相信你如此說不是徒然的，我還要說出我讀這段文字後所有的感想。此外，我也看不到有什麼能阻止我領略聖經文字的象徵意義。因爲思想構成一個概念，而具體事體能用無數方式表達出來，反之，具體事物的一個概念，思想能用各種方式加以領會。譬如「愛天之愛人」這樣一個簡單的概念，可以用多少象徵、多少語言具體表現出來，而每一種語言又有多少說法！

水中的生物便是這樣孳生繁殖的。讀者可以注意到這一個例子：聖經上「在元始天主創造天地」一語，除了錯謬欺人的見解外，根據正確的觀點，不是能有多種解釋嗎？

人類的嗣胤便是如此「孳生繁殖」的。

觀察事物的本性，如果不考慮象徵意義，僅僅著眼於具體，則一切從「種子」產生的，都符合「孳生繁殖」一語。但如著眼於象徵意義——我以爲聖經所以把祝福僅限於水中生物與人類，眞諦即是如此——則無論在精神與物質受造物中，——猶如在天地之中，——無論在良好的與敗壞的靈魂中，——猶如在光明與黑暗之中，——或是傳授聖經的神聖作者中，——猶如在諸水之間的穹蒼，——或在痛苦的人類社會中——猶如在海洋之中，——或在虔誠信徒的持身方面——猶如在陸地之上，——或在現世的慈善工作方面，——猶如在花草果樹之間，——或在專爲造福他人的精神恩寵方面，——猶如在天際的「光體」內，——或在有軌有則的情感方面，——猶如在「有生命的靈魂」——我們都能找到芸芸衆生。

在這一切之中，衆生都在生長蕃息；但所謂「孳生繁殖」是在乎具體表現和思想概念方面，即同一事物能用各種方式表現，而同一表現形式能用各種方式去理解。

具體表現，猶如水族的孳生，爲我們沉溺於罪惡的肉體是必須的；而思想概念則猶如人類的嗣胤，是由我們理智所誕生。

主啊，我們認爲你所以僅命水中生物與人類說：「孳生繁殖」，原因在此。因爲在這「祝福」中，你使我們能用多種方式表達同一概念，又能用多種方式理解同一的、隱晦的概念。這一切「充滿海洋」，海水的波動是由於聖經的不同解釋；大地也布滿人的後嗣，大地的乾燥是由於渴求眞理，但大地是屬於理智範圍。

25

主，我的天主，我還要談談你的聖經下一節給我的啓發，我將毫無顧慮地談出，因爲我只談眞理，而且是你啓發我，要我讀了這些文字而加以宣說。除你外，我相信沒有一人能啓發我談論眞理，因爲「你是眞理」①，而「人都是虛僞的」②，「誰說謊，是出於自己」③，爲此，我要談眞理，只能依據你。

①見〈約翰福音〉十四章六節。
②見〈羅馬書〉三章四節。
③見〈約翰福音〉八章四十四節。

你把「地上所有結子的菜蔬，一切有果實而能傳種的樹木，給我們作爲食糧」①。你不僅給我們，也給「天空的飛鳥，地上的走獸和蛇蟲」②，但不給與鱗介和鯨鯢。

我們已經指出地上的果實是象徵著各種慈善工作，是肥沃的大地供應我們之所需。譬如「你所愛憐的阿尼色弗一家」③便是這樣的土地，這一家「屢次使保羅暢快，並不以保羅的鎖鍊爲恥辱」④。同樣那些「來自馬其頓、接濟保羅的困乏的弟兄們」⑤也如此做了，結出了這樣的果實。但保羅也痛心有些樹木不結應結的果子，他說：「我初次申訴時，沒有人來幫助我，竟然都離棄我；但願這罪不歸於他們。」⑥凡以合乎理性的道理教導別人，使人能領略神聖的奧蘊，理應享受這些果實。他們作爲人，應享受這些果實；作爲「有生命的靈魂」，以克己精進成爲他人的模範，應享受這些果實；作爲「天空的飛鳥」，由於他們的「言語傳到天涯地角」⑦，使大地因他們而充滿著祝福，也應享受這些果實。

①見〈創世紀〉一章二十九節。
②同上，三十節。
③見〈提摩太後書〉一章十六節。
④同上。
⑤見〈哥林多後書〉十一章九節。
⑥見〈提摩太後書〉四章十六節。
⑦見〈詩篇〉十八首五節。

26

凡取食這些果實時感到快樂的人，才能享受這些果實。反之，誰「以口腹爲神道的」①，便感覺不到其中滋味。至於供應這些果實的人，眞正的果實，不是果實本身，而是他們的好意。

因此我完全看出這位奉事天主而不奉事口腹的使徒所以快樂的原因，我也和他同樂。他從以巴弗提手中收到了腓立比人的餽遺②，但我看出他所以快樂的原因。他所享食的即是使他快樂的原因，他也直認不諱：「我在上主之中非常欣慰，因爲我終於看見你們對我如此關懷，這種關懷之心，你們前所曾有，但未幾即已厭倦。」③這些腓立比人曾經感受長期的厭煩，似乎不再結出善行的果實，使徒的喜樂是由於他們重新開花結果，而不是因爲他們接濟他的拮据。因此他接著說：「我並不因缺乏而說這話，我無論在什麼景況中都能知足。我知道怎樣處卑賤，也知道怎樣處豐富，或溫飽、或飢餓、或有餘、或不足，隨時隨地我都能應付。我依靠加給我力量的主，能應付一切。」④

偉大的保羅！什麼是你快樂的原因？什麼使你快樂？什麼是你的飲食？你是「依照創世者的

①見《新約・腓立比書》三章九節。
②同上，四章十八節。
③同上，十節。
④同上，十二節。

肖像而認識天主的新人」①，你是具「有生命的靈魂」，你如有翼能飛的妙舌，用以宣揚天主的妙諦。如此的靈魂才相稱有這樣的飲食。什麼是你的飲食？快樂。聽他接下去說的話：「你們能和我同受患難，這是好事。」②這便是他的快樂，這便是他的飲食：是因爲他們做了好事，而不是因爲解除了他自身的患難。他對你天主說：「在困苦之中，你使我心泰然」③，因爲他在加給他力量的天主中，知道如何應付有餘或不足。他還說：「你們也知道我初傳福音、自馬其頓出發時，沒有其他教會與我合作，只有你們和我通有無；我在帖撒羅尼迦時，你們一再派人供給我的需要。」④他的快樂是由於他們恢復這些善舉，正如荒蕪之地重成膏腴而滋長花果。

他說：「供給我的需要」，這不是爲了自己的需要嗎？不是爲此而快樂嗎？不、不，因爲他接著說：「我不求餽贈，我求果實。」⑤

我的天主，我從你處學會了如何分別餽贈與果實。餽贈是別人送給我所需要的東西，如銀錢、飲食、衣服、房屋或其他資助。果實是指贈與者良好而純正的心意。我們的良師耶穌不僅僅說：「誰接待先知」，還附加說：「因先知的名義」；不僅僅說：「誰接待義人」，還說：「因義人的名義」，然後能得到先知和義人的賞報。也不僅僅說：「以一杯涼水給這些小子中的一個喝」，

①見〈歌羅西書〉三章十節。
②見〈腓立比書〉四章十四節。
③見〈詩篇〉四首二節。
④見〈腓立比書〉四章十五節。
⑤同上，十七節。

還說：「因門徒的名義」；最後說：「我實在告訴你們，他一定失不了他的賞報。」①接待一位先知，接待一個義人，給門徒喝一杯涼水，這是餽贈；「因先知的名義」、「因義人的名義」、「因門徒的名義」，這便是果實。以利亞受寡婦供養的便是這樣的果實，寡婦知道供養著天主的人，也爲此而供養以利亞；至於以利亞得自烏鴉的餅②，則是餽贈；吃餅的不是以利亞的內心，而是以利亞的外表，以利亞的肉體，這肉體能因缺乏這種飲食而死亡。

27

主啊，我願在你面前傾談眞理。那些愚昧者和不信仰者需要「鱗介和鯨鯢」所象徵的玄妙的靈異和偉大的奇蹟，才肯學習信仰，接受信仰；他們款待你的孩子們，在某些生活需要上有所資助，他們並不知道因何如此，目的何在；其實前者並不供養後者，後者也不受前者的供養，因爲前者如此做並不本著一種神聖的、正確的心意，後者既然看不見果實，也並不因前者的餽贈而快樂。凡能使心神愉快的，才能滋養心神。於此可見，「鱗介與鯨鯢」只能取食大地和苦海區分後所產生的食料。

①見〈馬太福音〉十章四十一——四十二節。
②事見《舊約・列王紀》上，十七章六——十六節。

28

天主，你看了你所造的一切，「都很美好」①，我們也看見了，一切都很美好。你對每一項工程，說：「有」，就有了，你看見每一樣都是好的。我計算過，你前後共七次看了你所造的，說好；第八次你看了所造的一切，不僅說好，而且說一切都很好。因為每一項分別看，僅僅是好，而合在一起，則不僅是好，而且是很好。任何美好的東西也都如此說。因為一個物體，如果是薈萃眾美而成，各部分都有條不紊地合成一個整體，那麼雖則各部分分別看都是好的，而整體自更遠為美好。

29

我曾仔細找尋你是否七次抑是八次觀察你所造的是否良好並表示滿意；但在你的舉目之中卻又找不到足以使我理解你多少次觀察所造事物的時間。我不禁喊道：「主啊，既然你是真實、是真理，你所啓示的聖經怎能不是真實無妄呢？為何你告訴我你的觀察事物沒有時間，而聖經卻說你每天看見你所造的良好，我竟然能計算出多少次呢？」

既然你是我的天主，請你為我解答這問題。你用強有力的聲音，在我心靈的耳際，振發你的僕人的聾聵，對我叫喊說：「你這人！聖經上的話就是我的話。但聖經是在時間之中寫的，而我

①見〈創世紀〉一章三十一節。

的言語則超越時間，和我同屬於永恒。爲此，你們通過我的聖神所看見的，我也看見，你們通過我的聖神所說的，我也說。但你們是在時間之中看見，我則不在時間之中看見；你們在時間之中說話，我不在時間之中說話。」

30

主、我的天主，我聽見了，我舐到了你的眞理的甘露，我也懂得有些人爲何不服貼你的工程，他們以爲其中許多工程，如天體的結構，星辰的布置，是你迫於需要而創置的，這些工程不是出於你，而是早已造成，你不過加以收集整頓，這是你戰勝仇敵之後才築起這座世界堡壘，有了這樣的工事，使戰敗的仇敵不能再起來反抗；其他種種，如人身的肢體，微小的動物和生長在地上的草木，也不是你創造的，而是出於另一敵對的神道，另一自然；這神道或自然，也並非由你所造，它們盤據於宇宙的下層，和你相抗，產生和形成以上種種。

這些狂妄的人如此說，因爲他們不是通過你的聖神而觀察你的工程，所以不能在這些工程中認識你。

31

誰能通過你的「聖神」而觀察這些事物，你便在他身上觀看。因此他看出萬有的美好時，是由於你看見其美好。誰爲了你而愛好任何事物，也就在事物之中愛你，一切因你的聖神而得到我們喜愛的，也就在我們之中得到你的喜愛。「因爲除了人的心，誰知道人的事？同樣，除了天主的『聖神』，也沒有人知道天主之事。」使徒保羅又說：「我們所接受的，不是世間的精神，而是來自天主的『聖神』，他使我們知道天主開恩賜給我們的一切。」①

因此，我能肯定說：除了天主「聖神」外，沒有一人能知道天主之事。但我怎樣知道天主開恩賜給我們的一切呢？我所得的答覆是如此：即使是我們通過天主「聖神」而知道的，除了天主「聖神」外，也沒有人知道。對於那些因天主「聖神」而說話的人，聖經上曾明確地說：「不是你們自己說話」②，同樣，對於因天主「聖神」而認識的人，也能肯定說：「不是你們自己認識。」對於因天主「聖神」而看見的人，也同樣能肯定說：「不是你們自己看見」，因此誰因天主「聖神」看出事物的美好，也不是他自己看見，而是天主看見。

爲此，一種看法是：以惡爲善，這是上列那些人的看法。另一種看法是：以美好爲美好，但看見受造物的美好而喜愛，卻不在受造物中喜愛你，他們更願享用受造物，不願享受你。第三種看法是：看見某一事物的美好時，是天主在他身上看見事物的美好，因此天主在受造物身上受到人的敬愛。這愛僅能靠天主所賜予的「聖神」而獲致，因爲「天主的愛是憑藉他所賜與的『聖神』而傾注在我們心中」③。通過「聖神」我們看見了各種存在事物的美好，因爲這美好並不來自有限度的存在，而來自絕對存在。

①見〈哥林多前書〉二章十一——十二節。
②見〈馬太福音〉十章二十節。
③見〈羅馬書〉五章五節。

32

主，我感謝你。我們看見了天和地，即物質受造物的上下兩部，或物質的和精神的受造物；我們看見了劃分黑暗的光，點綴著物質世界或整個受造物的各個部分。我們看見了諸水分爲上下後中間的穹蒼，即宇宙的最初物體，或現在名爲天的空間，飛鳥翺翔於其間，中有汽化的水，晴夜凝而爲露，重濁的水流而爲雨。我們又見萬流委輸、海色的壯麗，大陸上壙壤的原野和長滿花卉樹木景物宜人的腴壤。我們又昂首而見「光體」，太陽充盈照耀著白晝，黑夜則有月色星光的撫慰，同時又成爲時間的標識。我們又見卑濕之處孳生了鱗介鯨鯢和飛翔的禽鳥，因鳥翼所憑的濃厚空氣是由水蒸發而成的。我們看見地面點綴了動物和依照你的肖像而造的人類，人憑藉了和你相似之處，就是說憑藉了理性和理智，統治百獸；猶如人的靈魂上一面是通過思考而發號施令，一面是服從號令，猶如行動受理智的指揮而獲得正確方向，同樣女子以肉體言，來自男子，雖則在理智和靈性方面具有同樣的天賦，但由於性別的不同，女性應隸屬於男性。

我們看見了這種種，每一樣都已美好，而綜合一切尤爲美好。

33

希望你的工程歌頌你，使我們愛你，也希望我的愛你，使你所造的萬類也歌頌你。萬物在時間之中，有始終，有升沉，有盛衰，有美醜。因此它們有晨有夕，或幽而隱，或明而顯。它們是由你創造，不是從你身上分出，也不是你身外先期存在之物分化而出的；它們是來自同樣受造的，也就是說來自同時受你創造的原質，你不分時間的先後，把無形的原質形成萬有。

天地的質和天地的形，二而非一，你從虛無中創造了原質，又從不具形象的原質創造世界的一切品類，但這兩項工作是同時的，原質的受造和形象的顯現並無時間的間隔。

34

我們也探究了你爲何願意萬有按照這樣一個程序創造或按照這樣一個程序敘述所象徵的意義，我們已見每一樣都美好，而整個萬有尤爲美好，我們也在你的「道」中，在你的「獨子」中看見了天和地，即在一切時間之前，在你的無晨無夕的預定計畫中的教會的元首和身體。你開始在時間之中執行你的預定計畫時，爲了顯示你神秘的計畫並整治我們的紛亂，——因爲我們的罪惡壓在我們頭上，我們離開了你，沉淪於黑暗的深淵，而你的「聖神」則運行於深淵之上，準備在適當時間拯救我們——你使惡人成爲義人，把他們和罪人分隔；你在僅僅聽命於你的上層人員和隸屬前者的下層人員之間樹立了聖經的權力；你又把教外人集合爲一體，使他們具有同一的精神；爲了顯示信徒的熱心，你又使信徒們向你貢獻他們的慈善工作，把現世的財帛布施窮人，而獲得天國。

你又在穹蒼中燃點起許多「光體」，即是擁有生命之「道」的，蒙被「聖神」恩寵的，用他們卓越的權威照耀四方的聖賢；爲了使教外民族受信仰的灌漑，你用有形的物質造成了「聖事」和可以目睹的靈跡，以及符合聖經之天的言論，這一切也使信徒蒙受祝福；你又用堅強的節制和合理的情感培育信徒們「有生命的靈魂」；你依照你的肖像模樣，刷新了僅僅聽命於你而無需取法人間任何權威的靈魂，使理性的行動服從理智的約束，和女人服從男人一般，你又教這些信徒間供應你的工作人員——爲信徒現世的進修所必需的工作人員——的生活需要，這也有益於他們的身後。

這一切我們都見到了，都是很好的，因爲你在我們身上也見到了，你把「聖神」賜與我們，使我們因聖神而見這一切，而且在這一切之中看見你。

35

主、天主，請你賜給我們和平——既然你把一切賜與我們——憩息的和平，安息日的和平，沒有黃昏的和平。因爲這些美好事物的美妙秩序到達終點後，就會消逝，在它們身上有早晨，也有黃昏。

36

第七天是沒有黃昏，沒有夕陽，因爲你聖化了這一天，使它永遠駐在著。你完成你的「很好」的工程後，——雖則你是在安閑之中創造一切——第七天上你休息了，你的聖經藉此預先告知我們，本著你的恩賜，完成了我們「很好」的工作後，在永生的第七天上，我們將安息在你懷中。

37

一如現在你在我們身上工作，同樣到了那一天，你將在我們心中安息。一如我們的工作是你通過我們而工作，同樣，我們的安息將是你在我們身上安息。主，你是永久工作，永久休息；你不隨時間而見，不隨時間而動，不隨時間而安息，但你使我們見於時間之中，你創造了時間，你也制定了時間後的安息。

38

我們看見你所造的一切，因為它們存在，為你，則由於你看見這一切，因此這一切存在。我們用官感看見它們存在，用心靈看見它們的美好；為你，則如果看出應該創造的東西，便看見它已經存在。

我們先前離棄了你，陷於罪戾，以後依恃你的「聖神」所啓發的向善之心，才想自拔。你，唯一的、至善的天主，你有不息的仁恩，我們憑仗你的寵錫，做了一些善行，但不是永久的。我們希望功成行滿後，能安息在你無極的聖善之中。你至美無以復加，你永安不能有極，因為你的本體即是你的安息。

哪一人能使另一人理解這一點？哪一位天使能使別一位天使理解？哪一位天使能使世人理解？只能向你要求，向你追尋，向你叩門：惟有如此，才能獲致，才能找到，才能為我洞開戶牖。

附錄：書中人地名漢拉對照表

三畫

凡萊公都斯　Verecundus　奧古斯丁之友

大衛　David　（舊約人名）

四畫

內布利提烏斯　Nebridius　奧古斯丁之友

巴比倫　Babylon　（地名）

巴特利西烏斯　Patricius　奧古斯丁之父

尤利安　Julianus　羅馬皇帝

文提齊亞努斯　Vindicianus　奧古斯丁之友

五畫

以巴弗提　Epafroditus　（新約人名）
以色列　Israel
以利亞　Helias　（舊約人名）
以掃　Esau　（舊約人名）
以撒　Isaac　（舊約人名）
以賽亞　Isaias　（舊約人名）
加西齊亞根　Cassiciacum　（地名）
加拉太人　Galatae　（新約人名）
卡提里那　Catilina　古羅馬陰謀家
瓦棱提尼亞努斯　Valentinianus　羅馬皇帝

六畫

伊壁鳩魯　Epicurus　古希臘哲學家
多比雅　Tobias　（舊約人名）
安布羅西烏斯　Ambrosius　米蘭大主教
安東尼　Antonius　古基督教隱修士
安那克西美尼斯　Anaximenes　古希臘哲學家
朱諾　Juno　羅馬女神

米蘭　Mediolanum　（地名）

西姆普利齊亞努斯　Simplicianus　奧古斯丁之友

西普利亞努斯　Cyprianus　古基督教教父

西塞羅　Cicero　古羅馬文學家

西瑪庫斯　Symmachus　羅馬市長

亞當　Adam　（舊約人名）

亞伯拉罕　Abraham　（舊約人名）

亞里士多德　Aristoteles　古希臘哲學家

亞歷山大里亞　Alexandria　（地名）

七畫

何西何　Oseas　（舊約人名）

克利攸塞　Creusa　希臘神話人物

狄多　Dido　傳說中的迦太基女王

希波革拉第　Hippocrates　古希臘名醫

希埃利烏斯　Hierius　奧古斯丁同時的名演說家

那末奇烏斯　Navigius　奧古斯丁之友

八畫

味吉爾 Virgilius 古羅馬詩人
帖撒羅尼迦 Thessalonica （新約地名）
所多瑪 Sodomitae （舊約人名）
所羅門 Salomon （舊約人名）
阿尼色弗 Onesiphorus （新約人名）
阿利比烏斯 Alypius 奧古斯丁之友
阿利阿派 Ariani 古基督教的一派
阿波利那利斯派 Apollinaristae 古基督教的一派
阿努俾斯 Anubis 埃及神名
阿得奧達多斯 Adeodatus 奧古斯丁之子
阿塔那西烏斯 Athanasius 古基督教教父
迦太基 Carthago （地名）

九畫

保羅 Paulus （新約人名）
約書亞 Josue （舊約人名）

約旦　Jordanus　地名，河名
約瑟　Joseph（舊約人名）
約翰　Joannes（新約人名）
敘利亞人　Syrus

十畫

埃爾比第烏斯　Elpidius　奧古斯丁之友
埃伏第烏斯　Evodius　奧古斯丁之友
埃涅阿斯　Aeneas　味吉爾《埃涅依斯》史詩中人物
夏娃　Eva（舊約人名）
特里爾　Treveres（地名）
特洛伊人　Teucri
馬其頓　Macedonia（地名）
馬都拉　Madaura（地名）

十一畫

密納發　Minerva　羅馬女神
密提阿　Medea　希臘神話人物

梯伯河口　Ostia Tiberia（地名）
荷拉提烏斯　Horatius　古羅馬詩人
荷馬　Homerus
莫尼加　Monica　奧古斯丁之母
掃羅　Saulus（新約人名）

十二畫

凱撒　Caesar
斐爾米努斯　Firminus　奧古斯丁之友
普羅泰西烏斯　Protasius　古基督教殉教者
涅普頓　Neptunus　羅馬神名
腓立比人　Filippenses（新約人名）
雅各　Jacob（舊約人名）

十三畫

塞內卡　Seneca　古羅馬哲學家
塔加斯特　Thagaste（地名）
奧萊斯特斯　Orestes　希臘神話人物

奧賽烈司 Osiris 埃及大神

義大利 Italia（地名）

達那埃 Danae 希臘神話人物

十四畫

瑪利亞 Maria（新約人名）

福提努斯 Fotinus 古基督教徒

福斯圖斯 Faustus 摩尼教的主要人物

維克托利努斯 Victorinus 奧古斯丁之友

維那斯 Venus 羅馬女神

蓋爾瓦西烏斯 Gervasius 古基督教殉教者

十五畫

摩尼教徒 Manichaei

摩西 Moises（舊約人名）

撒路斯提烏斯 Sallustius 古羅馬史家

蓬提齊亞努斯 Ponticianus 奧古斯丁之友

黎巴嫩 Libanus（地名）

十七畫

優庇特 Jupiter 羅馬大神

優斯提那 Justina 羅馬帝瓦棱提瓦亞提斯之母

十九畫

羅馬 Roma（地名）

羅瑪尼亞努斯 Romanianus 奧古斯丁之友

二十一畫

鐵倫西烏斯 Terentius 古羅馬詩人

懺悔錄 / 奧古斯丁(S. Aureli Augustini)著；
周士良譯. --初版. -臺北市：臺灣商務,
1998[民87]
面 ； 公分. --(Open；2：15)
譯自：Confessionum
ISBN 957-05-1506-6(平裝)

1. 奧古斯丁(Augustine, Saint. Bishop of
Hippo, 354-430)-傳記

249.3 87012263